Lawrence — Schellings Philosophie des ewigen Anfangs

TRADITIONSERKENNTNIS UND ZEITKRITIK
PHILOSOPHISCHE KORREKTUREN
HERAUSGEBER DIETER JÄHNIG

BAND 2

JOSEPH P. LAWRENCE

SCHELLINGS PHILOSOPHIE DES EWIGEN ANFANGS

DIE NATUR ALS QUELLE DER GESCHICHTE

KÖNIGSHAUSEN & NEUMANN

Gedruckt mit der Unterstützung der Committee on Research and Publication, College of the Holy Cross, Worcester, Massachusetts.

Umschlagabbildung: F.W.J. Schelling (Daguerrotypie aus dem Jahre 1850)

CIP-Titelaufnahme der Deutschen Bibliothek

Lawrence, Joseph P.:
Schellings Philosophie des ewigen Anfangs : die Natur als Quelle der Geschichte / Joseph P. Lawrence. — Würzburg : Königshausen u. Neumann, 1989
(Traditionserkenntnis und Zeitkritik ; Bd. 2)
ISBN 3-88479-429-9
NE: GT

Umschlag: Hummel / Homeyer
Druck: Königshausen + Neumann

Printed in Germany
ISBN 3-88479-429-9

For Elisabeth, Nina, and Silvia

INHALT

VORWORT

»Das Vollkommene ist das in sich Geendete, und zwar das nach allen Richtungen Geendete, sowohl indem es einen wahren Anfang, als indem es ein vollkommenes Ende hat. Wenn daher die Theologen unter die höchsten Vollkommenheiten Gottes diese setzen, daß er ohne Anfang und Ende sey, so darf dieß nicht als eine absolute Negation verstanden werden. Der wahre Sinn ... kann nur dieser seyn, daß Gott ohne Anfang seines Anfangs und ohne Ende seines Endes sey, daß sein Anfang selbst nicht angefangen habe, und sein Ende nicht ende, d.h. nicht aufhöre Ende zu seyn, daß jener ein ewiger Anfang, dieses ein ewiges Ende sey.«

(Schelling, S.W. 13, 258)

Man findet diesen ungeheuren Gedanken an zwei Stellen in der Spätphilosophie Schellings.[1] Ihn als Ausdruck seiner ganzen Philosophie aufzuzeigen, ist das Ziel der vorliegenden Arbeit. Den allertiefsten Anfang in den Griff zu bekommen, ist nicht nur ein Anliegen des philosophisch Denkenden, es ist eine Notwendigkeit unserer Zeit, einer Zeit, die die Macht des wahren Anfangs ebenso wie die Sicht auf das wahre Ende verloren zu haben scheint.

Schelling ging es darum, das Absolute als das Anfängliche zu denken. Es wurde schon von jeher als das *Vollendete* gedacht. Das Ende gilt dabei nicht als das Sterben, sondern als das vollkommene *Telos*, als die in sich ruhende Form, die in ihrer Vollkommenheit jede Art der Wandlung, jede Art des Entstehens und des Vergehens, ausschließt. Im Unterschied zum Begriff des Endes läßt sich der Begriff des Anfangs nicht von der Zeitlichkeit trennen. Gerade deshalb ist Schellings Hervorhebung des

[1] 13, 258 und, in anderen Worten, 12, 42. Schellings Werke werden nach der von K.F.A. Schelling herausgegebenen Ausgabe, 1856 ff., zitiert. Die zweite Abteilung wird als Bd. 11-14 gezählt. Der Nachlaßband, Die Weltalter, wird als WA zitiert mit der Seitenangabe des Originaldrucks. Wo eine genauere Angabe notwendig ist, wird die Seitenzahl des Nachlaßbandes hinzugefügt.

Anfänglichen für uns wichtig und interessant. Das Anfängliche mag Vollkommenes versprechen; an sich ist es aber unvollkommen. Es hängt eher mit Leidenschaft und Bewegung als mit der vollendeten Vernunftsidee zusammen. Am Anfänglichen ist eine grundsätzliche Spannung zu erkennen, die Quelle wahrer Lebendigkeit. Es ist das Chaotische, aber das Chaotische, das sich nach Ruhe und Ordnung sehnt.

Einen ewigen Anfang in Gott zu setzen heißt, die *Lebendigkeit* Gottes denkbar zu machen. Das scheint aber zugleich die Endlichkeit dem Absoluten zuzuschreiben, was nach der herkömmlichen Lehre ein eklatanter Widerspruch wäre. Für Schelling ist es jedoch fragwürdig, ob ein lebendiges Absolute mit der Widerspruchslosigkeit der Vernunft zu versöhnen ist. Die Grenze der Vernunft zeigt sich also am Phänomen des Lebens als Möglichkeit des neuen Anfangs.

Schellings Denken wurde durch das Problem des Anfangs stets in Atem gehalten. Er strebt nach einem »System der Freiheit« (10, 36), das die immerwährende Möglichkeit des neuen Anfangs mit einer einheitlichen Verfassung des Seins in Einklang bringen will. In seiner Frühphilosophie erfaßt er das Wesen der Natur als Selbst-Bewegung. Mit der Auffassung von der Natur als Leben verläßt er die mechanische Naturauffassung der Neuzeit und kommt dem antiken Naturverständnis nahe. Die Fülle der Natur, die die Möglichkeit in sich birgt, etwas Neues anzufangen, scheint jedoch der Form des Vernunftsystems zu widersprechen. Diese dynamische Auffassung ist trotzdem verlockend, denn die so gedachte Natur kann als Quelle der *Geschichte* verstanden werden. Dieser Schritt wurde in der Geschichtsphilosophie des alten Schelling vollzogen. In ihr überwindet Schelling den Gegensatz von Natur und Geist, ohne die Geschichtlichkeit menschlicher Handlungen zu verdecken. Wahre Geschichtlichkeit besagt eben, daß der Mensch des Grundes seiner Handlung nicht mächtig ist: Er wird vielmehr immer schon von einer tiefen, abgründigen Vergangenheit, seiner Herkunft in der Natur, getragen.

Die Unermeßlichkeit des Anfangs wird Schelling zum Verhängnis. Es ist ihm nie gelungen, sie denkerisch ganz zu bewältigen. Aber gerade deshalb bleibt sie die Quelle seines Denkens. Nicht eigenwilliger Drang nach Originalität, sondern hartnäckiges Ausharren am Problem des Anfangs, führt Schelling zu seinem Verständnis der Philosophie als der »schlechthin von vorne anfangenden Wissenschaft« (13, 198). Der von vielen als »Proteus« der Philosophie bezeichnete Schelling war der Denker eines einzigen Gedankens, der er nie völlig auf einen Begriff bringen konnte.

Das Problem, das in dieser Arbeit gestellt wird, ist nicht hauptsächlich ein hermeneutisch-philologisches. Der Gegensatz von Natur und Geist, und der Versuch, ihn vom Geist her aufzuheben, bestimmen das gegenwärtige Zeitalter. Während wir Alternativen in fremden Kulturen suchen können, können wir sie nie als unsere Alternativen erfahren. Die Entscheidung, vor der die heutige, von der abendländischen Kultur bestimmte, Welt steht, kann kaum getroffen werden ohne Beachtung der Möglichkeiten, die in der abendländischen Kultur selbst ruhen. In Schellings Philosophie, d.h. gerade in der Vollendung der europäischen Geistesmetaphysik, wird die Natur als Grenze und Träger des Geistes erschlossen. Dies geht bis zu dem Gedanken, daß die Anfänglichkeit der Natur in Gott selbst verborgen liegt. Den tiefsten Sinn dieses Gedankens zu verstehen, wäre unmöglich ohne eine Revolution unseres Denkens und Handelns.

Die vorliegende Arbeit ist eine neue Bearbeitung meiner Tübinger Dissertation, »Der ewige Anfang. Zum Verhältnis von Natur und Geschichte bei Schelling« (Tübingen, 1984). Die Forschung wurde von der Fulbright-Kommission und vom DAAD unterstützt. Wissenschaftliche Förderung, Anregung und Prägung verdanke ich vor allem Prof. Dr. Dieter Jähnig. Gerne danke ich auch den Freunden wie Rolf Maier, Hideki Mine, Bertram Schmidt und Charles White, die das Manuscript gelesen und sprachliche und sachliche Änderungen vorgeschlagen haben, und Kenneth Scott von Holy Cross College, der mir bei der Abfertigung der Druckvorlage sehr viel half. Ich bin aber hauptsächlich Elisabeth Solbakken, die den Weg mit mir mitgeht, zu Dank verpflichtet.

Es ist mir allerdings klar, daß auch in der neuen Bearbeitung nicht alles zur abgerundeten Darstellung gebracht wurde. Dabei erkenne ich meine mangelnde Kraft gegenüber den Höhen und Tiefen des Schellingschen Philosophierens. Darstellungsprobleme führen jedoch dazu, den Ernst der Sache und die Schwierigkeiten der Fragen deutlich zu machen. Man muß sich davor hüten, einer Sache, die man nicht ganz im Griff hat, als Meister gegenüberzutreten. Das Entscheidende ist es, aus der Auseinandersetzung mit der Sache zu lernen, wo die eigenen Grenzen liegen.

EINLEITUNG

Im Gedanken des ewigen Anfangs und des ewigen Endes kann man die eigentümliche Größe des Philosophen Schelling erkennen. Die Größe eines Denkers beweist sich in der Frage, die er sich stellt. Die Frage des großen Denkers ist die größte Frage, die nach dem Sinn des Ganzen. Um an diesen Sinn heranzutreten, muß nach dem Anfang und dem Ende des Ganzen gefragt werden. Es muß so gefragt werden, auch wenn die Frage sich ans Dunkle richtet, indem der Mensch weder am Anfang noch am Ende stehen kann. Weil die Frage nicht dabei ihre fragende Kraft verliert, verbirgt sich ein Sinn auch im Dunkeln. Dies gezeigt zu haben, ist der große Verdienst der Philosophie Schellings, die sich mit dem Dunkeln vertraut gemacht hat, gerade weil sie Sinn und Klärung so ernsthaft suchte. Die Frage, die zunächst ins Dunkle führt, will uns vor einem Licht bringen, das wir sonst nie sehen, weil es uns zu nahe steht.

Der Grund dafür, daß diese Arbeit die Frage nach dem Anfang statt der Frage nach dem Ende betont, liegt in der Stimmung der gegenwärtigen Zeit. Die Frage nach dem Anfang wirkt am lebendigsten dort, wo sich das Gefühl zu verbreiten beginnt, daß wir bereits am Ende sind – oder daß wir auf eine Bahn geraten sind, die zwar weitergeht, aber nirgendwohin führt – oder die weitergeht und uns gar mit Gewalt weiter zieht, ohne daß wir in diese Richtung gehen wollen.

Die Frage nach dem Anfang schließt die nach dem Ende nicht aus. Um wirklich mit einer Sache anzufangen, muß eine klare Sicht ermöglicht werden, ein sichtbares Ende muß sich zeigen, das die Kräfte des Denkens und des Tuns erweckt und sie in Bewegung setzt. Wenn dieses Ende ausbleibt, bleibt auch der Anfang aus. Es bleibt dann nur eine trostlose, weil richtungslose, Bewegung übrig. So wird der Mensch versucht, aus eigener Kraft ein Ende zu *machen*. Was aber gemacht wird, bringt sich nicht selbst hervor. Allein das Sich-Hervorbringende ist das Lebendige. Das Gemachte ist das Tote; das gemachte Ende der Anfang des Todes.[2]

Wenn der Anfang aber dort gegeben wird, wo sich das wahre Ende – das Lebendige schlechthin – zeigt, dann fragt es sich, warum wir nicht gleich mit diesem – dem Höchsten – anfangen? Davor hat aber Hegel in seiner bekannten Kritik an Schelling gewarnt.[3] Wenn das Denken gleich mit dem Höchsten anfängt, dann wird es leer bleiben, denn nur aus der Vermittlung des Denkens wächst der Inhalt. So hat Schelling im

[2] Vgl. Aristoteles, Phys. B,1.
[3] Vorrede zur »Phänomenologie des Geistes«.

Hinblick auf die Frage nach dem Anfang des Ganzen behauptet, »nur in der Verneinung liegt der Anfang« (WA II, 57). Das Ausbleiben des Höchsten wäre demzufolge etwas Positives, das wir nicht beklagen sollten. Nur aus seiner Abwesenheit heraus gewinnt es Sinn und Inhalt.

Dies spekulativ Aufgefaßte kann anhand der menschlichen Erfahrung nachgeprüft werden. Der Mensch verjüngt sich, indem er etwas in sich sterben läßt. Er kommt nie zum Anfang der Handlung oder des Denkens, wenn er sich am ihm Bekannten und Vertrauten festhält. Ein solches Festhalten führt ins Leere, weil nur Bekanntes aus dem Bekannten entsteht. Die Angst davor, sich vom Vertrauten loszulösen, ist das, was den Weg zu wahrer Anfänglichkeit und Lebendigkeit versperrt. Die Blindheit, mit der der Mensch seinen fragwürdig gewordenen Weg verfolgt, mit der, z.B. die moderne Wissenschaft Unbekanntes systematisch ausschließt, ist das Zeichen der großen Macht dieser Angst.

Daß der Sinn des Ganzen fragwürdig erscheint, könnte, paradoxerweise, als die Hauptleistung unserer Zeit gelten. Wo der Mensch droht, alles zu vernichten, läßt sich leicht von der Sinnlosigkeit des Ganzen sprechen. Die Möglichkeit der Sinnlosigkeit, wenn sie überhaupt beachtet wird, verschärft die Frage nach dem Sinn des Ganzen. Wo diese tief genug erfahren wird, ist die Möglichkeit geschichtlicher Wandlung – und Erneuerung – gegeben. Die Erfahrung der Sinnlosigkeit ist die Voraussetzung jener geschichtlichen Entscheidung, die einen Sinn stiftet.

Wenn die Frage nach dem Anfang in ihrer ganzen Radikalität gestellt wird, wird der Bezug zur Sinnlosigkeit offenbar. Der Anfang, als der Anfang aller Dinge, kann kein Seiendes sein. Bezieht sich aber das Denken nicht allein auf das Seiende? Gefragt wird nach etwas, das nicht ausgesprochen werden kann, nach etwas, das sich uns entzieht. Die Vermutung ist naheliegend, daß wir, wenn wir nach dem Anfang des Ganzen fragen, nach dem Anfang dessen fragen, was keinen Anfang hat.

Es handelt sich also um das, was nach Schelling »ohne Anfang seines Anfangs und ohne Ende seines Endes« sei (13, 258). Ein solcher anfangsloser Anfang ist aber dem Denken entzogen. Er ist das Unfaßbare, das, einmal erfahren, das Denken zum Verstummen bringen muß. Nach Schelling ist dieses Verstummen etwas Positives. Aus ihm geht die »Ekstase« der Vernunft hervor, wodurch diese sich zum ersten Mal mit etwas anderem als sich selbst befassen kann.[4]

Hier ist aber Vorsicht geboten. Der Weg der Philosophie ist der der Vernunft. Ihre Schritte sollen nachvollziehbar sein. Ein Denken, das aus zu großen Fragen hervorgeht, kann zu schnell aus der Unbequemlichkeit der Fragen hinausspringen. Ein

[4] Dies ist das Thema des Erlangen-Vortrages.

über sich erhobenes Denken ist ein betrunkenes, verlorenes Denken. So mag man als die angemessene philosophische Tugend die Bescheidenheit der Wissenschaft erkennen, die sich fest an Regeln bindet.

Wollen wir aber die Bescheidenheit eines Denkens, das die unbeantwortbaren Fragen beiseite läßt, um sich nur mit den beantwortbaren Fragen zu beschäftigen? Oder müssen wir die Gefahr sehen, daß ein Denken, das sich durch bescheidene Fragen bewegt, dem Wahn ausgesetzt werden kann, daß alles klar sei, daß alle Probleme gelöst werden können? Eine solche Bescheidenheit mag wohl zur Überheblichkeit führen. Der »bescheidene« Ansatz des technischen Denkens steht somit in einem geheimen Zusammenhang mit dessen Versuch, die ganze Wirklichkeit aus sich heraus zu bestimmen. Es ist sogar möglich, daß in einem technischen Zeitalter auch die Philosophie sich an dieser Überheblichkeit beteiligt, und zwar dadurch, daß sie den »großen« Denker nicht mehr kennt, weil sie jedem Denker eine bescheidene Stelle innerhalb des philosophischen Betriebs zuweist.

Die wahre philosophische Bescheidenheit besteht in der Auseinandersetzung mit den großen Fragen, die die Grenzen des Denkens erhellen und die unfaßbare, unbegreifliche und unberechenbare Größe des Erfragten erschließen.

Die Frage nach dem Anfang führt zu einem Wissen, aber zu einem bescheidenen Wissen, dem Wissen des Nicht-Wissens. Dies ist die »docta ignorantia«, auf die Schelling sich z.B. in den »Weltaltern« und in seinem Erlanger Vortrag von 1821, »Über die Natur der Philosophie als Wissenschaft«, bezieht. Die Struktur dieses Wissens ist die ekstatische Offenheit, die dort entsteht, wo das Wissen an kein Wissensobjekt gebunden ist. In der Offenheit eines nicht-wissenden Wissens zeigt sich die wahre Anfänglichkeit eines Denkens, das seine ganze Aufgabe noch vor sich hat. Das Wissen, das alles weiß, steht dagegen am Ende, wo die ganze Wirklichkeit gesichert ist und keine weiteren Geheimnisse in sich birgt – außer dem einen unlösbaren Geheimnis, warum diese Wirklichkeit überhaupt da ist, was das Wissen am Ende wieder zum Anfang zu bringen vermag.

Gesucht wird der Anfang des *Seienden*. Gesetzt aber, daß dies das Notwendige sei (das Seiende muß ja sein), dann ist es das Anfangslose. Gesucht wird der Anfang des Anfangslosen, was aber völlig unbegreiflich ist. Dem Unbegreiflichen entflieht der Mensch, dessen Wesen auf das *Wissen* gerichtet ist.[5] Vor dem Unbegreiflichen hat er Angst. Dieselbe Angst, die ihn ans Vertraute bindet, hält ihn vom Anfänglichen zurück. Um zur Freiheit zu gelangen, muß der Mensch sich vom Vertrauten loslösen und

[5] Aristoteles, Met. I, 980 a 22.

sich dem Unbegreiflichen zuwenden. Die wahre Kraft des Denkens ist es, von dem getragen zu werden, was wir von uns aus nie ertragen könnten.

Es fragt sich aber, wie solche Vermutungen zu bewerten sind. Wenn wir nicht mehr am Anfang sind, hat dies sicherlich gute Gründe. In den Anfang zurückkehren, wäre bestenfalls ein Rückfall in das zurück, von dem wir uns mit großer Anstrengung befreit haben. Die Natur mag ewig zu ihrem Anfang zurückkehren, aber der Mensch hat sich aus diesem Wahnsinnskreis befreit. Gerade so wird seit dem Anfang der Neuzeit das Wesentliche der menschlichen Geschichte gedacht.

Nach dieser Vorstellung müsste der Mensch nie in den Anfang zurückkehren, weil er ein schöpferisches Wesen ist, das unendlich weiter fortschreiten kann. Schlagworte wie »zurück zur Natur« oder »zurück zum Mythos« seien demgemäß nicht nur Irrtümer, weil man nie zurückgehen kann (das *weiß* jeder), sondern sie seien gefährlich, denn die Bedingungen unserer Existenz haben sich durch unsere geschichtliche Leistung so gewandelt, daß sich der Versuch einer Rückkehr katastrophal auswirken könnte. Die Technik z.B. hat uns sicherlich von der Anfänglichkeit der Natur entfremdet. Sie hat uns aber zugleich vor der Härte der Natur gerettet und das große Bevölkerungswachstum ermöglicht. Die meisten Menschen müßten untergehen, wenn diese Technik beseitigt würde. Wir haben es also nicht allein mit der Behauptung zu tun, daß der Mensch unendlich fortschreiten kann, sondern daß er unendlich fortschreiten *muß*, daß er sozusagen dazu verdammt ist.

Und dennoch sind wir von den unendlichen Möglichkeiten des menschlichen Schaffens nicht ganz so überzeugt. Der Mensch ist von Natur her sterblich. Seine Leiblichkeit wird er nie überwinden. Selbst sein Schaffen ist immer auf einen von der Natur vorgegebenen Stoff angewiesen. Und wenn dieser Stoff durch das Tun des Menschen aus dem Lebenskreis der Natur herausgezogen wird, fängt er an, uns zu ersticken. Überdies ist das ständig Neue der Technik alt geworden. Die neuen Erfindungen wirken oft leer. Oder gefährlich. Die Rede von einer Verwüstung der Erde scheint heute viel plausibler zu sein als noch vor einer Generation. Die Waffen der Massenvernichtung sind nur ein Zeichen dafür. Wir stehen vor dem Paradox, daß unsere Überlebenschancen gerade dadurch gefährdet sind, daß wir uns um nichts anderes als das Überleben, oder auch das »bessere« Leben, bemüht haben. Wir sind offensichtlich schuldig, aber schuldlos sind wir es geworden. Wir möchten nur überleben. In den Anfang zurückkehren möchten wir nicht. Vor diesem, wie vor dem Ende haben wir Angst. So bleiben wir lieber, wo wir sind.

Aber wo sind wir? Inwiefern ist der Mensch heute da, wo er ist? Wenn er sich zu sehr um die Sicherung seiner Zukunft bemüht, wird er vielleicht Wesentliches in seiner Gegenwart verpassen? Wenn ein ganzes Zeitalter sich mit dem Planen und Vorausrechnen der Zukunft beschäftigt, dann mag es sein, daß es wahre Zukunft – als die unberechenbare Möglichkeit des schlechthin Neuen – und ebenso wahre Gegenwart – als das gesammelte Verweilen beim Anwesenden – verlieren kann. In einem Zeitalter, das oft als nihilistisch bezeichnet wird, ist eine solche Abwesenheit vielleicht gerade das Hauptmerkmal.

Das Paradox kann anders ausgedrückt werden. Da, wo der Mensch sich zu sehr von der Natur – als dem Bereich des anfänglichen Seins – entfernt, und zwar in der Hoffnung, sich von deren Umtrieb zu befreien, um in den Bereich der Beweglichkeit und Geschichtlichkeit einzutreten, findet er sich in einem noch engeren Kreis befangen, in dem die Erfahrung des Neuen, d.h. die einzige wahre Erfahrung, ausgeschlossen ist. Wo die menschliche Geschichte zu weit über die Natur erhoben wird, verliert sie ihre Lebendigkeit, denn diese quillt nur aus dem Uranfänglichen der Natur selbst.

Die Frage, wie der Mensch einen neuen geschichtlichen Anfang finden kann, fällt mit der Frage zusammen, wie er zum Einklang mit der Natur gelangen soll. Schelling gilt als ein romantischer Denker, der den Weg zurück zur Natur wählte; er ist auch der Denker, der sich wieder an das Mythische wandte. Deshalb wurde er lange Zeit nur von wenigen ernstgenommen. Weil unser Weg aber so problematisch geworden ist, weil der Anfang wieder gesucht wird, ist Schelling ein Denker, dem wir nicht länger ausweichen können. Er hat gewußt, daß das wahrhaft Anfängliche das Befreiende ist. Zum Anfang zurückkehren heißt, eine wahre Zukunft gewinnen. Die Natur kehrt ewig in sich zurück, und dennoch sind ihre Erscheinungen ewig neu. Wenn der Mensch sich mit ihr – als dem schlechthin Unumgänglichen – befaßt, findet er den Weg zur Freiheit. Diese besteht nicht in der Abwehr des notwendigen Seins. Eine solche Abwehr führt nur zum Tode. Hierin liegt das Rätsel der menschlichen Freiheit: der Mensch ist ein Teil der Natur, der sich gegen die Natur wenden kann. Weil er aber ein Teil der Natur ist und bleibt, kann sein Widerstand zur Selbst-Zerstörung, zur Ausrottung seines tragenden Grundes, führen. Wahre Freiheit und Geschichtlichkeit gehen allein aus der Bejahung dessen hervor, was schlechthin nicht beseitigt werden kann. Die geschichtliche Entscheidung, vor der der Mensch steht, verlangt nichts so sehr, als daß er dies versteht.

Das Folgende geht von einer Klärung des ontologischen Horizonts dieser Fragestellung aus. Ein Denken, das ein Seiendes nicht stets auf ein Anderes zurückführt, sondern sich mit dem Ganzen befaßt, muß letztlich die Abgründigkeit dieses Ganzen erblicken. In dieser ist die Möglichkeit der Freiheit enthalten; sie ist das verborgene Wesen der Natur, das erst durch die geschichtliche Handlung des Menschen erschlossen wird. Die Freiheit ruht im Inneren des notwendigen Seienden. So wird ihre wesensgemäße Entfaltung nicht aus dem Angriff gegen das Notwendige vollzogen, auch wenn die Freiheit gerade die *Möglichkeit* eines solchen Angriffs bedeutet.

Im zweiten Teil der Arbeit wird gezeigt, wie das philosophische Denken die Natur von ihrer verborgenen Quelle her verstehen kann, so daß sie nicht mehr – wie nach dem herkömmlichen Verständnis der Neuzeit – als ein Gegensatz zur Freiheit verstanden werden muß. Dieser Grundgedanke der Naturphilosophie Schellings wird nicht allein die Kluft zwischen Natur und Geschichte überbrücken, sondern auch die zwischen der Moderne und der Antike, denn das antike Denken kannte nicht den Gegensatz von Natur und Geschichte. Wir werden darum den Bezug zwischen dem Naturverständnis Schellings und dem des Aristoteles erörtern. Die griechische Erfahrung einer zwangslosen Bewegung aus dem Zwiespalt zwischen Potenzialität und Vollkommenheit heraus ist die notwendige Korrektur zum Produktionswahn der Neuzeit. Damit wird die Möglichkeit entdeckt, daß sowohl Natur wie Geschichte ihre eigentümliche und wesensgemäße Beweglichkeit erst aus der tiefen Ruhe des vollendeten Augenblicks erreichen. Diese Erfahrung ermöglicht den Schritt von einer mechanischen zu einer lebendigen Auffassung der Natur. Nur wenn dieser vollzogen wird, wird der Mensch zum wahren Anfang gelangen.

Erst nachdem die Geschichtlichkeit der Natur hervorgehoben worden ist, können wir im dritten Teil zeigen, wie Schelling die menschliche Geschichte von dieser so verstandenen Natur her deutet. Dabei wird seine Interpretation der Kunst als Produkt eines zugleich bewußten und unbewußten Schaffens eine Schlüsselstellung einnehmen. So erklärt sich auch, warum die Arbeit in den Mythos mündet. Die Augenblicke der menschlichen Geschichte, in denen der Mensch die Nähe Gottes spürt, sind Geschenke eines höheren Geistes, dessen Erbschaft die Form der Kultur ausmacht. Dabei geht es um keine Erfindung oder Fiktion, die einem Bedürfnis entstammt, sondern um eine Wahrheit, die zeitweilig die Struktur dessen erschließt, was ist. Das Denken verläßt nicht die uns umgebende Welt von Natur und Geschichte, wenn es sich zur Besinnung auf das Göttliche erhebt; durch diese Besinnung tritt es vielmehr erst in das innerste Wesen unserer Erfahrungswelt. Das letzte Wort gilt dem erschlossenen Augenblick.

Der Mythos wird also im absoluten Gegensatz zu den hergestellten Mythen der Herrschaftspolitik des 20. Jahrhunderts verstanden. Ihnen gegenüber wird das Mythische als eine Welteröffnung verstanden, die keinen sichtbaren Interessen dient, auch nicht etwa der Stabilisierung des Weltbezugs, sondern die aus einer Quelle hervorgeht, die uns stets verborgen bleibt – so wie die Urnatur, aus der die ganze sichtbare Welt einst entstanden ist, uns verborgen bleibt. Diese verborgene Quelle hat sich nie erschöpft. Denn sie ist der ewige Anfang.

I

DIE UNVORDENKLICHKEIT DES SEINS

1. Kapitel

Schellings Grundfrage nach dem Ursprung des Seienden im Ganzen

(A) Die unterschiedlichen Ausgangspositionen von Schelling und Hegel

1. Es ging Schelling und Hegel gleichermaßen um die Vermittlung des Vernunftsystems mit der Freiheit. Beide machten das Ganze zum Gegenstand der Reflexion und kamen dabei – aber nicht ohne schwere Probleme zu verursachen – auf die Reflexion über die Freiheit, die die kritische Philosophie Kants aus der theoretischen Wissenschaft ausgeschieden hatte.[6]

Der ganze deutsche Idealismus war von der Überzeugung geprägt, daß die Sache der höchsten Wissenschaft das Absolute sei, aus dem das Ganze des Seienden erkannt werden kann. Schelling zweifelte jedoch daran, daß die herkömmliche Vernunftwissenschaft die Erkenntnis des Absoluten fassen und vermitteln kann. So wurde sein Denken zur Unterscheidung zwischen der Vernunftwissenschaft, die er die »negative« nannte, und der von ihm eingeführten »positiven« Wissenschaft getrieben. Sein Bedenken läßt sich aus einer »Scheu vor dem Begriff« erklären, aus der Meinung, die er früh äußerte, daß es Begriffe »nur von Objekten« gebe, und daß der wahre Gegenstand der Wissenschaft kein »Objekt« sei (1, 401).

Nach Schelling schließt die Forderung nach einer Wissenschaft des Ganzen eine Forderung nach einer radikalen Verwandlung der Wissenschaft ein, einer Verwandlung, die viel weiter als Hegels dialektische Verwandlung der Wissenschaft reichen muß. Es ist angebracht, dieser Behauptung nachzuforschen, denn das Spezifische an Schellings Philosophie läßt sich gut durch ihre Gegenüberstellung zur Philosophie Hegels herausstellen. Seit der Veröffentlichung des Schellingbuchs von Walter Schulz (1954), haben wir es immer weniger mit der alten, erst von Hegel selbst verbreiteten Meinung, zu tun, daß Schelling als Vorstufe zur Vollendung des Idealismus durch He-

[6] Kant entwarf zwar ein System der Freiheit, aber ohne seine kritische Absicht aufzugeben, denn nach ihm haben die Ideen nur eine heuristische Bedeutung.

gel zu beachten sei.[7] Wie sollen wir aber den Ort des Schellingschen Philosophierens verstehen?

Gerade wegen der Wirklichkeit der *Freiheit* darf nach Schelling die Wissenschaft nicht den hohen Anspruch auf Vollendung machen wie bei Hegel. In den »Weltaltern« z.B. schreibt er, daß, obgleich »die Wissenschaft dem Gegenstand nach zur Objektivität gelangt ist«, sie dieselbe »auch der Form nach« noch suchen muß (8, 200). Er behauptet, daß die bisherige Form der Wissenschaft nur durch Begriffe, und deshalb nur *subjektiv*, gefaßt wurde. Erst in der *Zukunft* wird die Wissenschaft die Objektivität der Form erreichen, »wo die Wahrheit wieder zur Fabel und die Fabel zur Wahrheit wird« (ebd.).[8] Dabei wollen wir zweierlei verstehen. Warum will Schelling betonen, daß die Wissenschaft noch nicht vollendet ist? Und warum glaubt er, daß ihre Vollendung eine Rückkehr zum Mythos bedeuten wird? Um diese zwei Fragen zu beantworten, müssen wir zuerst die Entstehung des allgemeinen Wissenschaftsbegriffs innerhalb des deutschen Idealismus kurz beschreiben.

Das Ziel der Philosophie als Wissenschaft wurde bereits durch Spinozas System des Ganzen dargelegt. Gegen dieses System wurde – vor allem von Jacobi – der Einwand erhoben, daß es, indem es System des Ganzen, notwendigerweise auch Pantheismus, Atheismus und Fatalismus sei. Weil Schelling und Hegel sich um ein solches System bemühten, haben sie versucht, Spinoza gegen diesen Einwand zu verteidigen. Nach ihnen war Spinozas Irrtum nicht die Identifizierung von Gott und Natur, sondern eher der, daß er nie deren wahrhafte, lebendige Identität erfaßte. Der Gottesbegriff wird nicht erreicht, wenn man bei dem Gedanken einer absoluten Substanz stehenbleibt, die die Erscheinungen der Welt als ihre Akzidenzen enthält. Dagegen muß das lebendige Band des Hervorbringens zwischen der absoluten Substanz und deren Bestimmungen gefunden werden. Spinozas Irrtum war nicht sein Pantheismus, sondern sein Fatalismus, der nicht das Resultat seiner Auseinandersetzung mit dem Ganzen, sondern seiner mechanischen Denkweise ist. Hier stimmen die Kritik von Hegel, daß Spinoza auf der Stufe der »äußerlichen Reflexion« blieb (Logik II, 195-98),[9] und

---

[7] W. Schulz, Die Vollendung des deutschen Idealismus in der Spätphilosophie Schellings, 2. erw. Aufl., Pfullingen 1975.

[8] Es scheint freilich problematisch zu sein, wenn Schelling die Wissenschaft auf eine mythische Form zurückbringen will, denn der Mythos gilt seit eh und je als der »Gegenpol« der Wissenschaft. Über Schellings »Philosophie der Mythologie« schreibt K.H. Volkmann-Schluck, »Wir hätten ... keine Möglichkeit, den verborgenen gegenwärtigen Anfang unserer Geschichte zu erfahren, es bliebe uns jeder mögliche Weg dahin verschlossen, wenn nicht auf dem Gipfel der absoluten Herrschaft des Logos das Denken in die Notwendigkeit versetzt worden wäre, sich dem Mythos zuzuwenden und nachzuweisen, daß der Mythos als Mythos wahr ist.« K.H. Volkmann-Schluck, Mythos und Logos, Berlin 1969, S. 143.

[9] Hegels Werke werden nach der Theorie-Werkausgabe, hg. von Eva Moldenhauer und Karl M. Michel, Frankfurt 1970, zitiert.

die Kritik Schellings, daß er das Absolute letzten Endes als ein »Objekt« ergriff (7,349; 10,40), miteinander überein. So sagt Schelling 1827: »Ein System der Freiheit – aber in ebenso großen Zügen, in gleicher Einfachheit, als vollkommenes Gegenbild des Spinozischen, – dies wäre eigentlich das Höchste« (10,36).

Schelling hat bereits in seinen frühesten, noch unter dem Einfluß Fichtes geschriebenen Schriften mit Spinoza und gegen Fichte behauptet, daß die absolute Grundlage des Bewußtseins *vorreflexiv* sei (1, 167). So bezeichnet er später das Systemprinzip als das absolute Subjekt-Objekt oder, genauer, als die »Indifferenz« beider, und nicht mehr als das Ich. Seine Erweiterung des idealistischen Prinzips von einem Erkenntnis- zum Seinsprinzip (also der Übergang von einer Wissenschafts*lehre* zur Wissenschaft) bedeutet aber nicht, daß er zum spinozistischen *Dogmatismus* zurückgekehrt ist. Der Begriff der Indifferenz will die Vorstellung einer vorgegebenen Substanz ausschließen.

Das Denken nach einem Prinzip fordert das Aufgeben der eigenen Subjektivität und die Zuwendung zu einem höheren Prinzip, zum Absoluten. Die Auseinandersetzung mit Spinoza also hat Schelling zum Absoluten geführt. Das Absolute wird aber – und dies ist entscheidend – nicht mehr spinozistisch als der höchste *Gegenstand* der Wissenschaft gedacht. Es wird als *identisch* mit der Wissenschaft gesetzt. In diesem Schritt liegt die Möglichkeit eines Systems der Freiheit. Die scheinbar unvermeidliche Trennung zwischen dem Subjekt und dem Objekt des Wissens wird aufgehoben: Das Ganze erschließt sich als die Vernunft selbst, allerdings als eine »verdunkelte« Vernunft (8, 200), die nur langsam durch den mühsamen Prozeß des Denkens ans Licht gehoben werden kann. Das denkende Subjekt gelangt zur Vernunft, insofern als es sich in sein Denken – oder nach dem Ausdruck Hegels in »den immanenten Rhythmus der Begriffe« (Phän., 56) – verliert. In diesem Sich-Verlieren in die Vernunft besteht die Freiheit des Denkens. Das Willkürliche und Subjektive des Denkens wird überwunden, indem dieses sich einer höheren Notwendigkeit unterordnet, einer Notwendigkeit, die sich aber, als die sich denkende Vernunft, letztlich als Freiheit erweist.

Man folgt dem Begriff (Hegel) oder dem ursprünglichen Subjekt (Schelling) über Stufen, die von der Vernunft in ihrem Versuch, sich selbst zu fassen, gesetzt werden, und erreicht das Ziel erst, wenn jedes Objekt sich als unzureichend für ein absolutes Wissen erweist, da es als Objekt dem Subjekt gegenüber immer eingeschränkt ist. Bevor das Objekt in einem absoluten Wissen aufgeht, muß es von aller Positivität – ja, von aller Objektivität – gereinigt werden: Es muß sich endlich als Subjekt erschließen. Nach Hegel ist dieses Ziel innerhalb der Philosophie als solcher an dem Punkt erreicht, wo der Begriff sich in seinem Werden durchschaut (Phän., 57).

Dagegen behauptet aber Schelling die Unzulänglichkeit des Begriffs und daher die Notwendigkeit eines Übergangs aus der »Kontemplation« heraus. In seinen frühesten Schriften wird der Übergang angedeutet, indem Schelling die Überzeugung vertritt, daß »der Mensch zum Handeln, nicht zum Spekulieren geboren sei« (1, 243). In der Spätphilosophie geht es nicht mehr um diese scheinbare Preisgabe der Philosophie, sondern um die Zweiteilung in eine »negative« und eine »positive« Philosophie. Diese zweite, neue Philosophie wird in einer höheren *Erfahrung* gegründet und nicht in der logischen Bewegung des Begriffs. Der Übergang zum Positiven ist eine Befreiung des Denkens aus der Herrschaft des Begriffs: Das »Daß« der Dinge wird vor dem »Was« vorrangig.

2. Diesen Gedanken können wir deutlicher fassen, wenn wir nun wechselseitig die Kritiken Hegels und Schellings erörtern. Die Bewegung des idealistischen Denkens könnte im allgemeinen so beschrieben werden, daß der Versuch, ein Objekt des Wissens festzuhalten, immer wieder scheitert, wenn sich das Objekt verwandelt. Die Bewegung des Gedachten fällt am Ende mit der Bewegung des denkenden Subjekts zusammen. Dies gilt sowohl für Schelling als auch für Hegel. Und dennoch behauptet dieser, Schelling setze, indem er die Möglichkeit einer unmittelbaren intellektuellen Anschauung des Absoluten postuliert, das, was erst Resultat der wissenschaftlichen Untersuchung sein soll, gleich an den Anfang. Das Problem dabei ist, daß das Absolute in einer leeren Einheit bleibt und deshalb nie begriffen werden kann. Es zu begreifen heißt, es als Resultat einer Entwicklung, die, aus der Sicht der »Phänomenologie« betrachtet, vom natürlichen zum absoluten Bewußtsein hinaufführt. Der Abgrund zwischen dem Menschen und dem Absoluten zeigt sich demnach als die notwendige Bedingung des *Begreifens* des Absoluten, das nur langsam vor sich geht, indem der Abgrund durch mühevolle Arbeit geschlossen wird. Hegel möchte also die Endlichkeit des Menschen ganz ernst nehmen. In ihr liegt die Bedingung wahren Wissens, das eben nicht in einem unmittelbaren, sondern in einem über viele Stufen vermittelten Verhältnis zum Absoluten besteht. Der Fall in die Endlichkeit ist also Bedingung des Begreifens des Absoluten, denn das Begreifen kann sich nur *stückweise* entwickeln.

Dies enthält jedoch ein Problem. Denn das Wissen des Absoluten mag ein Zusammengesetztes sein, aber die einzelnen Schritte können doch nicht zusammengesetzt werden. Irgendwo muß es auf eine *Einsicht* kommen, die auf eine nicht analyzierbare Einheit gerichtet ist. Der Grund des Wissens scheint also doch eine Anschauung zu sein.

Der Vorteil des Hegelschen Ansatzes für die Wissenschaft ist nichtsdestoweniger einleuchtend. Der Sinn der Wissenschaft liegt darin, daß jeder Mensch zur Einsicht in ihr Wissen geführt werden kann. »Die verständige Form der Wissenschaft ist der allen dargebotene und für alle gleichgemachte Weg zu ihr« (Phän., 20). Die Wissenschaft selbst besteht aus diesem *Weg* zum höchsten Wissen. Es ist die Bewegung von dem endlichen zum absoluten Bewußtsein, die der Wissenschaft ihren ganzen Inhalt gibt. Ohne diesen langen Weg zu gehen, kommt man nie aus dem leeren Formalismus hinaus, denn Inhalt besteht nur aus den Unterscheidungen, die der Entwicklung des Bewußtseins aus der Ferne zur Nähe des Absoluten entspringen. Wenn man gleich mit dem Absoluten anfängt, wird man »die abstrakte Allgemeinheit« mit dem Absoluten verwechseln (Phän., 21). Das Absolute kann nur das sein, was nichts außer sich hat. Es muß den ganzen Bereich der Endlichkeit schon in sich fassen. Es kann nicht in einer blossen *Indifferenz* oder Gleichgültigkeit dem Endlichen gegenüber bestehen; diese wäre nach Hegel der leblose, bloß substantielle Begriff des Spinozismus. Der Weg über die Vermittlung gehört also zum Wesen des Absoluten. Statt des Absoluten, das eine unendliche Fülle von Unterscheidungen im Tageslicht des Bewußtseins offenbart, hätte man in unmittelbarer Anschauung nur die Nacht, »worin, wie man zu sagen pflegt, alle Kühe schwarz sind« (Phän., 22).[10] So verspottet Hegel die Begeisterung, »die wie aus der Pistole mit dem absoluten Wissen unmittelbar anfängt« (Phän., 31 und in einer ähnlichen Formulierung Logik I, 65).

Von daher versteht man, warum Hegel, bevor er mit dem Aufbau seines Systems anfing, den ganzen Weg über die »Phänomenologie des Geistes« zurücklegen mußte. Die natürliche Vorstellung des Wissens als der sinnlichen Gewißheit wird nicht damit überwunden, daß der Philosoph eine unsinnliche, »intellektuelle« Anschauung verlangt. Eine solche Forderung macht schon am Anfang die Tür zur Wissenschaft zu. Selbst der Philosoph wird sich täuschen, wenn er meint, daß er sich als Auserwählter in der Wissenschaft bewege, denn eine Wissenschaft, die den Wissensanspruch des sinnlichen Bewußtseins schlechthin ignoriert, wird dem Formalismus anheimfallen. Jeder Schritt des Wegs vom natürlichen zum philosophischen Bewußtsein muß klar gemacht werden. Ein zu großer Sprung verträgt sich nicht mit der Grundforderung der Wissenschaft: daß ihr Weg *sicher* und nachvollziehbar sei.

[10] In diesem Satz sieht man gewöhnlich den Kern der Kritik an Schelling. Dies ist aber insofern problematisch, als Schelling selber 1802 (also schon in seiner Identitätsphilosophie) dasselbe gesagt hat: »Denn die meisten sehen in dem Wesen des Absoluten nichts als eitel Nacht, und vermögen nichts darin zu erkennen; es schwindet vor ihnen in eine bloße Verneinung der Verschiedenheit zusammen und ist für sie ein rein privatives Wesen ...« (4, 403). Darauf hat erst Karl Jaspers hingewiesen: Schelling, Größe und Verhängnis, München 1955, S.302f.

Die »Wissenschaft der Logik« fängt nicht mit dem Standpunkt des absoluten Wissens, mit der Identität von Subjekt und Objekt, sondern mit dem leeren Begriff eines objektiven, subjektlosen Seins an, das sich erst nach Vollendung der immanenten Entwicklung des Denkens als das absolute Subjekt, die sich begreifende Idee, zeigt. Das Absolute läßt sich nicht von dem Weg seiner begrifflichen Vermittlung trennen – dies ist die Kritik Hegels an Schelling.

Zu fragen ist nun, ob diese Kritik Schelling eigentlich trifft. Wir beginnen dort, wo sie richtig zu sein scheint: Hegels Behauptung, daß Schelling die Allgemeingültigkeit und Verständlichkeit der Wissenschaft nicht erkannt hat. Dies stimmt, insofern Schelling die Fähigkeit des Philosophierens im Zusammenhang mit dem *ästhetischen* Sinn betrachtet, einem Sinn, den einige, sogar die meisten, Menschen nicht haben (z.B. 3, 351). Es ist das Unlehrbare im Denken, das durch keine begriffliche Anleitung, sondern nur durch eine »Gunst der Natur« aktiviert werden kann (so nach dem Wort Kants in der »Kritik der Urteilskraft«). Nach Schellings »System des transcendentalen Idealismus« erreicht die Wissenschaft Objektivität und Allgemeingültigkeit nicht in sich selbst, sondern nur da, wo sie die *Kunst* zu ihrem Organon macht (3, 624-29), wobei natürlich der Sinn solcher Objektivität dabei eine Wandlung vollzieht. Schelling hat eigentlich immer diese Begrenztheit der Vernunftwissenschaft (daß sie ihr Ziel nur außer sich findet) vor Augen gehabt, weshalb die Zweiteilung der Wissenschaft das letzte Ergebnis seines Denkens ist. Insofern er aber die Begrenztheit ausdrücklich reflektiert hat, ist Hegels Kritik keine Widerlegung, sondern nur die Klärung der verschiedenen Bahnen, in denen die zwei Philosophen sich bewegen. Schelling hat eben keine Allgemeingültigkeit für seine Philosophie beansprucht.

Man will vielleicht den moralischen Einwand erheben, daß Schelling, eben weil er das Esoterische seiner Wissenschaft bekennt, elitär sei und eine der wichtigsten Aufgaben der Philosophie, nämlich den Weg zu einer gerechten politischen Gemeinschaft zu weisen, nicht erfülle. Schelling hebt jedoch noch stärker als Hegel die praktische Aufgabe der Philosophie hervor. Eine Versöhnung der Vernunft und der Wirklichkeit liegt nach ihm nicht in der Gegenwart, sondern in der Zukunft, so daß der Horizont des Handelns offen bleibt. Daß die Philosophie esoterisch sei, bestätigt nur die Unzulänglichkeit der Gegenwart. Daß Schelling erst die Kunst und die Mythologie, später die philosophische Religion, als die Möglichkeit des *Exoterischwerdens* der Philosophie darstellt, zeigt wie ernst er die moralische Aufgabe der Philosophie genommen hat: Die Philosophie »kann nicht an sich selbst leben, so lange es an dem öffentlichen Leben fehlt, in dem sie sich anschauen könnte. Philosophie, die zum Leben wird, ist das, was Plato das politeuein nennt, das Leben mit und in seiner sittlichen Totalität« (6, 576).

3. In der Natur- und Transzendentalphilosophie geht Schelling davon aus, daß das Wissen auf einer Übereinstimmung des Objektiven mit dem Subjektiven beruht (3, 339). Er nimmt den Gegensatz trotzdem ernst: Das wahre Wissen wird erst am Ende der Untersuchung erreicht. Dahin gibt es zwei Wege. In der Naturphilosophie wird das Objektive geklärt und erst in der Vollendung auf sein Wesen hingeführt, wo es sich als das Subjektive erschließt. In der Natur ruht der Geist, aber bewußtlos. Ihn zu entdecken, ist die Aufgabe der Naturphilosophie. In der Transzendentalphilosophie geht Schelling vom Subjektiven aus, vom freien Akt des Selbstbewußtseins, und will zeigen, wie aus ihm das Objektive konstruiert werden kann. Aber auch hier ist das Ziel ganz entfernt. Das Subjektive und Objektive lassen sich nicht unmittelbar zusammenstellen. Das Wissen »setzt ein Zusammentreffen von Entgegengesetzten voraus, deren Zusammentreffen nur ein *vermitteltes* seyn kann« (3, 353). Deshalb nennt Schelling die Übereinstimmung von Subjektiven und Objektiven ausdrücklich eine *Hypothese* (ebd.). Die intellektuelle Anschauung selbst ist nie unmittelbar vollzogen, sondern ist das Ziel der Bewegung des Denkens und hat vor allem einen *Zukunftscharakter* .[11] Die intellektuelle Anschauung ist ferner alles andere als die innere, subjektive Selbstschau des Philosophen. Sie bezieht sich so wenig aufs Subjektive wie aufs Objektive und ist viel eher die Enthüllung deren lebendiger *Mitte*, der absoluten Identität. Deshalb liegt ihr Vollzug gerade da, wo der Mensch außer sich gebracht wird: in der *ästhetischen Anschauung*(3, 625), in der die reiche Mannigfaltigkeit der Welt aufgeht. Wenn man diese zwei Momente, den Postulatscharakter der intellektuellen Anschauung und die Notwendigkeit ihres Vollzugs in der ästhetischen Anschauung, ernst nimmt, dann muß man einsehen, daß Hegels Kritik dem ersten Ansatz von Schellings Denken nicht gerecht wird.

[11] Dazu siehe den ersten Band von Dieter Jähnig, Schelling, Die Kunst in der Philosophie – Bd.1: Die Wahrheitsfunktion der Kunst; Pfullingen 1966 und 1969. Wenn man aber Schelling zum Vorwurf machen will, daß die systematischen Einheit vom Subjektiven und Objektiven auch nicht in der Form einer *Hypothese* gleich am Anfang behauptet werden kann, dann scheint man eine Wissenschaft zu verlangen, die sich nicht im klaren darüber ist, was ihren Begriff ausmache. Auch Hegel setzt die Form der Wissenschaft am Anfang seines Denkens voraus – und in einer Weise, die dem »System des transcendentalen Idealismus« völlig entspricht: »Die wahre Gestalt, in welcher die Wahrheit existiert, kann allein das wissenschaftliche System derselben sein« (Phän., 14). Dazu siehe Manfred Frank, Der unendliche Mangel an Sein, Schellings Hegelkritik und die Anfänge der Marxschen Dialektik, S.69-75. Hegel hat die Notwendigkeit, den Systemgedanken vorauszusetzen, in der Einleitung seiner »Vorlesungen über die Philosophie der Geschichte« (S.20ff.) erörtert. Er hätte allerdings sagen können, daß diese Voraussetzung nur »für uns« gilt, während sie erst durch die Entwicklung des Ganzen »an and für sich« dargestellt werden kann. Gerade diese Unterscheidung liegt aber auch dem »System des transcendentalen Idealismus« zu Grunde, einem Werk, das den ganzen Plan der »Phänomenologie« in sich schließt.

Dies verhält sich jedoch etwas anders in der Identitätsphilosophie, der zweiten Periode des Schellingschen Denkens, die vermutlich Hegel zur Kritik veranlaßte. Hier versuchte Schelling, hinter die zwei Wege der Frühphilosophie zu kommen, um die absolute Identität allein für sich zu behandeln. So fängt die »Darstellung meines Systems der Philosophie« (1801) mit dem Begriff des Absoluten als der *Vernunft* an, »insofern sie als totale Indifferenz des Subjektiven und Objektiven gedacht wird« (4, 114). Die Struktur der Vernunft zeigt sich anhand des Prinzips der Identität, A = A. Die Folge dieses Prinzips ist, daß nichts unterwegs zu sich selbst ist, sondern alles schon ist, was es ist. Das Wesen aller Dinge ist gerade die Absolute Identität selbst. Von diesem Wesen her betrachtet, ist jedes endliche Seiende, ist die ganze Welt mit der Mannigfaltigkeit ihrer Erscheinungen, ein bloßer Schein, der das Absolute (die »Indifferenz«) überhaupt nichts angeht. Die absolute Identität wird in der intellektuellen Anschauung erschlossen, »was schlechthin und ohne alle Forderung vorausgesetzt wird, und kann in dieser Rücksicht nicht einmal Postulat der Philosophie heißen« (4, 361). Diese Anschauung sei nichts, »das gelehrt werden könne« ... »alle Versuche sie zu lehren sind also in der wissenschaftlichen Philosophie völlig unnütz, und Anleitungen zu ihr ... können in der strengen Wissenschaft nicht gesucht werden« (4, 361). Die intellektuelle Anschauung ist eigentlich nichts anderes als die unmittelbare Gegenwart Gottes.

Die Begeisterung, aus der die identitätsphilosophischen Schriften entstanden sind, stellt vielleicht eine Bedrohung für den »sicheren« Weg der Wissenschaft dar, ist aber nicht zu verspotten, denn sie bezeugt eine wirkliche Nähe zu Gott. Dennoch ist die Identitätsphilosophie unbefriedigend, weil in ihrem Licht die endliche Welt verschwindet. Deshalb scheint Hegels Kritik hier berechtigt zu sein. Schelling hat die Härte und Strenge des endlichen Seienden aus den Augen verloren.

Schelling hat aber die Kritik von Hegel selbst vorweggenommen, indem er in seiner Schrift »Philosophie und Religion« (1804) ein neues Problem zum Zentrum seines Denkens gemacht hat, die »Abkunft der endlichen Dinge aus dem Absoluten«, welche nur als ein »vollkommenes Abbrechen von der Absolutheit, durch einen Sprung« denkbar sei (6,38). Mit dieser Schrift kommt eine Wende in Schellings Denken, das nun von der *Entfernung* vom Absoluten, vom *Abfall* aus ihm ausgeht.[12] Der große Ernst mit dem Schelling dieses Problem aufgreift, läßt sich nicht ohne die scheinbare Nähe zum Absoluten in der Identitätsphilosophie denken. Das besondere Pathos der nachfolgenden Philosophie hängt mit dem tiefen Schmerz zusammen, der darin besteht, etwas Wesentliches verloren zu haben.

[12] Siehe Jürgen Habermas, Das Absolute und die Geschichte, Von der Zwiespältigkeit in Schellings Denken, Diss. Bonn, 1954.

Schellings Wende ist deutlich. In den »Weltaltern« heißt es ganz am Anfang: »Nicht mehr von der weiten Ferne abgezogener Gedanken beginnt seitdem die Wissenschaft, um von diesen zum Natürlichen herabzusteigen; sondern umgekehrt, vom bewußtlosen Daseyn des Ewigen anfangend, führt sie es zur höchsten Verklärung in einem göttlichen Bewußtseyn hinauf« (8, 205). Denkwürdig ist nun, daß gerade in diesem Ansatz Schellings der Keim seiner späteren Kritik an Hegels »Logik« liegt.[13]

4. Laut Schelling ist der Ort der Wissenschaft die Anschauung, laut Hegel der Begriff.[14] Angeschaut wird etwas, das von sich her waltet und den Anschauenden überfährt; seine Gründe – das Woher seiner Setzung – bleiben dann verborgen. Begriffen wird das, was vollkommen durchschaut wird, was sich letzten Endes als ein Moment der Reflexion selbst erweist. Gerade diese Erhebung des Seins zur Reflexion ist aber nach Schelling unmöglich. Sie ist eine Unmöglichkeit, die »die wahre Gränze nicht des Wissens, sondern des Denkens« ausmacht, »über die der Mensch nicht hinauskann, weil Gott selbst nicht über sie hinauskann« (WA III, 4, S.218). Das Sein, worum es geht, ist das »von allem Setzen schon *voraus* Gesetzte, das ehe wir uns bedenken oder uns dessen versehen schon da ist« (WA III, 4, 214). »Eben darum weil es allem Denken zuvorkommt, glaubte man die Erkenntnis desselben nur in der Anschauung aussprechen zu können; weil es aber in dieser Anschauung nicht als Gegenständliches sich erhalten kann, so glaubte man diese Anschauung als eine intellektuelle bezeichnen zu müssen. Eben darauf zielte der andere Ausdruck, daß es nur vermöge eines nichtwissenden Wissens gewußt werde« (Ebd.). Bei Schelling geht es also um die Wissenschaft, aber eine Wissenschaft, deren höchstes Wissen das nichtwissende Wissen

13 Der Gedanke ist naheliegend, daß der Übergang Hegels von der Darstellung der Wissenschaft als einer geschichtlichen Erscheinungsform des Wissens zu einer übergeschichtlichen Darstellung der transzendentalen Entwicklung des Begriffs, der Übergang also von der »Phänomenologie« zur »Logik«, gerade in umgekehrter Richtung zum Denkweg Schellings läuft, indem dieser das Programm seiner Identitätsphilosophie – die Erschließung der »ewigen Vernunft« – zugunsten des Programms der »Weltalter« – der Darstellung des geschichtlichen Erwachen dieser Vernunft aus der Natur – aufgab. Dazu ist eine Bemerkung von Volkmann-Schluck interessant, die den Übergang in Hegels Denken betrifft. Daß es Hegel nicht gelungen war, die Phänomenologie in das Gesamtsystem der Wissenschaft einzufügen, führte zum Scheitern des ganzen Systems, das demzufolge nur als »Enzyklopädie« verfaßt werden könnte: »Der geschichtlich Schritt, durch den die Philosophie sich in die absolute Erkenntnis des Absoluten verwandelt, läßt sich nicht in das System der absoluten Erkenntnis aufheben. Nicht ihre Jenseitigkeit oder ihre Irrationalität ist es, die sich ihrer Versammlung in den Bezirk der absoluten Gewißheit des Wissens versagt, sondern der geschichtliche Charakter dieser Philosophie selbst.« K.H. Volkmann-Schluck, Metaphysik und Geschichte, Berlin 1963, S. 12.

14 Schelling im Transzendentalsystem erklärt emphatisch: »Unsere ganze Philosophie (steht) auf dem Standpunkt der Anschauung, nicht auf dem der Reflexion ... » (3, 455f.). Für eine kurze Erörterung dieser Problematik siehe Werner Marx, »Aufgabe und Methode der Philosophie in Schellings System des transcendentalen Idealismus und in Hegels Phänomenologie des Geistes« in Schelling: Geschichte, System, Freiheit, Freiburg/München 1977, S. 63-99.

ist. Solches Wissen ist das Erstaunen vor dem Unbegreiflichen eines Seienden, das immer schon da ist, ohne daß sein Grund im Akt der Reflexion aufgedeckt werden kann. Darauf werden wir noch zurückkommen.

Auch bei Hegel geht es nicht darum, den Grund des Seienden im Begriff zu fassen, sondern darum, zu zeigen, wie jenes Denken, das Grund und Gegründetes auseinanderhält, in der wahren philosophischen Reflexion überwunden wird. Der philosophische Begriff ist nicht das Erfassen eines Gegenstands, sondern die Bewegung durch die Selbst-Konstituierung der Vernunft. Die Frage nach einem Grund dieser Bewegung entstammt der bloß äußerlichen Reflexion und ist das Zeichen einer mechanischen Denkweise. Vom Standpunkt der höheren Reflexion soll die Frage nach dem Grund verschwinden; denn sie ist das Sich-Setzende. Außerhalb der Vernunft gibt es nur die reine Negativität, die aber auf sich bezogen, den Akt des Sich-Setzens ergibt. Anders gesagt, es gibt kein »Außerhalb« der Vernunft, weil jenes stets in diese übergeht.

Gemäß dieser Identifizierung der Vernunft mit dem Selbst-Bezug der Negativität sei das Ganze ein nie aufhörender, in sich stets zurückkehrender Prozeß. Einen solchen Kreis kennt auch Schelling – aber als ein unerträgliches Verhängnis, das durch die geschichtliche Scheidung des Augenblicks von dem nie aufhörenden Ablauf der Zeit überwunden werden muß (8, 259). Dieser geschichtlichen Eröffnung des Kreises der Vernunft entspricht die Ekstase des höchsten, nichtwissenden Wissens, die die neue positive, oder wie Schelling sie auch nennt, *geschichtliche* Wissenschaft ergibt (11, 571). Hierin liegt der Ansatz von Schellings Kritik an Hegel.

Bei Schelling wird die Geschichte nicht von der Selbst-Setzung und Selbst-Entwicklung der Vernunft her verstanden, weshalb das sie vernehmende Organ in seinen späteren Schriften der philosophische *Empirismus* heißt. In diesem Wort ist der Bezug zur Anschauung offenbar. In seiner Münchner Vorlesung »Zur Geschichte der neueren Philosophie« (1827) bezeichnet Schelling sein früheres System als eine »negative« Philosophie, weil die in ihr beschriebene Bewegung des absoluten Subjekts »durch die ganze Natur und durch die ganze Geschichte« hindurch als ein »ewiges Geschehen« dargestellt wurde. »*Ein ewiges Geschehen ist aber kein Geschehen* ... alles ist nur in Gedanken vorgegangen, und diese ganze Bewegung war eigentlich nur eine Bewegung des Denkens« (Hrvg.v.Vf. – 10, 123-25). Es soll sich gerade nicht um das »ewige Geschehen« handeln, um den aus der Struktur der Vernunft entspringenden ewigen Kreislauf des Absoluten von seinem in sich verschlungenen Ansichsein zu seinem völlig geäußerten und begriffenen An-und-Fürsichsein und dann immer wieder zurück, sondern es soll sich um ein *einmaliges* Geschehen handeln, um die Geschichte der Seinsoffenbarung nicht als Kreislauf, sondern als *Weg*.

Um Geschichte neu zu denken, mußte Schelling auch die *Natur* neu denken. In den »Weltaltern« hebt er die »Priorität der Natur« hervor (WA I, 79f.) und entdeckt in ihr das, was der Vernunft *vorangeht*, was sie zugleich beschränkt und trägt (hier taucht zum ersten Mal der Naturbegriff auf, der bei Schopenhauer, Nietzsche und Freud ausschlaggebend wird). In der Natur findet Schelling den Horizont, der die Geschichtlichkeit der Vernunft bestimmt. Das Ganze ist die Vernunft, weil Seiendes nur durch Bestimmung Seiendes sei. Insofern bleibt Schelling Idealist. Aber das Seiende kann nur von seinem Anfang und d.h. von seiner Noch-Nicht-Seiendheit her erfaßt werden, was die Geschichtlichkeit des Seins besagt. Schelling geht nun nicht vom Absoluten aus, sondern von der *Materie*. »Die Systeme, die von oben herabsteigend der Dinge Ursprung erklären wollen, kommen fast notwendig auf den Gedanken, daß die Ausflüsse der höchsten Urkraft sich zuletzt in ein gewisses Aeußerstes verlieren müßten, wo nur gleichsam ein Schatten von Wesen, ein Geringstes von Realität übrig war, ein Etwas, das nur noch gewissermaßen ist, eigentlich aber nicht ist ... Wir, der entgegengesetzten Richtung folgend, behaupten auch ein Aeußerstes unter dem nichts ist; aber uns ist es nicht Letztes, Ausfluß, sondern Erstes, von dem alles beginnt, nicht bloßer Mangel oder fast gänzliche Beraubung von Realität, sondern tätige Verneinung« (WA III, 6, 230). Der Anfang liegt in der Verneinung (WA II, 57). Wenn dieser Anfang nun als ein ewiger, nicht aufzuhebender Anfang gedacht wird, dann wird die Vernunft, wird ja das Seiende selbst so gedacht, daß es von etwas umgrenzt ist, dessen es sich nicht bemächtigen kann.[15]

Diese Darstellung einer tätigen Anfangskraft, die der Vernunft *entgegengesetzt* ist, macht das Eigentümliche bei Schelling aus. Jede Entwicklung zielt zwar auf eine volle Entfaltung einer Form hin; Kräfte müssen voneinander *geschieden* werden, und dies gemäß dem Grundgesetz der Identität. Diese Entfaltung ist aber alles andere als ein automatisches Fortschreiten, denn die Vernunft muß mit dem ihr entgegenstehenden Prinzip, das sie immer wieder auf ihren Anfang reduziert, ständig *kämpfen*. Ohne diesen Streit gegen das schlechthin Irrationale, das immer wieder aufbrechende Chaos, gäbe es keine wahre Beweglichkeit und Lebendigkeit. Dies ist ein Haupteinwand

[15] Manfred Frank (a.a.O.) hat dies ausführlich erörtert, wie dem Titel seines Werks zu entnehmen ist: »Der unendliche Mangel an Sein«. Diese Unendlichkeit bezeichnet den Bereich der Materie (des Sein-Könnenden), nicht des vollendeten Seins. Sie ist die Bedingung des unerschöpflich Neuen, das im geschichtlichen Vollzugsmoment erreicht wird. Dennoch ist der Vollzug nur durch eine Scheidung von ihr zu verstehen. Habermas behandelt dieselbe Problematik in einem Aufsatz in »Theorie und Praxis«, aber findet sie nur in der Weltalterphilosophie. Siehe J. Habermas, »Dialektischer Idealismus im Übergang zum Materialismus – Geschichtsphilosophische Folgerungen aus Schellings Idee einer Contraction Gottes« in Theorie und Praxis, Sozial-philosophischen Studien, Frankfurt am Main 1978, S.172-227. Manfred Frank hat m.E. recht, wenn er – gegen Habermas – im Gedanken des materiellen Nicht-Seienden einen Grundgedanken der ganzen Philosophie Schellings sieht.

Schellings gegen Hegel: »Die Uebertragung des Begriffs *Proceß* auf die dialektische Fortbewegung, wo gar kein Kampf, sondern nur ein eintöniges, beinah einschläferndes Fortschreiten möglich ist, gehört daher zu jenem Mißbrauch der Worte, der bei Hegel allerdings ein großes Mittel ist, den Mangel des *wahren Lebens* zu verbergen« (10, 137).

Wie greift denn Hegel das Problem des Anfangs auf? Dem ersten Buch seiner »Wissenschaft der Logik« läßt er eine Erörterung der Frage vorangehen, »Womit muß der Anfang der Wissenschaft gemacht werden?« Er hat die geschichtliche Vermittlung der Wissenschaft als solche in seiner »Phänomenologie des Geistes« bereits untersucht. Das Resultat dieser Untersuchung betrachtet er nun als das *reine Wissen*, von dem es *unmittelbar* auszugehen gilt: »So muß der Anfang *absoluter* oder, was hier gleichbedeutend ist, abstrakter Anfang sein; er darf so *nichts voraussetzen*, muß durch nichts vermittelt sein noch einen Grund haben ... Er muß daher schlechthin *ein* unmittelbares sein oder vielmehr *das Unmittelbare* selbst« (Logik, 68f.). Dieses Unmittelbare bezeichnet Hegel als das absolut Unbestimmte des reinen unterscheidungslosen Seins. Es ist am weitesten von der chaotischen Materie entfernt, die bei Schelling den wahren Anfang macht. Statt der Vernunft entgegengesetzt zu sein, ist der Anfang bei Hegel nichts anderes als die leere, allgemeinste Form der Vernunft selber. Diese ist eigentlich die Setzung des absoluten Wissens, d.h. des vollendeten Geistes, der der eigentliche Anfang ist. So stellt sich das ganze System als ein Kreis dar, »worin das Erste auch das Letzte und das Letzte auch das Erste wird« (Logik, 70). Dieses Verhältnis entspringt der Struktur des ewigen Begriffs (der Identität von Identität und Differenz). Diese Struktur bestimmt das, was *ist*. Hegels »Logik« will keine gedankliche Entwicklung eines willkürlichen Ansatzes; sie will nicht bloß in ihrer inneren Entwicklung sondern im *Ganzen* notwendig sein: Selbst die Existenz wird zur logischen Kategorie. Die Einheit, die die Wissenschaft zusammenfügt, muß letztlich mit der Einheit des Seins *identisch* sein. Diese wird jedoch von jener her so verstanden, daß das Sein selbst als *Konstruktion* des Geistes gilt. (Gerade dies ist der Grund dafür, daß Hegel das Absolute nur als *Ergebnis* gelten lassen will). Eine Unterscheidung zwischen Sein und Begriff ist also bei Hegel fehl am Platz: Das reine Sein ist das erste Moment des Begriffs, der von dieser Allgemeinheit her auf das Individuelle hinzielt.

In diesem Ansatz zeigt sich allerdings eine Gemeinsamkeit zwischen Hegel und Schelling: Der Anfang der Wissenschaft ist nicht das unmittelbare Selbstbewußtsein des Ich. Wenn Schelling den Anfang als *Subjekt* bezeichnet (z.B. 10, 145), dann nur im Sinne des *hypokeimenon*, des allem Unterliegenden. Hegel und Schelling verwerfen gleichermaßen den geläufigen cartesianischen Ansatz. Für beide ist der ontologische Gesichtspunkt maßgebend.[16]

Und dennoch läuft Schellings Kritik an Hegel darauf hinaus, daß dieser – trotz seiner Absicht – der bloß subjektivistischen Vernunft anheimgefallen ist. Schelling selbst sucht den realen Anfang, den Anfang des Seins. Hegel bezeichnet dagegen zwar den Anfang als das Sein, versteht dies jedoch allein als die leere Form des Begriffs. Nach Schelling läßt es sich einsehen, daß dieser Begriff keine ontologische Fundierung hat. Das im Sinne Hegels »reine Sein« ist gerade (wie Hegel es auch nannte) eine Abstraktion – und zwar eine solche, die nach Schelling von sich aus nie auf das Konkrete kommen kann und deshalb kein Anfang ist. Nach seiner Kritik beruht der bekannte Anfang der »Logik« auf einer Täuschung: Das reine Sein als absolut leerer Begriff ist in der Tat Nichts und zwar so, daß die für die weitere Entwicklung notwendige *Unterscheidung* zwischen Sein und Nichts als willkürliche Setzung des auf die vollendete Idee zielenden *Philosophen* gelten muß. Gegen seine Absicht ist Hegel in den Subjektivismus hineingeraten. Wenn Schelling recht hat, ist die »Logik« keine Entwicklung der Sache selbst, sondern des subjektiven Gedankens eines besonderen Menschen. Was in der »Logik« zur Sprache kommt, bezeugt weniger den Reichtum des sich entwickelnden Begriffs als die zwar sehr breite, aber trotzdem willkürliche und lückenhafte Ausbildung von Hegel selbst. Die Bewegung kommt nicht aus dem reinen Sein heraus, sondern aus dessen Entgegen-setzung zum erfüllten Sein, die allein dem Umstand entspringt, »daß es in der That ein reicheres and inhaltsvolleres Seyn *gibt*, und daß der denkende Geist selbst schon ein solches ist; also es ist nicht eine in dem leeren Begriff selbst, sondern es ist eine in dem Philosophierenden liegende und ihm durch seine Erinnerung aufgedrungene Nothwendigkeit, die ihn nicht bei jener leeren Abstraktion stehen läßt« (10, 131).

Der Begriff gerät nur als der Begriff eines denkenden Subjekts in Bewegung. Diese Bewegung bezieht sich überhaupt nicht auf das reine Sein als deren Anfang, sondern auf die vollendete Idee als deren Ziel. Hegel hat natürlich, wie oben schon erwähnt, den zirkelhaften Charakter seines Systems ins Auge gefaßt. So schreibt er: »das unbestrittenste Recht hätte *Gott*, daß mit ihm der Anfang gemacht werde«

[16] Schellings Hegel-Kritik will den ontologischen Anspruch von Hegel ernst nehmen. Um der Kritik auszuweichen, bieten Klaus Hartmann und Klaus Brinkmann eine andere Deutung von Hegel an. Siehe die Einleitung des Herausgebers und den Brinkmann-Aufsatz in Hartmann (Hrsg.), Die ontologische Option, Berlin 1976. Es wird behauptet, daß Hegel die Gleichsetzung von Gott und Idee nicht ernst nahm, daß er nur eine systematische Erweiterung der Kategorienlehre Kants beabsichtigte, was die Erkenntnis aber des »Seins selbst« nicht angeht. Eine solche Korrektur geht aber viel zu weit, indem sie die Trennung von Form und Inhalt, die Hegel vor allem vermitteln wollte, unüberbrückbar macht. Dabei braucht man sich nur an Hegels stets wiederholte Kritik am »subjektivistischen« Ansatz Kants zu erinnern, um sicher zu sein, daß Hegel es mit dem Sein ernst gemeint hat.

(Logik, 79). Das Problem dabei ist, daß das Seiende vorausgesetzt wird, ohne daß das Denken je ernsthaft versucht, es von seinem Anfang her zu fassen. Das Sein gilt für Hegel als eine Abstraktion vom Seienden; er läßt sich nicht auf den Versuch ein, die umgekehrte Richtung zu gehen, um das Seiende von dem Prinzip her zu denken, aus dem es geschichtlich hervorgegangen ist.

Gerade dies will Schelling, indem er den Anfang nicht als die leere Abstraktion des Seienden faßt, sondern als das »Ungegenständliche« oder, wie er es auch nennt, das »Urständliche«, mit dem eben nichts gesetzt ist als bloßes Subjekt (10, 133). Dieses Subjekt am Anfang ist nicht das Absolute; es ist der Anfang des Absoluten. Schelling hat es in seinem Erlanger Vortrag als das Prinzip beschrieben, das »über Gott« steht, das überhaupt kein Seiendes ist. »Selbst Gott«, schreibt er, »muß der lassen, der sich in den Anfangspunkt der wahrhaft freien Philosophie stellen will ... Nur derjenige ist auf den Grund seiner selbst gekommen und hat die ganze Tiefe des Lebens erkannt, der einmal alles verlassen hatte, und selbst von allem verlassen war, dem alles versank, und der mit dem Unendlichen sich allein gesehen: ein großer Schritt, den Platon mit dem Tode verglichen« (9, 217f.). Das anfängliche Denken ist nicht das abstrahierende, begriffsbildende Denken; dies vermag nur, das »Was« der Dinge zu fassen. Das anfängliche Denken hat den letzten Halt verloren und schwebt im Freien. Wenn es in eine sinnvolle Bewegung hineinkommt, dann nur, weil es vom Unbegreiflichen erweckt und getragen wird. Das eigentliche Denkende ist dann das, was noch vor und außer dem Seienden liegt: das Urprinzip des Seins selbst. Was dieses ist, kann von keiner Logik im voraus bestimmt werden. Es muß sich *zeigen* – und gerade in dem, was es nicht ist, im vorliegenden Seienden, das aber nun nicht mehr als das Notwendige verstanden wird, sondern als das, was auch anders sein könnte. Das Urprinzip ist das Freie, das nichts ist, bis es sich zeigt.

Eine Bewegung fängt nicht mit der Entleerung des Begriffs an, denn der allerleerste Begriff enthält keinen inneren Widerspruch, aus dem eine Bewegung hervorgehen kann. Der Begriff des Seins schließt natürlich den Unterschied zum Nichts in sich ein (nur von diesem her wird er überhaupt als Begriff bestimmt); der Unterschied (und daher der Begriff) besteht aber nur, weil das Sein tatsächlich anders als das Nichts ist. Diese Tatsache, die sich unmittelbar in der *Erfahrung* zeigt, geht dem Begriff voran. Ohne sie gäbe es den Begriff nicht. Oder von der anderen Seite her betrachtet, steht der Begriff des abstrakten Seins im klaren Gegensatz zur Wirklichkeit des erfüllten Seins, aber dieser Gegensatz liegt nicht innerhalb des Begriffs, sondern nach Schelling nur innerhalb des Philosophen, der ihn als Gegensatz *empfindet*. Ohne eine *Anschauung* des wirklich Seienden, käme der Philosoph nicht zum Denken. Die Verneinung, die dem wahren Anfang zugrunde liegt, ist nicht die Bildung des Begriffs, dessen Substanz die Allgemeinheit ist, sondern sie ist das Verschwinden in das Begriffslose, in das absolut Unbegreifliche, das schlechthin Individuelle der *Materie*. Allein in dieser Verneinung des vollendeten Seins, im Verschwinden der Form durch deren Zug in das Chaotische des sie tragenden Prinzips, besteht so etwas wie eine Leerheit, die Unterscheidungen in sich schließt, aus denen sie in Bewegung treten kann und muß. Mit diesem Gedanken schließt sich Schellings Denken an das griechische Denken des *me on*. Dies ist zwar ein Nicht-Seiendes, wenn das Seiende metaphysisch als das ewig Anwesende gedacht wird, aber es trägt eine Fülle in sich, die es vom hegelisch gedachten »reinen Sein« absolut unterscheidet. Das in diesem Sinne »Nicht-Seiende« ist nicht der abstrakteste Begriff, sondern das, was außerhalb des Begriffs liegt und das begreifende Denken durch Streit und Widerspruch erweckt. Es kann nicht begriffen, aber es kann wohl *erfahren* werden.[17]

Andere Aspekte von Schellings Kritik folgen aus dem schon Dargelegten. Er verspottet Hegels Versuch, einen Übergang von der Logik zur wirklichen Natur zu finden, wobei die entwickelte Idee »sich entschließt« ins Reale überzugehen. Nach Schelling ist dies unmöglich. »Was sich frei entschließen soll, muß ein wirklich Existirendes seyn, ein bloßer Begriff kann sich nicht entschließen« (10, 154). Für ihn besteht das Problem nicht, denn sein eigenes Denken ist »mit dem ersten Schritt in der Natur« (10, 146). In dieser allein gibt es einen wahren Anfang.

Dazu hätte Hegel sicherlich gesagt, daß Schelling nicht verstanden hat, wie »wirklich« der Begriff eigentlich sei. Die Wirklichkeit des Seienden besteht gerade in dessen Bestimmung durch den Begriff. Eben dies hätte der Idealist Schelling auch sagen können. Er hätte aber außerdem noch gesagt, daß die Bestimmung eine Bestimmung des an sich Bestimmungslosen, des Chaotischen der Materie, sei. Nur aus diesem heraus gewinnt die Wirklichkeit einen *Grund*. Es ist also entscheidend, daß *etwas* durch den Begriff bestimmt wird, und dieses »Etwas« ist alles andere als die unterscheidungslose Allgemeinheit des abstrakten »reinen Seins«. Schelling versteht, daß die allgemeinste Gattung nicht die abstrakte Allgemeinheit des Begriffs, sondern die erfüllte Allgemeinheit der Materie ist.

Eine andere Kritik geht noch tiefer, denn sie erschließt eine Beziehung zwischen der Vernunft und der Natur, die der Neuzeit im allgemeinen verborgen ist. Nach Schelling hat Hegel nämlich, wiederum entgegen seiner Absicht, das Absolute schon am Anfang vorausgesetzt: »so muß sich Hegel, indem er die Logik in jenem erhabenen

[17] Diese Ansicht hat Schelling in der einzigen veröffentlichten Schrift seiner Spätzeit dargelegt, in seiner »Vorrede zu einer philsophischen Schrift des Herrn Victor Cousin« von 1834 (10, 201-24). Da begegnet er dem Einwand des Franzosen, daß die deutsche Philosophie den Bezug zur Empirie und Erfahrung verloren hat, was nach Schelling nur für Hegel der Fall sei.

Sinn als die erste philosophische Wissenschaft aufstellt, dabei der gemeinen logischen Formen bedienen, ohne sie gerechtfertigt zu haben, d.h. er muß sie voraussetzen, wie er z.B. sagt: das reine Seyn ist das Nichts, ohne im Geringsten über die Bedeutung dieses *ist* sich ausgewiesen zu haben. Aber offenbar sind es nicht bloß die logischen Formen, sondern es sind so ziemlich *alle* Begriffe, deren wir uns im gemeinen Leben ohne weiteres Nachdenken bedienen, und ohne daß wir für nöthig hielten uns wegen derselben zu rechtfertigen, es sind so ziemlich alle Begriffe dieser Art, deren auch Hegel gleich anfangs sich bedient, die er also *voraussetzt*« (10, 144). Hegel hat nämlich versucht, das Absolute zu konstruieren, während jede Konstruktion nur insofern möglich ist, als das Absolute schon zum Teil erschlossen ist – und zwar in der menschlichen Sprache. Vernünftige Systeme können frei entworfen werden – die moderne Mathematik ist ein Beweis dafür – aber nur, wenn einige Grundregeln der Vernunft vorausgesetzt werden. Diese Regeln können nicht willkürlich verändert werden. Ihre Gegebenheit entspricht der Gegebenheit der *Natur*, die jedem Denken immer schon vorangegangen ist.

Schelling hätte sich hier auf Aristoteles berufen können. Ihm zufolge ist es eine Grundforderung des Denkens, daß man zwischen dem, was bewiesen werden kann, und dem, was nicht bewiesen werden kann, indem es unmittelbar in der Wahrheit steht, streng zu unterscheiden hat (Met. IV, 1006 a 6). Diese Unterscheidung ist nicht eine Selbstverständlichkeit, denn, griechisch gedacht, hat die Wahrheit keinen notwendigen Bezug zum menschlichen Bewußtsein. Das oberste Prinzip steht in seiner eigenen Helle, einer Helle, der der Mensch oft nicht gewachsen ist, so daß sie ihm oft überhaupt nicht einleuchtet. Die Vernunft – oder nach Aristoteles das Prinzip des Widerspruchs – läßt sich nicht aus ihrem Anfang heraus konstruieren. Statt »Ergebnis« zu sein, ist die Vernunft – wie die Natur – immer schon gesetzt. Sie ist unvordenklich da.

Dies heißt jedoch nicht, daß die Vernunft nicht in Frage gestellt werden kann. Schelling hat das Ganze als eine Bewegung des Seienden vom Dunklen der Materie zum hellen Licht der Vernunft verstanden. Aber gerade wo dieses Licht aufgegangen ist, bricht die Frage auf, »Warum ist denn überhaupt Vernunft?« Die Unergründlichkeit der Vernunft selbst bedeutet, daß das Denken nie hinter sie kommen kann. Es bedeutet aber nicht, daß das Denken sich einfach von der Quelle der Vernunft abwenden soll, um sich allein mit dem Begründbaren auseinanderzusetzen. Statt dessen gilt es, die Grenze des Denkens zu *erfahren*, zu verstehen, wie gerade die Gegebenheit der Vernunft ihre tiefe Abgründigkeit besagt. Nach Aristoteles wird die Frage nach dem Sein dem Menschen *immer* ein Rätsel bleiben (Met. VII, 1028 b 4). Dies ist verständlich, insofern die Quelle des Lichts sich im Dunkeln zurückhält.

Das Dunkle und Rätselhafte an der Vernunft zu sehen ist aber schwierig. Dies zeigt vor allem die herkömmliche Lehre der unmittelbaren Evidenz der Vernunft. In dieser ist nämlich das Rätselhafte völlig verschwunden. Schellings Entdeckung der Fragwürdigkeit der Vernunft hängt dennoch mit der Vollendung der Vernunftmetaphysik zusammen: Wo die Vernunft allumfassend wird, verschwindet in ihr der letzte Grund, auf dem sie noch stehen könnte. Dies besagt die Abgründigkeit der Vernunft selbst. Aus dieser Abgründigkeit heraus leuchtet der Vorrang der Anschauung vor dem Begriff ein. Die logische Struktur der Welt ist nicht fixiert, sondern sie wandelt sich mit der Erscheinung dieser Welt selbst. Wir versuchen nun, diese Geschichtlicheit näher zu fassen.

(B) Die Abgründigkeit des Seins

In seiner Spätphilosophie greift Schelling oft auf Kant zurück. Dies erklärt sich aus seiner Beschäftigung mit dem Problem der Endlichkeit des Denkens und des Seins. Die kritische Philosophie hat die Fragwürdigkeit der alten Metaphysik gezeigt, z.B. wo sie aus dem bloßen Begriff Gottes die Notwendigkeit dessen Existenz beweisen wollte. Kant erkennt in der Vernunftwissenschaft die Idee Gottes, die als Grund und Ziel der Handlung notwendig ist, aber daraus leitet er keinen Schluß über die Existenz Gottes her. Dieser Begriff einer Vernunftwissenschaft, die vom Bereich des wirklichen Seins streng unterschieden werden muß, bereitet Schellings Unterscheidung zwischen der negativen »Vernunftwissenschaft« und der positiven »Geschichtswissenschaft« vor. Seine eigene Naturphilosophie, die aus einem Urwiderspruch die Notwendigkeit der Natur ableitet, sieht der alte Schelling als bloße Vernunftswissenschaft, die nur auf die Möglichkeit der Natur gerichtet ist. Sie fragt also nicht, warum es überhaupt einen Urwiderspruch gibt, aus dem das Seiende hervorgeht.

Die Frage nach dem Ursprung der Vernunft führt Schelling zur Auffassung über die gemeinsame Herkunft von Denken und Sein aus dem Unbegreiflichen. Dieses bezeichnet er als das »unvordenkliche« Sein, als das Sein, das vor allem Denken schon da ist. »Ich habe gegen dieses Seyn, das, so früh wir kommen, schon da ist, oft einwenden hören: eine solche aller Möglichkeit zuvorkommende Wirklichkeit sey nicht zu denken. Allerdings nicht durch ein dem Seyn zuvorkommendes Denken, an das wir gewöhnt sind. Das Denken setzt sich eben dieses Seyn zu seinem Ausgangspunkt, um zu dem, was ihm als das am meisten Wissenswerthe, also auch das im Wissen am meisten Begehrenswerthe erscheint ... zu gelangen« (14, 341). Schelling verlangt hier eine Umkehrung des philosophischen Denkens, das nun vom wirklichen Seienden und nicht mehr vom Begriff desselben ausgehen soll: Er verlangt also eine *a posteriori* Wissenschaft, die dennoch eine *philosophische* Wissenschaft bleiben soll. Diese Wissenschaft muß a posteriori sein, weil die Wirklichkeit des notwendigen Seins »etwas Zufälliges« in sich birgt (14, 338). Notwendig ist sie, insofern das Seiende ist. Zufällig ist sie, indem dieses auch hätte nicht sein können. Die Möglichkeit des Nicht-Seins des Seienden wird in einem Denken erschlossen, das das *Ganze* durch Abgrenzung gegen das denkt, was es selber nicht ist.

Diese Struktur besagt die Abgründigkeit des Seienden im Ganzen. Diese ist allein durch die *Frage* nach dem Ursprung des Ganzen, wie sie z.B. von Schelling in der »Philosophie der Offenbarung« gestellt wird: »warum ist überhaupt etwas? warum ist nicht nichts?« (13, 7). Die Frage betrifft das ganze Seiende und kann deshalb durch den Hinweis auf ein erstes Seiendes nicht beantwortet werden. Im Hinblick auf diese Frage führt der Begriff des ersten, notwendigen Wesens zu einem von Schelling zitierten Gedanken Kants. Selbst dieses Wesen müßte demzufolge sagen: »Ich bin von Ewigkeit zu Ewigkeit, außer mir ist nichts, ohne das, was bloß durch meinen Willen etwas ist; *aber woher bin ich dann*?« (KrV, A613/B641). In dieser Frage eröffnet sich der »Abgrund der Vernunft«.

Schelling verknüpft diese Stelle von Kant mit einer Kritik an Hegel: »Ich führe diese Worte an, weil sie Kants tiefes Gefühl für die Erhabenheit dieses allem Denken zuvorkommenden Seyns ausdrücken, an dessen Stelle in unserer Zeit das Seyn zwar ebenfalls als Anfang der Philosophie, aber als bloßes Moment des Denkens gesetzt worden ist, während in diesem unvermeidlichen, der menschlichen Natur am tiefsten eingesenkten Gedanken von dem Seyn die Rede ist, welches vor allem Denken ist ... von diesem Seyn weiß die Hegelsche Philosophie nichts« (13, 163f.). Schelling will nicht die idealistische Vorstellung einer sich setzenden Vernunft, eines sich erzeugenden Seins, verwerfen. Diese Auffassung, die er mit Hegel teilt, ist die einzige, mit der das Ganze sich als Ganzes denken läßt. Was er gegen Hegel behaupten will, ist die *Unbegreiflichkeit* eben dieses Gedankens eines notwendigen Seins. Die negative Philosophie beschäftigt sich mit dem »a priori Begreiflichen« und die positive Philosophie sich mit dem »a priori Unbegreiflichen«; »aber sie beschäftigt sich mit ihm nur, um eben dies a priori Unbegreifliche a posteriori in ein Begreifliches zu verwandeln« (13, 165).

Diese Dimension der Ursprünglichkeit entzieht sich dem systematischen Ansatz Hegels. Dieser versteht solche Gegensätze wie Identität und Differenz, Unendlichkeit und Endlichkeit, Grund und Existenz im Sinne des Verhältnisses von Sein und Nichts: Das Eine ist ins Andere immer schon »übergegangen«, weshalb die Frage nach der Möglichkeit des Übergangs nicht zugelassen werden kann (Logik I, 83;168-70). Das Resultat dieser Setzung einer Einheit von Absolutem und Endlichem ist die Aufhebung der Frage nach dem Ursprung der endlichen Welt. Der Ursprung des Absoluten kommt freilich bei Hegel überhaupt nicht in Betracht, weil es das schlechthin Notwendige ist. Und »das schlechthin Notwendige *ist* nur, weil es ist; es hat sonst keine Bedingung noch Grund« (Logik II, 215).

Hegels Auffassung des Absoluten schließt sich an das »vernünftige« Denken der ganzen metaphysischen Tradition an. Es scheint rätselhaft, warum Schelling entgegen der Tradition nach dem *Grund* des Absoluten fragt und dabei eine Dimension der Dunkelheit in das vermeintlich Einfache und Offenbare des Absoluten einführt. In der Freiheitsschrift und den »Weltaltern« will Schelling die Unbegreiflichkeit des Grundes des Absoluten so verstehen, daß dieses sich aus einem *Chaos* erhebt und seine Absolutheit durch einen ständigen *Streit* bewahren muß, mit dem Resultat, daß das Absolute in einem geschichtlichen Prozess befangen wird. Der chaotische Grund wird zwar zur »Vergangenheit« gemacht, indem das Absolute in seine Absolutheit hineintritt. Aber dies bedeutet nicht, daß er in die Nicht-Seiendheit verschwindet, sondern daß er sich »verbirgt« und »unwirksam« wird, um damit »Grund« und »Träger« der Gegenwart zu sein (WA I, 24).

Eine derartige Zeitlichkeit des göttlichen Lebens schließe in sich eine »Begrenzung« im Absoluten ein. Schelling fragt jedoch, ob »man die Möglichkeit einer solchen durch die abgezogenen Begriffe von Gott als dem Schrankenlosesten Wesen [bestreiten will]? Maß ist überall das Größte. Das Gränzenlose sieht Platon, sahen alle höheren Geister vor ihm als das relativ-böse Prinzip, Gränze und Maß als das Wesen des Guten an« (WA I, 151). So denkt Schelling das Absolute als Vereinigung des Unendlichen und Endlichen. Im Gegensatz zu Hegel denkt er die Vereinigung als nur aufgrund einer Überwindung eines an sich unbegreiflichen, dunklen Prinzips möglich. Dieses Prinzip wird nicht in das Absolute aufgehoben, sondern von ihm ausgestoßen. Als Vergangenheit wirkt das Prinzip noch – es ist der verborgene »Träger« des Absoluten in der Welt.

Das Absolute zeigt sich nicht durch die Aufhebung aller Unterscheidungen in den Begriff, sondern durch Scheidung der Prinzipien in der Zeit. So schreibt Schelling, es ist »der Widerspruch in der höchsten Steigerung, der die Ewigkeit bricht und statt der Einen Ewigkeit eine Folge von Ewigkeiten (Aeonen) oder Zeiten setzt. Aber eben diese Folge von Ewigkeiten ist es, was wir insgemein die Zeit nennen. In dieser Entscheidung also schließt sich Ewigkeit in Zeit auf« (8, 302). Die »Entscheidung« kommt nicht durch Reflexion sondern durch Steigerung eines Widerspruchs innerhalb des Seins selbst. Schelling spricht zwar idealistisch von einer Willenstat, aber als »Lassen« des Widerspruchs durch einen Willen, »der Nichts will« (8, 234-36). Daß er solche paradoxen Formulierungen gebraucht, ist Resultat seiner Einsicht in die Transreflexivität des Seins. Das bewußte Absolute tritt nicht erst mit der Aufhebung der Zeit in der Philosophie auf, sondern mit dem Anfang der Zeit in Natur und Geschichte. In diesem Sinn schreibt Schelling: »Es ist hier die Rede von der Geburt Gottes« (8, 313).

Bei Hegel bleibt diese ganze Dimension verschlossen. Das Sein ist in das Nichts schon immer übergegangen, d.h. das Werden gibt es ewig und notwendig. Die Existenz des Ganzen zeigt keine Fragwürdigkeit. Was allein wichtig ist, ist das Wissen darüber, *was* diese Welt ist, d.h. die kategorialen Bestimmungen des Seins im Sinne der Transzendentalphilosophie.[18] Dies bedeutet allerdings nicht, daß Hegels Philosophie

[18] H.G. Gadamer, »Die Idee der Hegelschen Logik« in Hegels Dialektik: Fünf hermeneutische Studien, Tübingen 1971, S.49-69, hebt Hegels Behauptung hervor, daß das Sein in das Nichts

nichts mit der Existenz der Welt zu tun hat, sondern daß diese Existenz im Begriff enthalten ist. Wenn etwas stirbt, muß man sagen, der Begriff sei unvollendet und müsse in einen Höheren übergehen. Mit dieser Unterwerfung des Seins unter den Begriff verfolgt Hegel die von Parmenides gegründete Bahn des logischen Denkens konsequent weiter: Das Seiende muß sein, weil es zum Begriff des Seins gehört, daß etwas ist. Es ist logisch zu sagen: das Seiende ist.

Schelling will dagegen behaupten, der Begriff des Seins gelte nur unter der Voraussetzung, daß etwas *schon* ist. Dieses entspringt keinem Begriff (so deutet er Kants Argument gegen den ontologischen Gottesbeweis), sondern ist unvordenklich gegeben. Seine Position schließt die Möglichkeit des Nicht-Seins in sich ein – und scheint dadurch die logische Bahn zu verlassen. Aber gerade hier wird ein anderer Aspekt des anfänglichen Denkens des Parmenides' spürbar: Der Grund dafür, daß das Logische Wahrheit zeigt, ist selbst nicht aus dem Begriff heraus zu erklären, sondern aus einer Tat des Schicksals – »Die *Moira* hat es so gebunden.«[19] Die Welt ist logisch, weil sie in das Logische geworfen wurde. Schelling will nicht die logische Bahn verlassen, sondern in ihr verborgenes Wesen hineindringen, in das Sein, das unvordenklich da ist. Diese Unvordenklichkeit zu veranschaulichen heißt, die Grundlosigkeit des Seins vor Augen zu bringen. Grundlosigkeit des Seins sagt: hinter dem Sein ist – Nichts. Das Sein zeigt sich als Zwiespalt und die parmenideische Behauptung, das Nicht-Sein ist nicht, als zeitlicher Vorgang: Das Nicht-Sein wird Sein.

Schelling versucht, hinter das Sein zu kommen, um den Kreis des notwendigen Seins aufzubrechen. Wenn das Seiende immer sein muß, ist eine Erlösung von diesem unmöglich. Aber wenn es eine geschichtliche Struktur enthält, wenn es also einen wahren »Anfang« hat, dann ist ein Ende auch möglich. Die Notwendigkeit, ein Ende zu finden, hängt mit der Wirklichkeit des *Bösen* zusammen. Es ist diese Wirklichkeit, die den Gedanken eines absolut notwendigen Seins unerträglich macht. Aber es ist auch diese Wirklichkeit, die die Grenze des Notwendigen aufzeigt, denn die Existenz des Bösen setzt die Wirklichkeit eines dem Begriff entgegengesetzten Prinzips voraus. Ein Denken, das alles aus dem Begriff herleiten möchte, muß sich letzten Endes über die Wirklichkeit des Bösen hinwegtäuschen, wie es bei Leibniz und Spinoza – oder

---

»übergegangen ist« – und nicht »übergeht« – um zu behaupten, daß der Anfang der Logik nicht das leere Sein, sondern das Werden ist. Als Resultat dieses Schrittes sieht Gadamer die transzendentalphilosophische Natur der Logik. Er stützt sich auf den Beweis, daß die Logik mit dem Werden anfängt, um Schellings Frage an Hegel, wie das Sein in die Bewegung kommt, als sinnlos zu erklären (S.63). Am Schluß des Aufsatzes kritisiert er doch die Einseitigkeit der Logik, um Schelling und Heidegger recht zu geben, daß es eine ursprünglichere Seinserfahrung als die der Reflexion gibt (S.68).

19 Siehe dazu Martin Heidegger, Was heißt Denken, Tübingen 1971 und »Moira« in Vorträge und Aufsätze, Pfullingen 1954.

auch bei Hegel – der Fall ist (»Was vernünftig ist, das ist wirklich; und was wirklich ist, das ist vernünftig«).

Für Schelling war dagegen die Frage nach dem Bösen zentral. Es ist die Wirklichkeit des Bösen, die die große Kluft zwischen der endlichen Welt und dem Absoluten aufzeigt, eine Kluft, die eine Erklärung des »vollkommenen Abbrechens von der Absolutheit« fordert (6, 38). Dieses Abbrechen, sagt Schelling, sei nur durch einen »Sprung« denkbar. Wenn die Möglichkeit dieses Sprungs letztlich aus der Struktur des Absoluten erklärt werden muß, dann muß eben dieses Absolute einen Bezug zu einem dunklen, chaotischen Moment in sich schließen. Diese Dunkelheit liegt im Bereich eines der Vernunft entgegengesetzten Seienden, was Schelling das *unvordenkliche* Sein nennt.

Damit wird klar, warum Schelling zum Gedanken des dunklen Grundes gekommen ist. Es ist die Erfahrung des Bösen, die die fragliche Dimension des Seienden erschließt und das Ganze in Frage stellt. »Im Grunde also«, schreibt Schelling, »geschieht alles umsonst, und es ist in allem Thun, in aller Mühe und Arbeit des Menschen selbst nichts als Eitelkeit: *alles* ist eitel, denn eitel ist alles, was eines wahrhaften Zweckes ermangelt. Weit entfernt also, daß der Mensch und sein Thun die Welt begreiflich mache, ist er selbst das Unbegreiflichste, und treibt mich unausbleiblich zu der Meinung von der Unseligkeit alles Seyns, einer Meinung, die in so vielen schmerzlichen Lauten aus alter und neuer Zeit sich kundgegeben. Gerade Er, der Mensch, treibt mich zur letzten verzweiflungsvollen Frage: warum ist überhaupt etwas? warum ist nicht nichts?« (13, 7).

2. Kapitel

Zur Zwiespältigkeit des Seins: Die Natur als »Grund« der Geschichte

Die ontologische Zwiespältigkeit von Ungrund und Grund, die in der »Warum-Frage« enthalten ist, spiegelt sich im ontischen Bereich in der Trennung von Natur und Geschichte. Diese Trennung ist jedoch kein absoluter Gegensatz. So können wir mit Recht von der Natur in der Geschichte oder von der Geschichte in der Natur reden. Weil beide, Natur und Geschichte, Wesensbereiche des Seienden sind, stellt sich die Frage, inwiefern eine ontologische Betrachtung der Struktur des Seienden als solches die innere Beziehung zwischen ihnen sichtbar machen kann.

Die Frage nach dem Verhältnis von Natur und Geschichte richtet sich nach der gemeinsamen Quelle beider. Sie führt zu der Idee, daß die geschichtliche Offenbarung Gottes eine in der Tiefe Gottes ruhende Natur voraussetzt. In der mittleren Periode des Schellingschen Denkens, in der Periode der Freiheitsschrift und der »Weltalter«, findet man den Punkt, wo das naturphilosophische Interesse der Frühphilosophie mit dem geschichtsphilosophischen Interesse seiner Spätphilosophie am engsten verbunden war. Diese in der Neuzeit einmalige Verflechtung möchten wir nicht als eine Verwirrung verstehen, sondern als das tiefste – und für uns heute wichtigste – Moment von Schellings Philosophie.

Die Verknüpfung von Natur und Geschichte scheint dennoch gefährlich zu sein, denn in der Natur gibt es nach der allgemeinen Ansicht keinen Raum für die Freiheit. Unter Natur wird das verstanden, was auf völlig notwendige Weise entsteht – und was, gerade wegen dieser Notwendigkeit, immer schon entstanden ist. Infolge ihrer absoluten Notwendigkeit ist die Natur der Bereich eines nie fortschreitenden, ewig in sich zurückkehrenden Kreises. Weil sie uns immer schon vorliegt, ist sie auch der Bereich der Vergangenheit. Gemäß ihrer Notwendigkeit könnte man die Natur als das deuten, was auch da wäre, wenn kein Mensch existierte – was ebenfalls da wäre, wenn kein Gott existierte. Es ist diese unumgängliche Notwendigkeit, die die Fragwürdigkeit der Lehre der Schöpfung aus dem Nichts zeigt. Die Natur ist eben das, was nicht hervorgebracht wurde, sondern was sich selbst ewig hervorbringt. In einem Sinne könnte man sogar sagen, die Natur waltet auch dort, wo es gar nichts gäbe: Das Nicht-Sein-Können eben dieses Nichts *ist* das Sein der Natur.[20] Gerade so kann man Schellings

[20] Die ganze Identitätsphilosophie dreht sich um diesen Gedanken, wobei allerdings die wesentliche Unterscheidung von Gott und Natur noch nicht geleistet ist. Siehe z.B. 6, 155f.

Gedanken des unvordenklichen Seins der Natur deuten. Demnach erneuert er das einfache Wort des Parmenides', das am Anfang der Geschichte der Metaphysik steht: esti gar einai, meden d'ouk estin (Fr.6) – »Seiendes ist; Nicht-Seiendes ist nicht.«

So streng muß man die Natur als Bereich der Notwendigkeit fassen. Die menschliche Freiheit spielt sich im Gegenzug zu diesem Bereich ab; nur daraus kann es so etwas wie Geschichte geben. Man findet in der Einleitung zu den »Weltaltern« den geheimnisvollen Satz: »Das »Urlebendige« (das »älteste« aller Wesen), »da nichts vor oder außer ihm ist, ... ist eine *Natur* im vollkommensten Verstande des Worts, wie der Mensch der Freiheit unbeschadet, und *eben dieser wegen* eine Natur ist« (8, 199f., Hrvg.v.Vf.). Die Freiheit des Menschen ist nicht etwa ein übernatürliches Element, das zu ihm, als einem Naturwesen, hinzugekommen ist, sondern sie ist gerade das, was das natürliche Wesen des Menschen erst ausmacht. Ebenfalls wird auf dieser Stufe der Betrachtung das freie, lebendige Urwesen, das eigentlich denkende Prinzip in der wahren »objektiven« Wissenschaft, im Grunde genommen der Natur gleichgesetzt. Aber wie soll man dies überhaupt verstehen, ohne dabei den Unterschied zwischen Freiheit und Notwendigkeit, zwischen Geschichte und Natur, zu vernachlässigen?

Um dieses Problem zu klären, muß man zuerst beachten, wie sehr Schellings naturphilosophische Bemühungen den Weg zu den »Weltaltern« vorbereitet haben. Darauf weist Schelling selber in einer Stelle am Ende seiner Einleitung hin, wo er – im Anschluß an die Darstellung der für die »Weltalter« sehr wichtigen Unterscheidung zwischen der »Dialektik« der »subjektiven« Wissenschaft und der »Historie«, der Form der »objektiven« Wissenschaft – von der Möglichkeit einer Rückkehr »zur Einfalt der Geschichte« schreibt: »Unserem Zeitalter schien es vorbehalten, zu dieser Objektivität der Wissenschaft wenigstens den Weg zu öffnen. Solange diese sich auf das Innerliche, Ideale beschränkt, fehlt es ihr an dem natürlichen Mittel äußerer Darstellung. Jetzt ist, nach langen Verirrungen, die Erinnerung an die Natur, und an ihr vormaliges Einsseyn mit ihr, der Wissenschaft wieder geworden ...« (8, 205). Mit der Naturphilosophie ist also zum ersten Mal in der Neuzeit der Ansatz einer positiven, »geschichtlichen« Wissenschaft gemacht.[21] Entscheidend dabei war die Einsicht in die Ursprünglichkeit der Natur: »Kaum waren die ersten Schritte, Philosophie mit Natur wieder zu vereinigen, geschehen, als das hohe Alter des Physischen anerkannt werden mußte,[22] und wie es, weit entfernt das Letzte zu seyn, vielmehr das Erste ist,

[21] Weil die Naturphilosophie noch an die Form der Dialektik gebunden ist, ist dieser Ansatz – auch in den »Weltaltern« nicht vollzogen. Der entscheidende Schritt kommt erst mit der *Unterscheidung* von negativer und positiver Wissenschaft.

[22] Hier geht es zum Teil um Steffens »Beiträge zur inneren Naturgeschichte der Erde« (1801), wo die Idee einer geologischen Entwicklung der Planeten – im Anschluß an Schellings Naturphilosophie –

von dem alle, auch die Entwicklung des göttlichen Lebens, anfängt« (8, 205). Die Alternative zu einer Schöpfung aus dem Nichts könnte nicht klarer ausgesprochen werden: Es ist nicht Gott, der der Natur vorangeht, sondern umgekehrt die Natur, die ihm vorangeht. Das herkömmliche Unbedingte wird damit in seinem Bedingtsein, d.h. in seiner Geschichtlichkeit behandelt. Bedeutet dies aber nicht, daß Gott auf die Natur reduziert wird? Und wenn die Natur als ein völlig notwendiger Prozess verstanden wird, wird nicht das ganze Seinsgeschehen unter der Kategorie der blinden Notwendigkeit gefaßt? Ist Schelling dann nicht – und zwar im gewöhnlichsten Sinne – doch Spinozist? Wie hätte er seine Philosophie als die Bemühung um ein »System der Freiheit« bezeichnen können – und zwar, als »vollkommenes Gegenbild des Spinozischen« (10, 36)?

Ihrer Notwendigkeit zufolge kann man die Natur als das »ewige« Seiende bezeichnen. Wir können das Eigentümliche an Schellings Ansatz kurz fassen, wenn wir fragen, wie sich diese Ewigkeit zum »göttlichen« Sein verhält. Dazu schreibt Schelling in einer Schrift aus der Spätphilosophie: »Ewig ist das Seyn, in dem Gott ist, sogar ehe *er selbst* es denkt. Gott selbst wird seine Ewigkeit erst gegenständlich im Ausgehen von ihr« (14, 342). Das Ewige ist nicht Gott selbst, sondern das, was »vor seiner Gottheit« gedacht werden muß. »Diese grundlose Ewigkeit, in der keine Wissenschaft, kein Denken ist, weil sie, wie Kant mit Recht sagt, der Abgrund der Vernunft ist, diese Ewigkeit ist eben darum nur Moment, nur Ausgangspunkt, von dem sogleich wegegangen wird ...« (ebd.). Gott ist also nicht ewig Gott, sondern *wird* erst Gott durch ein geschichtliches Ereignis, das das ewige »unvordenkliche« Sein zur *Vergangenheit* setzt. Als das ewige Sein, die »Natur« in Gott, kann dieses aber nie völlig aufgehoben werden. Es bleibt als Fundament des göttlichen Lebens. Seine Wiederkehr unterliegt den verschiedenen Epochen der göttlichen Offenbarung.

1. Wenn das göttliche Leben im Ringen mit jenem unvordenklichen Sein, dem unbegreiflichen »Daß« seiner Existenz, besteht, dann mag es wohl scheinen, daß, um Gott zu verstehen, ein Sprung in eine irrationale, romantische Philosophie notwendig sei. Dies war der Schluß, den Jacobi z.B. aus der Philosophie Kants zog, aus der kritischen Position, Gott könne als Grund und Anfang der Vernunft nicht mittels der Vernunft gefaßt werden.[23] Schelling hat aber gegen diese romantische Philosophie immer gekämpft. Der Mensch, insofern er denkt, hat einen Bezug zur Vernunft und kann sie

---

aufgestellt wurde. Schellings eigener Gedanke ist aber tiefgreifender, indem er von einer ontologischen und nicht einer empirischen Fragestellung ausgeht.

[23] Mit Unterstützung von Kant selbst, der in der Vorrede zur zweiten Ausgabe der »Kritik der reinen Vernunft« schreibt: »Ich mußte also das Wissen aufheben, um zum Glauben Platz zu bekommen.«

in einer negativen Wissenschaft vollständig entfalten. Überdies kann er in einem anderen Denken die Quelle dieser Vernunft erfahren, und zwar als gerade das, was er nicht begrifflich fassen kann. Dieses höhere, unwissende Wissen ergibt den Anfang der positiven, geschichtlichen Wissenschaft. In der »Philosophie der Offenbarung« sagt Schelling, er habe schon in seiner Jacobi-Schrift (1812) Andeutungen über die neue Philosophie gegeben und hätte sein System (die Weltalterphilosophie) damals schon öffentlich vortragen können, aber er wollte der jacobischen Philosophie Zeit lassen, »sich zu entwickeln und auszusprechen, so daß nun niemand mehr über sie selbst und mein Verhältnis zu ihr zweifelhaft sein kann, während ich sie sonst wahrscheinlich nie losgeworden wäre« (13, 86).[24]

Um aus der Verlegenheit einer Vernunft herauszukommen, die alles, ihre eigene Existenz ausgenommen, erklären kann, mußte Schelling einen Weg finden, der zum Absoluten führt, ohne sich ins Irrationale zu verlieren. Im »System des transcendentalen Idealismus« (1800) glaubt er diesen Weg in der Kunst gefunden zu haben. Die Aporie ist genau die der Spätphilosophie: »Die ganze Philosophie geht aus, und muß ausgehen von einem Prinzip, das als das absolut Identische schlechthin nicht objektiv ist. Wie soll nun dieses absolut Nicht-Objektive zum Bewußtsein hervorgerufen und verstanden werden?« In dieser frühen Zeit lautet die Antwort: durch eine »intellektuelle Anschauung«. Aber da tritt die Gefahr des Irrationalismus auf: »wie kann außer Zweifel gesetzt werden, daß sie nicht auf einer bloß subjektiven Täuschung beruhe?« Hier verweist Schelling auf die »allgemein anerkannte und auf keine Weise hinwegzuleugnende Objektivität der intellektuellen Anschauung«, auf »die Kunst selbst« (3, 624f.).

Das Bewußtsein des Nicht-Objektiven fordert dessen Objektiv-*Werden*. Dies vollzieht sich nicht durch die tautologische Entwicklung einer logischen Beziehung (durch Wiederholung eines Inhalts in verschiedenen Formen), sondern durch die Entfaltung eines unvordenklichen Prinzips, wodurch ein Nicht-Vorhandenes plötzlich vorhanden ist. Diese Entstehung (hier die Entstehung des Kunstwerks) ist nicht eine willkürliche Hervorbringung; die Unvordenklichkeit des Ursprunges sichert die absolute Notwendigkeit des Produkts. Es geht also um ein Produkt, das im menschlichen Bewußtsein vollzogen wird. Es ist dementsprechend ein Werk der Freiheit. Aber es bleibt in seinem Ursprung dunkel und unbewußt. Es wird nicht vom Menschen bewußt gesetzt; es entsteht zwar durch ihn, aber wie ein natürliches Gewächs – daher das Bewußtsein einer Einheit von Mensch und Natur. Diese bewußte Entfaltung eines notwendigen Vorgangs aus der dunklen Einheit der Natur in das Licht des menschlichen Verstan-

[24] Daß diese Befürchtung nicht ohne Grund war, sieht man in Hegels Behauptung, daß Schelling »wie Jacobi« das unmittelbare Wissen zum Prinzip macht (Gesch.d.Phil. III,427).

des ermöglicht erst die Versöhnung von Freiheit und Notwendigkeit bei Schelling. Sie eröffnet zugleich das wahre Verhältnis zwischen Gott und Mensch, denn Gott ist vom Vollzug dieses Vorgangs nicht zu trennen. In der Kunst zeigt sich ein Prinzip, das sich weder auf subjektive Meinung noch auf eine bloß mechanische, logische Notwendigkeit zurückführen läßt. In ihr zeigt sich die höhere Notwendigkeit freier Schöpfung.

Schelling hat sich also schon im »System des transcendentalen Idealismus« um eine positive Erkenntnis des Absoluten bemüht. Ein Absolutes, das nur im Denken, nur spekulativ gefaßt ist, kann nicht den Übergang vom Wesen zur Existenz erklären. Oder mit Kant gesprochen, man kann nicht aus dem Begriff Gottes seine Existenz beweisen. Schelling konnte aber bei der kritischen Position Kants nicht stehenbleiben, denn er hat die Frage nach der Existenz des Ganzen als so ernst erfahren, daß er den Weg zum wirklichen Absoluten, zu Gott, noch suchen mußte. Seine erste Lösung kam mit der Einsicht, der Begriff sei nicht die einzige Erkenntnisquelle. Er fand in der Kunst »das einzige wahre und ewige Organon zugleich und Document der Philosophie« (3, 627). In der Kunst tritt das Absolute als wahrhafter, lebendiger Gott zur Erscheinung.

In der Spätphilosophie wird die Quelle der positiven Erkenntnis nicht mehr im Werk eines einzelnen Künstlers, sondern im gemeinsamen Ertrag der ganzen Gesellschaft gefunden – in der heidnischen Mythologie und der christlichen Offenbarung.[25] Der Grund der Wendung der Philosophie zur Geschichte liegt, wie gesehen, erst im Versagen der Vernunft angesichts der Unbegreiflichkeit ihres Ursprungs. Diese Unbegreiflichkeit besteht in der Zurückgezogenheit des Ursprungs zusammen mit der Beweglichkeit und unaufhebbaren Bedingtheit seines Produkts. Schelling denkt solche Geschichtlichkeit aufgrund der Vorstellung eines lebendigen, leidenden Gottes. Das bedeutet nicht, daß er seine sehr früh formulierte Einsicht, die absolute Identität sei keine Persönlichkeit (1, 200), vergessen habe. Die Vorreflexivität des Grundes der göttlichen Existenz wird konsequent in der ganzen Philosophie Schellings beibehalten. So ist der Übergang von der negativen zur positiven Philosophie das Durchschauen der Unzulänglichkeit der Reflexion angesichts der Frage nach der Existenz des Ganzen. Damit gewinnt Schelling den Zugang zum »Prius« der Gottheit – dem »blinden« Existierenden – mit dem eine Persönlichkeit unvereinbar ist (13, 127, 160ff.; 14, 340). Ausgehend von diesem dunklen Grund erst, entfaltet sich das Wesen durch konkrete Gestalten – die Götter der Mythologie und die Dreieinigkeit der christlichen Offen-

[25] Dieter Jähnig beschreibt diesen Übergang von der Feststellung der Kunst zur Mythologie und Offenbarung als Wahrheitsorganon (a.a.O., Bd. 2, S.313-21). Es ist Schellings Bewußtsein der radikalen Zeitlichkeit der Kunst und ihrer damit zusammenhängenden Wirkungslosigkeit in der Geschichte, das zu diesem Übergang führt. Zum Begriff der Offenbarung, der der Kontinuität seines Denkens zugrunde liegt, siehe im selben Band, S. 94-104.

barung. Diese zur Erscheinung tretenden Götter sind wirkliche, persönliche Mächte. Ihre Geschichte ist aber von der Geschichte des Menschen nicht zu trennen, insofern die Götter erst durch Dichtung und Gesang, durch Wort und Tanz zur Erscheinung und Existenz hervorgerufen werden. Mit dem Hervortreten der Götter wird der Grund menschlicher Kulturen gelegt. Die Erscheinung der Götter im Wort[26] ist aber nicht das willkürliche Tun des Menschen, sondern das Resultat der »Krisis, durch welche die Götterwelt zur Göttergeschichte sich entfaltet« (11, 16). Diese Göttergeschichte zeigt einen übermenschlichen Glanz, aber erst aufgrund und innerhalb der konkreten Menschengeschichte. Die Dokumente der Mythologie und der Offenbarung sind also zugleich Wahrheitssprüche des Absoluten und Manifestationen der menschlichen Geschichte – aber einer menschlichen Geschichte, die aus einem verborgenen, übermenschlichen Grund herauswächst.

Die Schlußfolgerung der aus der menschlichen Geschichte schöpfenden positiven Philosophie scheint unvermeidlich die Annahme einer Vielgötterei zu sein, indem der Mensch immer von verschiedenen Göttern gesprochen hat. Schelling bleibt aber der wissenschaftlichen Forderung nach Einheit treu und sieht die Vielgötterei als die notwendige Vorgeschichte im Leben des einen Gottes des Christentums, der seine Herrschaft durch die Verbreitung der abendländischen Kultur über die ganze Erde beweist. Selbst das Leben des Einen teilt sich jedoch in die Folge von Vater, Sohn und Geist. Mit ihr ist eine Folge von sich noch entfaltenden Epochen in der menschlichen Geschichte wesentlich verbunden (14, 294-312).

Damit scheinen wir in Schwierigkeiten zu geraten. Schelling wendet sich an die positive Philosophie, um die Frage nach dem Ursprung der sich als das Ganze auffassenden Vernunft zu beantworten. Er kennzeichnet diesen Ursprung metaphysisch als das Absolute, aber entfaltet ein Wissen von ihm als von einer Reihe geschichtlich erscheinender Gestalten. Was für ein Prinzip aber ist dies Absolute, wenn es nicht in seiner Einheit gefaßt werden kann? Schellings Antwort darauf ist klar und konsequent durchgeführt. Das Absolute ist *an sich* überhaupt kein »Seiendes« – ist auch nicht »Gott« (9, 217). Es ist die »ewige Freiheit«, die immer neue Gestalt annimmt, ohne mit einer schlechthin identisch zu sein. Jede Gestalt ist als objektive Verkörperung des Absoluten die Aufhebung des an sich Nicht-Objektiven – ist also das aus der Unbegreiflichkeit gesetzte begreifliche Sein. Diese Setzung ist nicht die logische Entfaltung des zu sich kommenden Begriffs; sie ist viel eher ein Ereignis aus dem unvordenklichen Sein, das überhaupt keinen Begriffscharakter in sich trägt. Es ist die *Unbegreiflichkeit* eines Seins, das ohne Ursache oder Grund einfach ist, welche die Bewe-

[26] Schelling stützt sich auf den Satz von Herodot, daß Hesiod und Homer »den Hellenen die Theogonie gemacht haben« (11,15). Dazu siehe Jähnig, a.a.O., Bd. 2, S. 107-18.

gung des begreifenden Denkens leitet (14, 350). Das Absolute existiert in Welt und Geschichte durch die wechselnden Gestalten der menschlichen Kultur – in Gestalten, die aus einem Prinzip herkommen, das an sich nicht ist. Denn das Absolute bedeutet vor allem das Ereignis des Seienden aus dem Abgrund des Nichts, das als Nichts die Möglichkeit jeder Existenz in sich trägt. Es ist aber überdies die Aufhebung der vollständigen Unbegreiflichkeit dieses Übergangs durch die sammelnde Bewegung des Gestaltenden – durch den Aufgang des Göttlichen. Das Absolute besagt zugleich jene »aller Möglichkeit zuvorkommende Wirklichkeit«, also jene erschütternde *Unmöglichkeit*, daß es das Seiende gibt, und die geheimnisvolle Stärke, die notwendig ist, diese Unmöglichkeit in ihrer unfassbaren Wirklichkeit auszuhalten.

2. Schelling ist sich dessen bewußt, daß seine Idee eines aus der unvordenklichen Natur geschichtlich entstandenen Gottes der herkömmlichen Vorstellung der Metaphysik schroff entgegengesetzt ist. Und dennoch findet er Ähnlichkeiten zwischen seinem System und dem der traditionellen Metaphysik. Wir stellen eine dar, um einen Blick auf das Absolute bei Schelling zu erreichen. Von diesem her können wir dann auf seine Philosophie der Natur und der Geschichte kommen. Die Untersuchung dieser konkreten Bereiche wird im letzten Kapitel dieser Arbeit zum Absoluten zurückführen.

Die Metaphysik zählt drei Beweise für die Existenz Gottes. Der ontologische Beweis hat die Schwäche, daß es den Begriff Gottes nur gibt, wenn Gott selbst schon unvordenklich da ist. Die Stärke des Beweises ist aber, daß er gerade diese ursprüngliche Notwendigkeit des Urwesens *ausspricht*. Es geht um ein Seiendes, das für seine eigene Existenz überhaupt nicht frei ist, das mit dieser so innerlich verschmolzen ist, daß es seine eigene Existenz überhaupt nicht »hat«. »Nun ist aber die Metaphysik mit diesem rein ontologischen Wesen nicht zufrieden, sondern verlangt ein wirklich Existirendes, ein solches, von dem das Seyn als Prädicat auszusprechen ist« (WA I, 193).

Die Metaphysik begeht damit zwei Fehler. Sie versucht schon anhand des ontologischen Beweises zum wirklichen Existierenden zu gelangen, und läßt dadurch die Nicht-Existenz, die Prädikatlosigkeit des Urwesens, außer acht. Darum sieht sie nicht, daß der Schritt zum zweiten, zum kosmologischen Beweis eigentlich einer *Bewegung* innerhalb des göttlichen Lebens entspricht. Diese Beweglichkeit übersieht sie, weil sie das Sein als Prädikat eines Seienden sehen will und darum außerstande ist, hinter das Seiende auf das Sein selbst, aus dem erst das Seiende ist, zu kommen.

Es verhält sich ähnlich mit dem zweiten Beweis, der auf ein wirklich (nach Schelling unerklärliches) Existierendes zielt. Die Metaphysik will von der Bewegung der Naturdinge auf das bewegende Prinzip kommen, und setzt dies als ein Seiendes außerhalb der Natur, das keine lebendige Beziehung zu dieser haben könnte (WA I, 196). Schelling überwindet dagegen die Furcht vor dem Pantheismus und, sich des Unterschiedes zwischen dem Nicht-Seienden und dem Seienden Wesen Gottes bewußt, findet in diesem ein Prinzip, das die Bewegung der Natur leitet – und zwar aus dem Wesen der Natur selbst heraus. Dieses Prinzip – nach dem Trinitätsgedanken der Sohn Gottes – entdeckte Schelling erst in seiner Naturphilosophie.

Die Aufdeckung einer dynamischen Energie-Quelle innerhalb der Natur (oder, scholastisch gedacht, außerhalb dieser) bildet aber sowenig wie die Vorstellung eines absolut unfreien, notwendigen Wesens den vollständigen Begriff Gottes. Dies ergibt erst der dritte, teleologische Beweis. Aus der verständlichen Ordnung der Welt soll der Begriff eines persönlichen, freien und intelligenten Wesen gezogen werden. Dieses steht nach Schelling im inneren Zusammenhang mit der Natur; es ist ferner ihre höchste, *geschichtliche* Leistung. Die Erscheinung dieses Wesens bedarf der Entgegensetzung zum unvordenklichen, notwendigen Seienden als seinem Fundament. Weil die Gegenwart noch die Macht des dunklen Prinzips zeigt, kann dieses höchste, persönliche Wesen Gottes nicht als ein völlig vorhandenes Prinzip gedacht werden. Es ist Prinzip der Zukunft, Ziel der konkreten, menschlichen Geschichte. Diese zeitliche Folge des göttlichen Lebens fordert noch ein viertes Prinzip, das der Möglichkeit des Hervortretens eines freien Wesens unterliegt. Dieses liegt aber jenseits des Blickfeldes der Metaphysik und wird erst im dritten Teil dieser Arbeit erörtert werden. Es wird nicht durch eine bloß begriffliche Spekulation gefaßt, denn der Weg dieses Prinzips ist die Zeit selbst, die durch die Wirklichkeitsfelder der Natur und der Geschichte führt.

II

DIE GESCHICHTLICHKEIT DER NATUR

Nach Schelling ist die Natur weder eine starre Kette von Kausalitätsfunktionen noch die zu überwindende Schranke der menschlichen Freiheit, sondern der alles umfassende Bereich des Lebendigen, der den tragenden Grund – und nicht den Gegenpol – der menschlichen Geschichte ausmacht. Hierbei darf man jedoch Schellings Verständnis der Natur als *notwendigen* Geschehens – mitsamt der daraus entstandenen Kluft zwischen Natur und Geschichte – nicht außer Betracht lassen. Die Unterscheidung bleibt wesentlich und führt zu unserem Hauptproblem: Wie potenziert sich Natur zu Geschichte, Notwendigkeit zu Freiheit?

Bei der Gliederung der folgenden Darstellung hat Schellings eigene Deutung des Geschichtsbezugs der Naturphilosophie eine wichtige Rolle gespielt. Dieser Bezug besteht vor allem darin, daß die Naturphilosophie den Menschen zu der Welt zurückführen sollte, aus der er sich durch den Anfang seines reflektiven Denkens herausgesetzt hat. Insofern sollte sie eine Revolution der menschlichen Geschichte bedeuten: die Wiederkehr zur ursprünglichen Unschuld, zur Einheit mit der Natur.

Wir folgen diesem Zug zuerst dadurch, daß wir den Durchbruch zur Naturphilosophie innerhalb Schellings eigenen Denkens darstellen. In einem zweiten Kapitel wird Schellings Verständnis der Naturphilosophie als einer Überwindung der klassischen, mechanischen Physik dem parallelen Selbstverständnis der heutigen Naturwissenschaften gegenübergestellt. Dies hat zuerst einen hermeneutischen Grund: Auf die konkreten Ergebnisse der damaligen Naturwissenschaft gestützt, scheint die Naturphilosophie zunächst überholt zu sein. Daß sie auf denjenigen Ergebnissen aufbaute, die die kommende Wandlung der Wissenschaft anzeigten, ist nicht oft genug angemerkt worden, und genügt, um ihr einiges von der ihr abgesprochenen Aktualität wiederzugeben. Man sollte die Möglichkeit nicht von vornherein abweisen, daß die Naturphilosophie Schellings noch weiter in die Zukunft hineinreicht, als es die heutige Naturwissenschaft vermag. Das dritte Kapitel dieses Hauptteils geht von einer Behauptung aus, die sehr oft in Schellings Schriften vorkommt, von der Behauptung nämlich, daß seine Naturphilosophie, gerade indem sie sich von dem mechanischen Naturverständnis seiner Zeit entferne, gleichzeitig dem Naturverständnis »der Alten« nahekomme. Die Bezeichnung »der Alten« lesen wir wie im Titel von Oetingers »Philosophie der Alten«, in welchem Werk Oetinger sich in seiner Auseinandersetzung mit Leibniz auf das Naturbild des griechischen und römischen Altertums beruft.

Um uns nicht ins Uferlose zu verlieren, beschränken wir uns in diesem Kapitel auf Aristoteles. Wir wollen dabei sehen, inwiefern das anfängliche Naturverständnis in Schellings Naturphilosophie durchschimmert.

Durch diese drei Schritte wird also der geschichtliche Horizont der Naturphilosophie zu klären versucht. Er besteht darin, daß das Verhältnis von Mensch und Natur sich wandelt. Die Frage, die sich uns dabei stellt, ist, ob der Grund dieser Wandlung *schon innerhalb der Natur selbst* liegen könnte. Wie wichtig diese Frage ist, zeigt die bedenkliche Situation, in der wir uns heute befinden. Das Verhältnis des Menschen zur Natur ist ein negatives Verhältnis geworden, denn der heutige Mensch begegnet nur noch sich selbst. Auch in der Erforschung der Natur ist man längst an einen Punkt gekommen, wo man sie nur noch durch Vermittlung technischer Instrumente untersuchen kann, die nichts mehr von der eigenen Form der uns aus sich selbst heraus erscheinenden Natur zurücklassen.[27] Schon von dieser »eigenen Form« zu sprechen scheint äußerst naiv zu sein. Bedeutet dies eine vollendete Eroberung der Natur durch den Menschen, als ob der Mensch die ganze Natur in sein eigenes Produkt verwandelt hat? Oder besagt es vielleicht, daß die Natur sich uns von sich aus entzogen hat? Dies Letzte wäre allerdings nur unter der Voraussetzung möglich, daß in der Natur ein vom Menschen unabhängiges Wesen steckt. Gerade dies widerspricht aber dem Naturverständnis der Neuzeit, genauso wie es mit dem Naturverständnis älterer Kulturen völlig übereinstimmt. Eine Antwort auf die Frage erfordert eine philosophische Besinnung auf das Wesen der Natur. Eine solche Besinnung finden wir in Schellings Naturphilosophie.

[27] Durch die Unschärferelation Heisenbergs wird dieses Problem in der naturwissenschaftlichen Reflexion aufgenommen. Das das Problem auch im Alltag eine Rolle spielt, könnte man anhand eines Beispiels erkennen, wie etwa von einem Wald, der weit davon entfernt, ein Stück »Wildnis« zu sein, vom Menschen genau umgegrenzt wird, um dessen Bedürfnisse zu dienen.

1. Kapitel
Schellings Wende zur Naturphilosophie

(A) Die Auseinandersetzung mit Fichte

1. Selbst in den frühesten Schriften Schellings – in der Zeit der deutlichsten Fichtenachfolge – war ein Moment enthalten, das sich kaum mit dem subjektiven Ansatz Fichtes vereinbaren läßt: Schellings Denken sehnte sich nach dem Absoluten nicht bloß als dem obersten Prinzip alles Wissens, sondern als dem Prinzip des Seienden. Das ontologische Moment war viel stärker bei Schelling als bei Fichte ausgeprägt. In seinem dringlichen Fragen nach dem Ursprung des Ganzen konnte Schelling mit Fichtes Aufstellung der Selbstgewißheit des Selbstbewußtseins als obersten Prinzips nie zufrieden sein. Obgleich es offenbar ist, daß die philosophische Reflexion den Kreis des Selbstbewußtseins nie verlassen kann, daß dieses Bewußtsein in der Tat jedem Denkversuch zugrunde liegt, kehrte Schelling trotzdem immer wieder zur Frage nach dem Ursprung dieses Bewußtseins zurück. Gerade die Erfahrung des Gefangenseins im Bewußtsein zeigt dessen Grenzen auf. Bei Schelling führt dies zur Annahme eines transreflexiven Seins als absoluter Quelle des Selbstbewußtseins und der Welt. Diesen Weg ging Fichte selber in seinen späteren Schriften, als er, z.B. in der »Wissenschaftslehre« von 1801, das Absolute streng vom absoluten Wissen trennte.[28] Fichte hat aber nie den letzten Schluß daraus gezogen, daß das Bewußtsein und die Natur, wenn sie aus derselben transreflexiven Quelle hervorgehen, im Wesen dasselbe sind, so daß das Bewußtsein seinen Widerstand gegen die Natur aufgeben soll. Diesen Weg ging Schelling. Ihm zufolge liegt die Trennung vom Subjekt und Objekt bereits innerhalb der Natur. Die Natur ist auch Subjekt, denn sie bring sich selbsttätig hervor.

Nach Kants erster Kritik ist das wahre Wissen das Wissen eines Objekts, dessen erkennbare Struktur vom Subjekt gesetzt wird. Dies hat tief auf Fichte gewirkt, auch wenn er darauf hingewiesen hat, daß Kants eigene Reflexion über die Struktur des erkennenden Subjekts ein Wissen beansprucht, das nicht ein Wissen eines Objekts ist. So ist Fichte auf die Idee gekommen, eine neue Metaphysik auf den Akt der Selbstreflexion zu gründen. Das erkennende Subjekt erreicht im Moment des Selbsterkennens

[28] Fichte, Werke, II, 12ff. Vgl. dazu W. Schulz, J.G. Fichte, Vernunft und Freiheit, Pfullingen 1962. Schulz weist oft auf die Ähnlichkeit zwischen der Philosophie Schellings und der Spätphilosophie Fichtes hin. Er übersieht aber den großen Unterschied, der immer bleibt und der sich vor allem anhand der Stellungnahme zur *Natur* zeigt.

einen Blick auf das alles Setzende, auf das Absolute. Die dogmatische Metaphysik versuchte, das Ich vom Objekt her zu fassen; die neue kritische Metaphysik geht aber vom Ich aus. Eben deshalb wird bei Fichte die *praktische Philosophie* vorrangig, denn diese folgt dem Versuch des Ich, die objektive Welt von sich aus neu zu gestalten.

Die neue Metaphysik wird nur denjenigen zugänglich, die »das Vermögen der Freiheit der inneren Anschauung« besitzen.[29] Die Entfaltung dieses Vermögens in der philosophischen Reflexion wird letztlich zeigen, daß die Beschränkungen des Ich (dessen Gebundenheit an Objekte) eigentlich selbstgesetzte Beschränkungen sind. Das Ich ist das Absolute. Seine Absolutheit wird vollzogen, wenn es durch Handlung das ihm entgegengesetzte Objekt überwindet. In »Ueber die Würde des Menschen« (1794) verlangt Fichte vom Menschen eine Handlung, »bis alle Materie das Gepräg seiner Einwirkung trage« (Fichte I, 415).

Schelling hat deutlicher als Fichte bemerkt, daß die Vollendung des Versuchs des Ich, sich von den Objekten zu befreien und zum Absoluten zurückzukehren, das Verschwinden dessen Ichcharakters bedeuten muß. Das Absolute ist also transreflexiv. Es steht vor der Unterscheidung von Subjekt und Objekt. Eine Entwicklung dieses Gedankens zeigt schließlich die Fragwürdigkeit der Forderung Fichtes, der Mensch solle der ganzen Natur »das Gepräge des Ich« geben.

Die Transreflexivität des Absoluten bringt Schelling zur Fassung des höchsten Erkenntnisaktes nicht als transzendentaler Apperzeption, sondern als intellektueller Anschauung, die, statt in der einleuchtenden Selbstgewißheit, im Verschwinden des Bewußtseins gipfelt – und so nur dem *Tod* vergleichbar ist (1, 325). Schelling will diese Anschauung nicht mystisch im Sinne einer quietistischen Rettung vom Leiden der endlichen Existenz verstehen. Es geht ihm eher darum, zu zeigen, daß der gemeinsame Ausgangspunkt von Dogmatismus und Kritizismus weder subjektiv noch objektiv zu fassen ist (1, 329). Diese Folgerung läßt sich leicht aus Fichtes Philosophie ziehen (ähnliche Formulierungen sind auch bei ihm zu finden). Ihre weitere Entwicklung führt dennoch zu einer ganz neuen Philosophie.

Schellings allgemeine Absicht stimmt jedoch in den frühesten Schriften (z.B. in den »Philosophischen Briefen« von 1795) noch mit der Fichtes völlig überein. »Der consequente Dogmatismus geht nicht auf Kampf, sondern auf Unterwerfung, nicht auf gewaltsamen, sondern auf freiwilligen Untergang, auf stille Hingabe meiner selbst ans absolute Objekt«, während der Kritizismus die Aufhebung alles Andersseins in die Autonomie des sich selbst bestimmenden Subjekts fordert. Die *praktische* Notwendigkeit eines theoretisch nicht erforderlichen »Kampf(s) gegen das Unermeßliche« (1,

[29] Aus Fichtes »Grundlage der gesammten Wissenschaftslehre« von 1794, I, 88.

284) zu erweisen, ist das ständige Bemühen der frühen Philosophie. Die Transreflexivität des Absoluten soll also die Freiheit im Sinne der Autonomie des handelnden Subjekts geradezu noch steigern, denn die Überlegenheit des freien Handelns über die quietistische Auslieferung an ein nicht aufhebbares Objektives sei selbst das Resultat einer freien Entscheidung. In seinem extremen Voluntarismus denkt der frühe Schelling fast noch »fichtescher« als Fichte.

Von Kants »Kritik der reinen Vernunft« entlehnt er die Einsicht, daß das Wissen einer Welt an sich nicht möglich ist, und verbindet dies mit dem Standpunkt der zweiten Kritik, daß der Entwurf eines Systems der letzten Wahrheiten lediglich als ein Postulat menschlichen Handelns gelten kann, um damit den Gedanken an ein objektives System abzuweisen.[30] Dabei läßt er allerdings außer Betracht, daß Kants kritische Einschränkung unserer Erkenntnis auf eine *vorgestellte* Welt eindeutig als eine Begründung der Objektivität eines Systems – nämlich desjenigen der neuzeitlichen Naturwissenschaft – gedacht war. Bei ihm bedeutet dagegen das kritische Moment eine Befreiung des menschlichen Geistes von den Schranken des Objektiven: »Die höchste Würde der Philosophie besteht darin, daß sie alles von der menschlichen *Freiheit* erwartet. Nichts kann daher verderblicher sein, als der Versuch, sie in die Schranken eines theoretisch-allgemeingültigen Systems zu zwängen« (1, 306f.).

Schelling lehnt die Möglichkeit eines theoretischen Wissens des Absoluten ab. Eine unmittelbare *Anschauung* des Transreflexiven sieht er zwar als möglich an; er setzt sie aber mit dem Verschwinden in das Nichts gleich (1, 325). Man *hat* nichts von einer solchen Anschauung. Auch auf dem Wege des Handelns ist das Absolute nie endgültig zu erreichen. Das letzte Ziel der kritischen Philosophie sei die Befreiung einer menschlichen Tätigkeit, die das innere Wesen des menschlichen Subjekts ausmache, durch die Vernichtung der ihr gegenüber stehenden Schranke einer objektiven Welt. Nach Fichte soll das Ich die Welt vernunftgemäß umgestalten: Das höchste Ziel wäre eine Menschheit, die unter *einem* Vernunftstaat in absoluter Harmonie lebt, und die die Natur rational und vollständig beherrscht. Für den jungen Schelling wäre dies jedoch nichts anderes als die Konstruktion einer zweiten Natur, die die Freiheit des Menschen noch beschränkt. Bei ihm ist nicht die Intelligenz, sondern die *Freiheit* das Wesentliche im menschlichen Subjekt, und der wahrhaft kritische Geist soll diese allein fordern. Die Vernunft ist eine Setzung des Wollens; dies soll jener nie untergeordnet werden.

Diesen philosophischen Anarchismus stellt Schelling am deutlichsten in seiner »Neuen Deduktion des Naturrechts« von 1795 dar: »Ich kündige mich an als Herrn

[30] Erst ein Jahr später (1796) hat Schelling das »Systemprogramm« entworfen. Ein vollendetes System hat er nie darzustellen versucht.

der Natur, und fordere, daß sie durch das Gesetz meines Willens schlechthin bestimmt sey. Meine Freiheit weist jedes Objekt in die Schranken der Erscheinung zurück, und schreibt ihm eben damit Gesetze vor, über die er nicht treten darf. Nur dem unveränderlichen *Selbst* kömmt Autonomie zu, alles was nicht dieses *Selbst* ist – alles was *Objekt* werden kann – ist heteronomisch, ist Erscheinung für mich. Die ganze Welt ist mein moralisches Eigenthum« (1, 248). Überraschend an seiner »Deduktion« ist, daß er diese Position auch dem Staat gegenüber gelten lassen will. Er erkennt die Vernunftidee einer moralischen Übereinstimmung aller Menschen an, beharrt aber darauf, daß diese nicht die Individualität des Willens bedrohen darf. Es ist der individuelle und nicht der allgemeine Wille, der im Zentrum steht. Die Deduktion eines Naturrechts will nur den größten Spielraum für die individuelle Freiheit sichern. Das Individuum ist immer berechtigt, gegen einen Staat zu kämpfen, der seine Freiheit einschränken will (1, 267).

Der junge Schelling hat also Fichtes Ansatz übernommen und radikalisiert. An einem entscheidenden Punkt war der Grund einer Wende von Fichte hinweg bereits angelegt. Schellings Hervorhebung der Priorität der Freiheit vor allem, auch vor der Vernunft, setzt voraus, daß der Geist ewig neue Formen aus sich hervorbringen kann. Dies ist aber nur möglich, wenn er einen Bezug zum Unerschöpflichen in sich trägt. Schelling hat noch nicht erfaßt, was das unerschöpfliche Prinzip ist. Er hat es aber schon genannt, indem er den Kampf gegen die Natur als eine »unendliche Aufgabe« bezeichnete. Der Geist kann seine Freiheit nur dann erhalten, wenn die *Natur* sich nicht aufheben läßt. Dies hätte allerdings Fichte auch sagen können. Aber Schelling war auf dem Wege zu sehen, daß die Natur nicht unerschöpflich wäre, wenn sie nur als eine vom Ich gesetzte Beschränkung gilt. Der Erweis der unerschöpflichen Natur der Freiheit liegt in der ihr eigentümlichen »Unermeßlichkeit« der Natur, welche der Mensch immer weiter (laut dem frühen Schelling) bekämpfen müsse. Beide – Geist und Natur – sind in einem transreflexiven Absoluten gegründet, dem als der formgebenden Grenze des Seins der Mensch sich zwar annähern, das er aber nie fassen könne. Die Wende in Schellings Denken fängt an, als er bemerkt, daß dieses Absolute – die Quelle einer dem Menschen entgegengesetzten »Übermacht des Schicksals« (1, 336) – eine Erneuerung des philosophischen Denkens verlangt. Das Ungewußte muß gewußt werden. Es kann durch keine kritische Philosophie aus der Wissenschaft ausgeschieden werden. Das »Unermeßliche« der Natur, die eigentliche Bedingung der Freiheit, erweckte bei Schelling den neuen Anfang der Naturphilosophie.

2. Den Übergang zur Naturphilosophie findet man in Schellings »Abhandlungen zur Erläuterung des Idealismus der Wissenschaftslehre« (1797). Die Schrift wurde ur-

sprünglich unter dem Titel »Allgemeine Übersicht der neuesten philosophischen Literatur« veröffentlicht. Sie erregte Fichtes Interesse und gewann ihn dafür, Schellings Berufung nach Jena zu unterstützen. Und dennoch enthält sie die oft beschriebene Wende vom subjektiven Idealismus Fichtes zum objektiven Idealismus. Ihre Bedeutung für die weitere Entwicklung des deutschen Idealismus liegt darin, daß in ihr der äußeren Welt eine positive Bedeutung beigemessen wurde.[31] In den »Philosophischen Briefen« war die Natur, noch übereinstimmend mit Fichte, als eine für den Menschen fremde Dimension gedeutet worden – die Schranke der menschlichen Autonomie, die soweit wie möglich überwunden werden soll. In der Unaufhebbarkeit der Natur sah Schelling den Grund der »tragischen« Bedeutung der menschlichen Freiheit (1, 336f.). Jetzt aber, in den »Abhandlungen«, wird dieser Gedanke, daß die Natur eigentlich mehr als ein bloßes Objekt sei, neu gefaßt. Schelling findet in der äußeren Welt »die Geschichte unseres Geistes«, »den Weg, auf welchem sie (die Seele) allmählich zum Selbstbewußtsein gelangt« (1, 383). Hier taucht zum ersten Mal die Idee einer »transzendentalen Vergangenheit« auf, eine Idee, in der die äußere Welt nicht mehr als das Anderssein des Menschen oder als die Entfremdung des Geistes gedacht wird, sondern als das, was wir selber einmal waren: An dieser Stelle kommt also die tiefe Verwandtschaft von Mensch und Natur zur Sprache. Die menschliche Freiheit steht der »Unendlichkeit« der Natur nicht entgegen. Sie findet in dieser vielmehr ihren notwendigen Grund.

Dieser Gedanke zeigt eine Nähe Schellings zu Herder und Goethe. Aber für die philosophische Herausarbeitung der Idee hat Schelling sich hauptsächlich auf die Monadenlehre von Leibniz gestützt (1, 357f.). Die Übertragung des geistigen Wesens auf alles, was sich in der Natur zeigt, ist nach Schelling so wenig ein Rückfall in den vorkritischen Dogmatismus, daß sie eigentlich die Erfüllung des kritischen Programms bedeutet. Der letzte Rest einer dogmatischen Setzung einer Welt an sich wird erst dann verbannt, wenn man mit Leibniz die verschiedenen Aktionen der Natur als Vorstellungskräfte zu verstehen wagt. Leibniz, der für Kant und Fichte als der Dogmatiker überhaupt galt, weist Schelling den Weg über den Dogmatismus hinaus.

Schelling übernimmt von Leibniz den Gedanken, daß »die Monaden keine Fenster haben«, was in unserem Zusammenhang bedeutet, daß die Entwicklung der

[31] Siehe Walter Schulz's umfassende Einleitung zur Felix Meiner Ausgabe (1957) vom »System des transzendentalen Idealismus.« Schelling weist – im 1809 geschriebenen Vorwort zur zweiten Auflage der »Abhandlungen« – selber auf diese Wende hin: »Bestimmter (als in den Briefen über Dogmatismus und Kritizismus) zeigen sich die Keime mehr positiver Ansichten in den Abhandlungen ...« (I,345). Das »Positive« kann im Sinne der Bezeichnung der »positiven« Wissenschaft der Spätphilosophie verstanden werden, wobei es etwas bedeutet, das sich nicht darin erschöpft, ein Objekt des menschlichen Wissens zu sein, weil es eine Wurzel enthält, die unabhängig von der »Vernunft« ist. Diese Unabhängigkeit ist für die weitere Entwicklung des Freiheitsbegriffs bei Schelling das Wesentliche.

Dinge nicht durch das mechanische Verhältnis von Druck und Stoß (und auch nicht durch das Eingreifen eines bewußten, von der Welt trennbaren Gottes), sondern nur durch die rein immanente Bewegung des Sich-Organisierens geschieht, dessen Vorbild offensichtlich die Struktur des menschlichen Geistes ist: »Ist der menschliche Geist eine *sich selbst organisirende Natur*, so kommt nichts *von außen*, mechanisch, in ihn hinein; was in ihm ist, das hat er von *innen heraus*, nach einem innern Princip sich angebildet« (1, 386). Der solipsistische Zug dieses Gedankens wird durch dessen Übertragung auf die ganze Natur überwunden: »Da in unserem Geiste ein unendliches Bestreben ist sich selbst zu organisieren, so muß auch in der äußeren Welt eine allgemeine Tendenz zur Organisation sich offenbaren. So ist es wirklich. Das Weltsystem ist eine Art von Organisation, das sich von einem gemeinschaftlichen Centrum aus gebildet hat. Die Kräfte der chemischen Materie sind schon jenseits der Grenzen des bloß Mechanischen. Selbst rohe Materien, die sich aus einem gemeinschaftlichen Medium scheiden, schießen in regelmäßigen Figuren an. Der allgemeine Bildungstrieb der Natur verliert sich zuletzt in einer Unendlichkeit, welche zu ermessen selbst das gewaffnete Auge nicht mehr fähig ist. Der stete und feste Gang der Natur zur Organisation verräth deutlich genug einen regen Trieb, der mit der rohen Materie gleichsam ringend, jetzt siegt, jetzt unterliegt, jetzt in freieren, jetzt in beschränkteren Formen sich durchbricht. Es ist der allgemeine Geist der Natur, der allmählich die rohe Materie sich selbst anbildet« (1, 386f.).

Mit diesem Passus ist der über Fichte hinausführende Weg beschritten, auch wenn die Gefahr noch nicht gebannt war, das Sich-Organisieren der äußeren Welt als bloßes Spiegelbild der menschlichen Subjektivität zu verstehen. Das unablässige Hin-und-Her zwischen den subjektiven und objektiven Möglichkeiten bildet eine große Spannung innerhalb der Übergangsschriften Schellings. Diese Spannung verursacht einen Verlust an philosophischer Konsequenz, macht aber wegen des *Strebens* nach Konsequenz das eigentlich Schöpferische bei Schelling aus. Das Neue zeigt sich im errungenen Gegensatz zu Fichte: Das »Nicht-Ich« ist nicht ein an das Ich Anstoßendes, ein ihm gegenüber *Fremdartiges*. Das Beschränkende der Materie ist viel eher der lebendige Keim des Absoluten.

Fragt man nun, warum die Natur eine Tendenz zur Selbst-Organisation hat, so könnte es zuerst so erscheinen, als stimme Schellings Antwort mit derjenigen Fichtes noch völlig überein. Der allgemeine Geist der Natur, der sich zum selbstbewußten Geist des Menschen erhebt, scheint nichts anderes als das ursprünglich freie Wollen Fichtes zu sein. Der Geist will sich anschauen (1, 394f.); daraus entsteht die ganze Mannigfaltigkeit der Welt. Aus der Einheit dieses Wollens entspringt die Form der allgemeinen Organisation. Der Unterschied zu Fichte ist jedoch darin zu erkennen, daß sich die Auffassung des Wollens einer Wandlung unterzogen hat: Das Wollen wird zwar in einer Bewußtseinstat vollzogen, aber es hat nun unermeßliche Wurzeln im *Unbewußten*.[32] Schelling nennt dieses Wollen ein Prinzip, »das höher ist, denn unser Wissen und Erkennen.« Es ist »das einzige *Unbegreifliche*, *Unauflösliche* – seiner Natur nach *Grundloseste*, Unbeweisbarste« (1, 400).

Es ergibt sich somit die Möglichkeit, das transreflexive Sein der frühesten Schriften – Schelling wird es später die »Indifferenz« zwischen dem Ideellen und Reellen nennen – metaphysisch als Wollen zu interpretieren. Trotz seiner Behauptung, die Weltordnung solle nur aus der Natur des *endlichen* Wesens abgeleitet werden, ist die Ansicht hier mit der metaphysischen Vorstellung eines unendlichen Geistes verbunden, der sich, von der tastenden Suche nach Selbstbewußtsein vorangetrieben, wiederholt beschränkt, und der – weil er sich immer nur in dieser Beschränkung, d.h. in der Verkehrung seines Wesens, sehen kann – unaufhörlich weiter danach streben muß, über diese Endlichkeit hinauszukommen, um sich schließlich in seiner Unendlichkeit, gleichsam seiner Wahrheit, zu schauen. Eine solche Erlösung bleibt aber unmöglich, insofern jedes Sich-Schauen des Geistes schon eine Entzweiung seiner Einheit voraussetzt. Daher kommt das trostlose Bild, das Schelling in dieser Periode oft darstellt: Eine unendliche Zeit wird von dem Ur-Einen erzeugt, das – durch dunkle Wissensbegierde geweckt – ständig außer sich kommt, ohne jede Hoffnung, seine ursprüngliche Identität wiederzugewinnen (so hat Schelling den Grundgedanken Schopenhauers vorweggenommen). Diese Vorstellung ist deshalb wichtig, weil sie eine Alternative zur gewöhnlichen idealistischen Vorstellung eines völlig autonomen Absoluten darstellt, das die ganze Wirklichkeit von sich her frei bestimmt. Schelling will noch das Absolute denken. Aber er fängt an, dieses als ein *leidendes*, d.h. ein geschichtlich bedingtes Wesen zu denken.

3. Die Wende zur Naturphilosophie zeigt sich also darin, daß die Natur nicht wie bei Fichte als ein totes Objekt, sondern als ein wesentliches Moment im Leben des Absoluten gedacht wird. Die Natur ist nicht eine starre Form, die das Absolute nur setzt, damit es sie vernichten kann; sie ist viel eher das vergangene Leben des Absoluten selbst. Sie ist überdies der dunkle Grund, wodurch das Absolute erst *Wirklichkeit*

[32] Hier lassen wir die Spätphilosophie Fichtes außer Betracht. Fichte hat zwar im Begriff der produktiven Einbildungskraft die Tätigkeit einer bewußtlosen Intelligenz ins Zentrum gestellt, aber bei ihm ist das Unbewußte nur auf der Seite des Subjekts, als dessen »Empfindung«, während bei Schelling in den Bereich der Empfindung erst ganz am Ende der Naturphilosophie eingetreten wird. Der Unterschied mag unbedeutend erscheinen, aber er hat zur Folge, daß Fichte nie zur inneren Verwandtschaft zwischen Geist und Materie durchgedrungen ist. Das moralische Fundament seiner gesamten Metaphysik liegt gerade in dieser von Schelling überholten Unterscheidung. Dies gilt auch für Fichtes Spätphilosophie.

erlangt. Deshalb hat Schelling in einer 1806 geschriebenen Streitschrift gegen Fichte behauptet: »Ist also die Philosophie Wissenschaft des Göttlichen als des allein Positiven, so ist sie Wissenschaft des Göttlichen als des allein-Wirklichen in der wirklichen oder Natur-Welt, d.h. sie ist wesentlich Naturphilosophie« (7, 30). Das Leben des Absoluten muß nicht außer oder über der Natur, sondern in der Natur gesucht werden. Dies ist der Grundgedanke der Naturphilosophie Schellings.

Diese Position hat wichtige Folgen für das Verhältnis zwischen Mensch und Natur. Laut Schellings Kritik an Fichte: »Denn was ist am Ende die Essenz seiner ganzen Meinung von der Natur? Es ist die, daß die Natur gebraucht, benuzt werden soll, und daß sie zu nichts weiter da ist, als gebraucht zu werden; sein Princip, wonach er die Natur ansieht, ist das ökonomisch-teleologische Princip« (7, 17). Nach Schelling wird die Natur, die an sich lebendig ist, immer getötet, soweit sie menschlichen Zwecken dient. »Wenn Herr Fichte vor seinen Wagen 6 Pferde spannen läßt, und ›zuführt, als hätte er 24 Beine‹, hat *er* etwa diese 24 Beine durch seinen vernünftigen Vorsatz belebt, hat er nicht vielmehr ihre natürliche Lebendigkeit eingeschränkt? und so er sich einen Tisch oder Stuhl machen läßt, oder eine Feder schneidet, so ist dieß, ob er gleich darauf und damit seine Naturbelebenden Werke schreibt, stets nur eine Tödtung, aber keineswegs eine Belebung« (7, 18). »Was ist dem ächten Naturforscher in innigster Seele widriger als die teleologische Ansicht und Betrachtung der Dinge? In älteren Systemen war es wenigstens die Offenbarung der Güte, Weisheit und Macht des ewigen Wesens, die als Urzweck der Natur zu Grunde gelegt wurde: im Fichteschen System hat sie diesen letzten Rest von Erhabenheit verloren, und ihr ganzes Daseyn läuft auf den Zweck ihrer Bearbeitung und Bewirthschaftung durch den Menschen hinaus ... Die Naturkräfte sind nach derselben [Fichtes Deduktion der Physik] nur da, um menschlichen Zwecken unterworfen zu werden. Diese Unterwerfung wird das einemal ausgedrückt als eine allmähliche Aufhebung und Vernichtung der (also doch wirklichen?) Natur durch den Menschen – das anderemal als eine Belebung der Natur durch das Vernunftleben; als wäre nicht jede Unterwerfung unter menschliche Zwecke eine Tödtung des Lebendigen, oder als könnte belebt werden, was bloße Schranke seyn soll« (7, 110).

Schellings Kritik an Fichte und seine leidenschaftliche Verteidigung einer theoretischen Naturwissenschaft, die darauf verzichtet, in die Natur einzugreifen, und darauf verzichten kann, weil sie etwas in der Natur erkennt, das als das Höchste nichts Höherem untergeordnet werden kann, zeigen den grundsätzlichen Unterschied zwischen seiner Naturphilosophie und den im technischen Denken befangenen Naturwissenschaften. Wir können sehen, wie dieser Unterschied mit Schellings Erkenntnis der

Endlichkeit der Vernunft zusammenhängt, wenn wir zuerst der Entwicklung der Grundidee der Naturphilosophie weiter folgen.

(B) Die Idee der Naturphilosophie

1. Mit den 1797 veröffentlichten »Ideen zu einer Philosophie der Natur«, fängt die eigentliche Naturphilosophie an. Auf diese Schrift hin vereinigte sich Goethe mit Fichte in dem Bemühen, Schelling nach Jena zu berufen.[32a] Daß Schelling erst mit dieser Schrift das Interesse des großen Dichters erweckte, hat einen sachlichen Grund, welchen wir hier klären wollen.

Schelling läßt dem Werk eine großartige Einleitung vorangehen, in deren systematischer Erörterung der Einheit von Natur und Geist die Auseinandersetzung mit der neuzeitlichen Philosophie einen Höhepunkt erreicht. Wegen dieser Einleitung ist aber das Werk selbst, aus dem allein erkannt werden kann, daß der Ansatz der früheren Schriften vollkommen verlassen ist, allzuoft vernachlässigt worden. Im eigentlichen Werk läßt Schelling die spekulativen Untersuchungen beiseite, um empirische Entdeckungen der damaligen Naturwissenschaft auszubreiten. Während er in seinen ersten Schriften das Hauptgewicht auf das Problem des eigenen Selbst gelegt hat, tritt dieses Problem jetzt hinter ein neues Problem – dasjenige der Welt – zurück.

Hier wird auf die Einleitung nur insofern eingegangen, als sie darüber Aufschluß gibt, warum Schelling es nötig fand, nicht bloß die Möglichkeit eines eigenständigen, positiven Wirkens der Natur philosophisch zu ergründen, sondern noch darüber hinaus diesem Wirken bis in die Gliederung der besonderen Naturerscheinungen zu folgen. Es ist klar, daß eine empirische Untersuchung dem Philosophen nur dann nötig ist, wenn sie wesentliche Dimensionen aufdecken kann, die sich von sich aus dem Versuch einer allgemeinen Deduktion entziehen. Diese Möglichkeit findet man in den »Philosophischen Briefen« unter der Rubrik einer »unermeßlichen« Natur. In dieser Schrift war Schellings Einsicht noch mit der Aufforderung verbunden, daß der Mensch »Herr der Natur« werden müsse (1, 337). Für uns ist die Meinung ausschlaggebend, daß diese Aufforderung, wegen der ursprünglichen Nicht-Aufhebbarkeit der Natur, nie erfüllt werden kann: »Indem er das Objekt sich *vorstellt*, indem er ihm Form und Bestand gibt, beherrscht er es ... Aber sowie er diese Schranken aufhebt, sowie das Objekt nicht mehr *vorstellbar* ist, d.h. sowie er selbst über die Grenzen der Vorstellung ausgeschweift ist, sieht er sich verloren. Die Schrecken der objektiven Welt überfallen ihn« (1, 337). Wenn die Beschränktheit der Natur – ihre Bestimmung durch die Vor-

[32a] Nach K. Fischer, Geschichte der neueren Philosophie, Bd. 7: Schellings Leben, Lehre und Werke, Heidelberg 1923.

stellung des Menschen zum »Objekt« – aufgesprengt wird, dann zeigt die Natur unerwartete (sogar »schreckliche«) Momente, die sich nicht a priori vom blossen Begriff eines endlich werdenden Unendlichen ableiten lassen. Diese Momente können nur durch den Blick in die sich-eröffnende Natur *angeschaut* werden. Das Absolute verschwindet in sein einheitliches Wesen und läßt eben dadurch Raum für die unfaßbare Mannigfaltigkeit der Welterscheinungen entstehen. Hierin liegt der allgemeine Sinn von Schellings *Zuwendung zur Empirie*.[33]

Durch das Endlich-Werden des unendlichen Geistes entzieht sich die Dimension, aus der die Natur abgeleitet werden könnte. Nur wegen dieser Dunkelheit zeigt sich uns die Natur als *Natur* (unvordenklich vorhanden). Insofern dies der Fall ist, darf es nicht überraschen, daß Schelling in der Einleitung zu den »Ideen« die Philosophie selber radikal in Frage stellt. »Wer in Erforschung der Natur und im bloßen Genuß ihres Reichtums begriffen ist, der fragt nicht, ob eine Natur und eine Erfahrung möglich sey. Genug, sie ist für ihn da ... Wie eine Welt außer uns, wie eine Natur und mit ihr Erfahrung möglich sey, diese Frage verdanken wir der *Philosophie*, oder vielmehr mit dieser Frage entstand Philosophie. Vorher hatten die Menschen im (philosophischen) Naturstande gelebt. Damals war der Mensch noch einig mit sich selbst und der ihn umgebenden Welt. In dunkeln Rückerinnerungen schwebt dieser Zustand auch dem verirrtesten Denker noch vor« (2, 12).

Die Entstehung der Philosophie wird hier mit der Entstehung einer ganzen Epoche der Geschichte gleichgesetzt. Es ist das reflexive Denken, durch das der Mensch die Natur und endlich sich selbst zum *Objekt* gemacht (2, 13) und dabei seine ursprüngliche Einheit mit der Natur verloren hat. Von diesem Gedanken her wird es offenbar, wie das Verhältnis zur Natur den wesentlichen Horizont der Geschichte bildet, wobei wir Geschichte nicht bloß im Sinne einer Reihe menschlicher Handlungen verstehen, sondern im tieferen Sinn der Frage, woher wir Menschen kommen. Die uns von der Natur trennende Reflexion kennzeichnet Schelling als »eine Geisteskrankheit des Menschen« (2, 13), aus der das »Bedürfnis zu Philosophieren« (2, 14) entstehe.[34] Die Aufgabe der Philosophie besteht nach Schelling darin, die aus der Reflexion entstandene Trennung zu überwinden, so daß die Philosophie selbst mitsamt dem Be-

---

33 Wolfgang Wieland weist darauf hin, daß Schellings Kritik des reflexiven Denkens den Weg zur Empirie eröffnet hat. Vgl. »Die Anfänge der Philosophie Schellings und die Frage nach der Natur« in: M. Frank und G. Kurz, Materialien zu Schellings philosophischen Anfängen, Frankfurt 1975, S. 261.

34 Das »Bedürfnis zu Philosophieren« als »Naturanlage« des Menschen ist die einzige Form in der Kant die noch nicht zur Wissenschaft fortgeschrittene Metaphysik anerkannt hat (KrV B 21f.). Das Thema spielt auch eine wichtige Rolle in Hegels Differenzschrift von 1801.

dürfnis nach ihr »auf immer aus dem Gedächtnis des Menschen verschwindet« (2, 15).[35]

Das Ziel der Vernunft ist die Enthüllung der Einheit aller Dinge, ihr unmittelbares Resultat jedoch eine anscheinend unüberwindliche Trennung, die den Denker zum weiteren Philosophieren antreibt. Wenn aber gerade das Philosophieren die Trennung nur befestigt, wie ist es dann denkbar, daß man auf diesem Weg über sie hinaus gelangen soll? Schellings Antwort fordert von dem reflexiven Denken eine Besinnung auf dessen Ursprung in einer freien Tat: »Freiwillig entläßt die Natur keinen aus ihrer Vormundschaft, und es gibt keine *geborenen* Söhne der Freiheit. Es wäre auch nicht zu begreifen, wie der Mensch je jenen Zustand verlassen hätte, wüßten wir nicht, daß sein Geist, dessen Element *Freiheit* ist, sich selbst frei zu machen strebt, sich den Fesseln der Natur und ihrer Vorsorge entwinden und dem ungewissen Schicksal seiner eigenen Kräfte überlassen mußte, um einst als Sieger und durch eigenes Verdienst in jenen Zustand zurückzukehren, in welchem er, unwissend über sich selbst, die Kindheit seiner Vernunft verlebte« (2, 12f.) Der Mensch verläßt seine natürliche Heimat, um sie erst nach langem Umherirren wieder (oder eigentlich zum ersten Mal) als Heimat zu finden. Dieses Motiv des »verlorenen Sohnes« findet man bei Schelling immer wieder. Wichtig ist für uns zunächst, daß es ein Akt der Freiheit war, der, um der vollen Entfaltung dieser Freiheit willen, den Menschen von der Welt trennte. Es kann nur dieselbe Freiheit sein, die ihn jetzt, in ihrer Vollendung, wieder zur lebendigen Welt zurückführen wird. Schellings Naturphilosophie will dadurch eine neue geschichtliche Epoche eröffnen, daß sie diese Rückkehr vorbereitet.

Es gibt, schreibt er, »keine *geborenen* Söhne der Freiheit.« Die Freiheit zeigt sich zunächst nur im Gegensatz zur Natur. Ist aber damit die Möglichkeit einer Eingliederung des Menschen in die Natur nicht schon ausgeschlossen? Wie steht es mit dem Verhältnis von Freiheit und Natur?

Nach Schelling entsteht die Philosophie aus der Trennung des Menschen von der Natur. Dies zeigt die erste Frage der Philosophie: »Wie entstehen Vorstellungen äußerer Dinge in uns?« (2, 15).[36] Die Rätselhaftigkeit der Frage besteht nur dann, wenn die Trennung von Mensch und Natur schon vorausgesetzt ist. Man kann sie nur stellen, wenn die uns umgebende Welt sich nicht als die eigentliche Welt, sondern als

[35] Man könnte meinen, daß dies für einen Philosophen eine widersinnige Behauptung sei. In dieser Hinsicht ist Platons Äußerung aufschlußreich, daß »keiner der Götter philosophiert« (Symp. 204a1) – besonders in Verbindung mit seiner weiteren Behauptung, daß das Philosophieren eine Angleichung an das Göttliche sei (Theätet 176b1).

[36] Schelling irrt, wenn er diese Frage – die durchaus neuzeitlich ist – in den Mund des ersten Philosophen legt; er hat dabei nur insofern recht, als die Frage nur aufgrund der anfänglichen Frage nach dem Sein des Seienden – und gewißermaßen als deren letzte Entfaltung – gestellt werden konnte.

eine menschliche Vorstellung dieser Welt zeigt. Die Frage zu stellen – und eben dadurch die menschliche Freiheit der Welt gegenüber zu erweisen – , ist nur möglich, wo sich der unmittelbare Weltcharakter der Welt schon entzogen hat. Wie ist dies aber geschehen? Sicherlich nicht durch die philosophische Fragestellung allein, denn diese setzt voraus, daß der Weltcharakter schon verdunkelt ist. Inwiefern könnte man sagen, daß die Freiheit des Menschen in einem Akt der Welt oder Natur, nämlich in deren Entzug, gründet? Die Trennung zwischen Mensch und Natur wäre dann eine Trennung innerhalb der Natur selbst, durch die sie sich in ihrer Fragwürdigkeit erschließt. Ist vielleicht gerade diese Einsicht, daß die menschliche Freiheit nichts anderes als eine Bewegung – und Eröffnung – der Natur selbst sei, die Bedingung dafür, daß der Mensch den Weg zur Einheit wieder finden kann? Mit solchen Fragen betreten wir ein schwieriges Gelände, das erst durch den Zusammenhang der ganzen Arbeit ausreichend aufgeklärt werden kann. Deshalb lassen wir das Problem auf sich beruhen, um zum Argument aus der Einleitung zu den »Ideen« zurückzukehren.

2. Schelling geht von der Trennung von Mensch und Natur aus. Der Mensch trennt sich von der Natur in dem Moment, in dem sich die Frage nach ihrem Ursprung stellt. Diese Trennung wird dann durch die weitere Frage nach der Vermittlung der menschlichen Vorstellung der Natur mit der Natur an sich nur befestigt. Das erkennt man daran, daß jeder Versuch der Vermittlung, etwa indem man die subjektiven Vorstellungen als Wirkungen der Dinge auf die Sinnesorgane versteht, die trennende Kluft nur desto deutlicher sichtbar werden läßt: »Gesetzt aber wir räumen euch die Einwirkung von außen ein, was haben denn Farben, Gerüche u.s.w. oder die Ursachen dieser Empfindungen außer euch mit eurem Geist gemein? Ihr untersucht wohl sehr scharfsinnig, wie das Licht, von den Körpern zurückgestrahlt, auf eure Sehnerven wirkt, auch wohl, wie das verkehrte Bild auf der Netzhaut in eurer Seele doch nicht verkehrt, sondern gerade erscheint. Aber was ist denn dasjenige in euch, was dieses Bild auf der Netzhaut wieder sieht und untersucht, wie es wohl in die Seele gekommen seyn möge? Offenbar etwas, das insofern vom äußern Eindruck völlig unabhängig ist, und dem doch dieser Eindruck nicht unbekannt ist« (2, 26). Die cartesianische Trennung von Subjekt und Objekt läßt sich also keineswegs durch die Setzung von Mittelgliedern aufheben, (auch wenn man dies mit den subtilsten Erkenntnissen der modernen Gehirnforschung versuchen wollte). Wie es in der »Weltseele« steht: »Diejenigen, welche eine Wechselwirkung zwischen Geist und Körper dadurch begreifbar machen glauben, daß sie zwischen beide feine, ätherische Materien als Medium treten lassen, sind wahrhaftig nicht scharfsinniger, als jener, der glaubte, wenn man nur einen recht

weiten Umweg machte, müßte man endlich zu Land – nach England kommen« (2, 564).

Das Hauptproblem folgt daraus, daß das trennende Bewußtsein selbst frei ist – »was im Mechanismus begriffen ist, kann nicht aus demselben heraustreten und fragen: wie ist dieses Ganze möglich geworden« (2, 17). Wegen dieser Freiheit des Fragenkönnens wird das Bewußtsein nie von einem objektivierenden Denken erfaßt werden können.

In seiner Polemik kritisiert Schelling Locke und vor allem die Kantianer wegen deren Annahme äußerlicher Dinge, die auf das Subjekt von außen her einwirken; im Gegensatz zu ihnen betrachtet er Spinoza und Leibniz als die zwei Denker, die die Einheit von Geist und Materie verstanden haben (2, 20). Spinoza wird aber vorgeworfen, daß er diese Einheit nie durchschaubar machen könne, weil er vom Unendlichen ausgegangen sei, was keine denkbare Vermittlung zum endlichen Ding erlaube (2, 26). (Dieses Argument, das Hegel später gegen Schelling verwendet, stammt also von Schelling selber). Weil Leibniz aber vom endlichen Geist, vom Prinzip der *Individualität* als der ursprünglichen Einheit von Endlichkeit und Unendlichkeit, ausgegangen sei (2, 37), entgehe er diesem Einwand. Deshalb kann Schelling von ihm schreiben: »Die Zeit ist gekommen, da man seine Philosophie wiederherstellen kann« (2, 20). Spinoza gegenüber mußte Leibniz nicht zeigen, wie die Mannigfaltigkeit der Natur aus der Einheit des Absoluten hervorgebracht wurde, denn die Natur selber trägt das Absolute in sich, als Ziel ihres Wollens. Die Natur ist also das Ursprüngliche. Leibniz hat diese Folge nicht klar und konsequent genug gezogen, aber sie liegt bereits in seinem Gedanken.

Schelling ergreift die Möglichkeit, die Natur als Quelle des Absoluten zu verstehen, und versucht damit, seine Naturphilosophie aufzubauen. Er will die ganze Natur aus dem monadologischen Prinzip des sich selbst organisierenden Geistes deuten. Die Natur wird durch ein Prinzip begriffen, das der Analyse des menschlichen Geistes entsprungen ist. Damit wird das Erkenntnisproblem gelöst. Daß der Mensch überhaupt eine Erfahrung der Welt hat, daß es einen Bezug zwischen ihm und der angeschauten Welt gibt, besagt nichts anderes als die tiefe Verwandtschaft zwischen Mensch und Natur. »Gleiches wird nur vom Gleichen erkannt« (Vgl. 7, 337 und 9, 221). Dagegen wird der menschliche Geist in die kausale Kette einbezogen und zum Objekt gemacht, sobald man, wie im gewöhnlichen Empirismus, den Bezug zwischen Mensch und Welt mechanisch zu erklären versucht.

Der gewöhnliche Empirismus schließt in sich eine Verleugnung der menschlichen Freiheit und zugleich eine grundsätzliche Verfälschung der Natur ein. Diese Verfälschung kann man darin sehen, daß eine Einwirkung des Dinges auf das Subjekt nur möglich wäre, wenn das Ding (oder etwa ein von ihm reflektierter Lichtstrahl) erst in *Bewegung* wäre, was eine *Kraft* voraussetzt. Der Begriff der Kraft ist jedoch, obgleich vom mechanischen Denken überall gebraucht, diesem Denken unbegreifbar. Wenn alle Bewegung durch den mechanischen Stoß einwirkender Dinge erklärt werden soll (was das Prinzip der Trägheit letztlich fordert), dann ist immer die Dimension einer *ursprünglichen* Bewegung außer Betracht gelassen. Die mechanische Vorstellung nimmt daher ihre Zuflucht in Begriffen wie denen der Kräfte, die aber gerade für die Mechanik unzugänglich sind. Ein Ding bewegt sich. Es wird von einer Kraft – z.B. der Schwerkraft – bewegt. Wie bewegt sich aber diese Kraft? Ist sie etwa durch die Bewegung von unzählbaren Atomen (wie le Sage behauptete) zu verstehen? – u.s.w. Daher ist die mechanische Vorstellung der Kraft als eines physischen Erklärungsgrundes (im Sinne z.B. einer »schwermachenden Materie«) nach Schelling eine »dunkle Qualität« (2, 24). Ein Ziel seiner Naturphilosophie ist die Beseitigung aller solcher Fiktionen – sei es die der mechanisch vorgestellten Schwerkraft, die des Phlogistons, oder die des Wärmestoffs.[37]

Insbesondere zielt Schellings Untersuchung gerade auf diejenigen Naturphänomene hin, die dem Trägheitsprinzip (das durch einen gewaltsamen methodologischen Vorgriff die Möglichkeit einer *sich-bewegenden* Materie ausschließt) zu widersprechen scheinen: auf den Magnetismus, die Elektrizität und die chemische Wechselwirkung. Dabei handelt es sich um Bewegung ohne Stoß und um Wechselwirkung unabhängig von den Gesetzen der Schwere (2, 27). Nach Schelling könnten solche Phänomene nur ausreichend aufgehellt werden, wenn die wahrnehmbaren Qualitäten der Dinge – für die mechanische Wissenschaft von vornherein unverständlich – in die philosophische Besinnung aufgenommen würden (2, 28f.). Dies war sicherlich der Punkt, der Goethes Interesse erweckte.

Einer Schwierigkeit müssen wir begegnen. Wenn wir von Schellings Zuwendung zur Empirie sprechen, setzten wir zumindest den Begriff *der Erfahrung* voraus – und zwar als etwas, das wir erleiden. Schelling aber – im Anschluß an Leibniz – versteht das menschliche Wesen unter der Kategorie des Für-sich-Seins, was die Wechselwirkung mit einem Äußeren ausschließt: »von mir können nur Wirkungen *ausgehen*, es kann kein *Leiden* in mir seyn« (2, 17). Wie läßt sich aber Erfahrung mit der Fensterlosigkeit der Monaden zusammendenken? Schellings Antwort beginnt dabei, daß er die

---

[37] Schellings Stellungnahme gegen die Zuflucht zu solchen »dunklen Qualitäten« scheint seinem allgemeinen Sprachgebrauch zu widersprechen. Er spricht dennoch von Phlogiston, Wärmestoff, usw. nur, um Prozesse zu bezeichnen, denen keine stoffliche Unterlage zugrundeliegt. Er merkt, daß ein konsequenter Empirismus zur Auflösung des Materiebegriffs führen muß, wie bei der späteren Energetik (Ernst Mach, usw.). So sagt er z.B. vom Phlogiston, daß es »absolut und an sich gedacht, nichts ist« (2,405). Ein *dynamisches* System, das dies begreift, hat also ein Recht auf solche Begriffe.

Fensterlosigkeit nicht auf den Menschen beschränkt: »Jedes organische Produkt besteht *für sich selbst*, sein Daseyn ist von Keinem anderen Daseyn abhängig« (2, 40). Die ganze Natur lasse sich als Organisation fassen (2, 54).

Die Zweckmäßigkeit der organischen Produkte und der Natur im allgemeinen wird nicht von außen (etwa von einem Schöpfer als »Baumeister der Dinge«) in sie hineingelegt, sondern sie gehören den Dingen schon als solchen an (2, 44f.). Kants »Kritik der Urteilskraft« ist hier Schellings entscheidende Quelle.[38] Unorganische Dinge können ihre Form von außen her empfangen (so wird z.B. aus einem Haufen Backsteine erst durch die Arbeit des Menschen ein Haus). Ein organisches Geschöpf dagegen gestaltet seine Form aus sich selbst, ohne Zutun eines äußeren Prinzips (2, 43) – ohne daß eine vorgegebene Form gewaltsam auf die Materie gestülpt wird. Dies zeigt sich darin, daß jeder Teil eines organischen Produkts die Form des Ganzen wiederspiegelt – aber jeweils auf eine völlig eigene Weise (keine zwei Blätter eines Baumes sind gleich, während jeder Backstein des Hauses dem anderen gleicht). Dies führt auf den Gedanken einer sich selbst organisierenden Materie, die uns aber als solche erst dann verständlich wird, wenn wir nicht »über sie bloß reflektierend denken« (2, 47). Weil das reflektierende Denken immer Form von Materie trennen muß, um das denken zu können, was es denkt, fordert die sachgemäße Betrachtung einer sich Form gebenden Materie den Verzicht auf solches Denken.

Eine *Erfahrung* der Welt läßt sich nicht aus der Übertragung einer Form auf einen von ihr unterscheidbaren Stoff erklären – sei diese Übertragung theologisch als Schöpfung aus dem göttlichen Verstand oder transzendental-philosophisch als spontane Handlung des subjektiven Geistes gedacht. Statt dessen müssen Materie und Form – genau wie der noch ursprünglichere Gegensatz von Daßsein und Wassein – aus ihrem gemeinsamen Ursprung in einem sich selbst begründenden Geist begriffen werden, wodurch der Natur selbst die Struktur der göttlichen (oder der transzendental-philosophisch verstandenen subjektiven) Unbedingtheit beigelegt wird. Eine lebendige Organisation trägt ihren Bestand in sich selbst; sie ist keine bloße Erscheinung für den organisierenden Verstand. Dies zu verstehen setzt voraus, daß man die Identität mit der Natur entweder nie verloren oder noch einmal sich zu eigen gemacht hat: »sobald ich aber mich und mit mir alles Ideale von der Natur trenne, bleibt mir nichts übrig als ein todtes Objekt und ich höre auf, zu begreifen, wie eine *Leben außer mir* möglich sey« (2, 47f.). Nur aus dem Standpunkt des handelnden In-der-Welt-Seins läßt sich die Lebendigkeit der Natur erblicken.

---

[38] Bekannt ist Schellings Behauptung in seinem »Vom Ich als Princip der Philosophie« (1795): »Vielleicht ... sind nie auf so wenigen Blättern so viele tiefe Gedanken zusammengedrängt worden, als in der Kritik der teleologischen Urteilskraft 76 geschehen ist« (1,242).

Es geht also um eine Wahrheit, die uns nur zugänglich ist, wenn wir handeln, und nicht, wenn wir über die Natur reflektieren. Man kann sich deshalb nie einen Begriff – ein wissenschaftliches Modell etwa – von einem sich organisierenden Produkt machen, das ganz unabhängig vom betrachtenden Subjekt steht. Die einzige Frage, die sich dabei stellt, ist die, wie eine Vorstellung von einem solchen Produkt (einem Leben außer uns) *in uns* entstehen kann, eine Frage, welche nur aus der unmittelbaren Erfahrung des Lebens als eines sich gestaltenden Prozesses beantwortet werden kann. Diese Beschränkung hat zufolge, daß überhaupt *keine* empirische oder mechanische Erklärung einer lebendigen Organisation zugelassen werden kann: »Denn wir könnten uns gar wohl eine Zusammensetzung von Fibern, Nerven, u.s.w. denken, in welcher ... durch Reize von außen freie Bewegungen hervorgebracht würden, ohne daß wir doch diesem zusammengesetzten Ding ein *Leben* zuschreiben könnten« (2, 48). Das Leben ist nur aus dem höheren Prinzip des Geistes begreifbar, ein Geist, der, wie Schelling im Anschluß an Leibniz sagt, nie *entstanden* sein könnte (2, 39). Indem dem Geist eine vor-empirische Existenz zugeschrieben wird, können Begriffe von Ursache und Wirkung nie auf ihn angewandt werden. Der Geist ist also in einem wesentlichen Sinne *älter* als irgend ein Seiendes, aus dem man seine Existenz zu erklären versuchen könnte. Insofern ist der Geist – und mit ihm das Prinzip jeder lebendigen Organisation – schlechthin unerklärbar, und nur aus der unmittelbaren Erfahrung des eigenen Lebens zu verstehen.

Wenn man dieses Resultat *theoretisch* aufgreifen möchte, dann scheint die Möglichkeit eines Lebens außer dem jeweiligen Subjekt ausgeschlossen zu sein: »Gesetzt also es komme in meiner Anschauung vor ein organisiertes Wesen, das sich frei bewegt, so weiß ich gar wohl, daß dieses Wesen *existiert*, daß es *für mich* da ist, nicht aber auch, daß es *für sich* da ist ... die Philosophie selbst, die alles außer mir belebt [gemeint ist damit Schellings eigene Philosophie], läßt doch die Vorstellung dieses Lebens außer mir nicht von *außen* in mich kommen. Wenn aber diese Vorstellung nur *in mir* entsteht, wie kann ich überzeugt werden, daß ihr etwas außer mir entspreche?« (2, 52). Die Philosophie vermag nicht mehr als die *Idee* der Natur als eines sich organisierenden Ganzen zu denken. Die Natur selbst bleibt ihr unzugänglich. Schellings eigene Reflexion endet also in der Isolierung des reflektierenden Philosophen von der Welt. Weil es keine Möglichkeit gibt, die reale Existenz eines Lebewesens außer ihm theoretisch zu begreifen, findet sich der Philosoph im Solipsismus seiner eigenen Reflexion gefangen. Der einzige Ausweg liegt jenseits des Philosophierens: »Auch ist offenbar, daß ich von einem Leben und Selbstsein außer mir nur *praktisch* überzeugt werde. Ich muß praktisch *genöthigt* seyn, Wesen, die mir gleich seyen, außer mir anzuerkennen« (2, 52).

Schelling verwirft die mechanischen Voraussetzungen des gewöhlichen Empirismus, weil es aus ihnen unmöglich ist, *Leben* zu denken, und weil sie die Trennung von Subjekt und Welt unüberwindlich machen. Er selbst denkt die Einheit, indem er die Welt in die Struktur des Für-sich-Seins einbezieht, aber eben dabei verliert er die Möglichkeit, die Unabhängigkeit der Welt dem Subjekt gegenüber theoretisch zu fassen. Die Eigenständigkeit der Welt wird nur durch die Praxis belegt.

Hier wird der Unterschied zu den »Philosophischen Briefen« erkennbar. Auch dort wurde behauptet, daß die Durchführung der Sache der Philosophie auf einen praktischen Vollzug außerhalb ihrer verweist. Schelling hat aber dort das Ziel der Philosophie als die Einholung der ganzen Wirklichkeit in die Selbstbestimmung des Subjekts gedacht. Jetzt versteht er dagegen das Ziel, gerade umgekehrt, als die Befreiung des Menschen aus dem Gefängnis der Subjektivität in die aktive Beziehung mit der Welt.

Der Mensch kann sein eigenes Menschsein nur in der Auseinandersetzung mit einer wirklichen Welt entfalten (2, 217f.). Dieser praktische Horizont ergibt dann die Möglichkeit eines neuen Empirismus, der, im Unterschied zum gewöhnlichen, nicht die träge Materie, deren Gestaltung nur von außen erklärt werden kann, als die ursprüngliche Dimension des Seienden setzt, sondern die Materie als das stets vergehende und wieder hervorgebrachte Produkt immanenter geistiger Tätigkeit versteht. Der Mensch steht also in einem gewissen Sinne auf gleichem Fuß mit jedem Wesen; er ist einer von vielen Zweigen des riesigen Organismus der sich bildenden Natur.

Schellings versteht die Unmöglichkeit jeglicher Erfahrung ohne eine innere Entsprechung von Mensch und Welt. Diese Entsprechung besagt, daß auch der äußeren Welt die positive, zweckmäßige Struktur des Für-sich-Seins zugeteilt werden muß. Diese Position muß im strengsten Gegensatz zu derjenigen gesehen werden, die Kant in seiner ersten Kritik aufstellte, und die von Fichte und, in seinen Jugendschriften, von Schelling selber entwickelt wurde: daß die Form der Welt sich aus der Einheit des betrachtenden Subjekts herleite. Statt dessen ist Schelling jetzt zu dem Standpunkt gekommen, von dem aus die Welt durch die jeweils verschiedenen Formen betrachtet werden kann, die diese Welt selbst – durch die immanente Bewegung ihres Sich-Präsentierens – in uns entstehen läßt.

Hieraus ist eine Ausdehnung des Begriffs der Erfahrung möglich, die es uns erlaubt, von Schellings Wendung zur Empirie zu sprechen.[39] In dem Sinne, daß die Erfahrung nicht von dem Anstoß äußerer Wirkungen abhängt, ist sie überhaupt kein

[39] Dies entspricht auch dem Selbst-Verständnis Schellings. In einem seiner Einleitung zu den »Ideen« nachfolgenden Wort schreibt er: »diese Schrift beginnt nicht *von oben* (mit Aufstellung der Prinzipien), sondern *von unten* (mit Erfahrungen und Prüfung der bisherigen Systeme)«. (2,56)

Leiden. Eine Erfahrung bildet sich demgemäß stets aus dem Inneren heraus; sie ist aber nur eine Erfahrung, indem der erfahrende Geist seine eigene Substanz in der ihn umgebenden Welt wahrnimmt und auf diese Verwandtschaft dadurch antwortet, daß er sich ihr einfügen läßt, als dem, was mit ihm zusammengehört. Dies entsteht nicht aus einer leeren Identität von Mensch und Welt, sondern aus der Einsicht, daß das, was sich als das schlechthin Andere der Subjektivität zeigt, ihr in der Weise entspricht, daß sie es einmal war, und zwar in einer längst vergessenen Vergangenheit. Dieses polare Verhältnis der Einheit in der Differenz spricht Schelling am Ende der Einleitung zu den »Ideen zu einer Philosophie der Natur« mit einem von Herder entliehenen Wort aus: »Die Natur soll der sichtbare Geist, der Geist die unsichtbare Natur sein« (2, 56).

3. In seiner Einleitung zu den »Ideen« versucht Schelling durch eine Zuspitzung der philosophischen Reflexion, die Grenze eben dieser Reflexion augenscheinlich zu machen. Diese Grenze kann allein durch eine praktische Zuwendung zur Natur als einem eigenständigen Gesprächspartner überschritten werden, was nur dann möglich ist, wenn die eigene Subjektivität der Natur als leitende Idee eines neuen, »handelnden« Denkens anerkannt wird. Dabei stellt sich aber die Frage, was Schelling dazu berechtigt, von der Subjektivität der Natur im allgemeinen zu sprechen.

Eine Antwort haben wir indessen schon gehört. Die Berechtigung ist praktischer, nicht theoretischer Natur: In meinem Umgang mit der Natur im allgemeinen werde ich, wie im praktischen Umgang mit anderen Menschen, dazu genötigt, ihre eigene Subjektivität anzuerkennen, auch wenn ich sie nie unmittelbar erfahren kann. Diese Antwort genügt aber offensichtlich nicht. Ich verstehe, indem ich mich auf ein Gespräch mit ihm einlasse, wie ein anderer Mensch mich von seiner Subjektivität überzeugen kann; wie soll aber eine solche Beziehung zwischen mir und der nicht menschlichen Natur hergestellt werden? Schellings Antwort würde jeden Schein der Wissenschaftlichkeit verlieren, wenn man sie einfach so deuten würde: »indem ich micht mit ihr unterhalte.« Was rechtfertigt also die scheinbare Übertragung von menschlichen Kategorien auf die Natur? Ist sie nicht das Zeichen eines dramatischen Rückfalls in den Anthropomorphismus? Oder ist sie vielleicht doch keine Übertragung? Nach unserer Interpretation zielt der ganze Versuch Schellings auf die Überwindung jeder Übertragung von menschlich gestellten Formen auf die Natur. Nach seiner Behauptung bedeutet die Gegenposition – das naturwissenschafliche Ideal der Objektivität – einen noch gewaltigeren Eingriff des Menschen in die die Natur.

Laut Kant z.B. ist die Objektivität der mechanischen Naturwissenschaft nur denkbar, wenn sie in der transzendentalen Form des menschlichen Verstandes gegründet ist. In der »Kritik der Urteilskraft« behauptet er überdies, daß die Kategorien der Zweckmäßigkeit, die notwendig sind, um die Struktur der organischen Natur – und zudem noch die Struktur der Natur im Ganzen – aufzuhellen, auf der eigentümlichen Beschaffenheit unseres Erkenntnisvermögens beruhen, so daß sie keine Auskunft über die Zusammensetzung der Natur an sich liefern. Unter der Kategorie der Zweckmäßigkeit der Natur begegnet uns wiederum eine aus der menschlichen Subjektivität geschöpfte Form, aber eine, die sich als solche erkennt. Deshalb soll es nicht überraschen, daß Schelling sich an die kantische Beschränkung hält, d.h., daß er die Zweckmäßigkeit als eine Maxime der reflektierenden Vernunft versteht, die nicht in ein konstitutives Gesetz verwandelt werden kann (2, 54). Diese Zürückhaltung ist entscheidend. Nach Kant sind die Kategorien des Verstandes konstitutiv für jede objektive Erkenntnis, während der Kategorie der Zweckmäßigkeit eine bloß regulaitve Funktion beigemessen wird: Sie bleibt immer das, was sie von ihrem Ursprung her ist, Sache der Einbildungskraft. Schelling sieht aber im Ideal der objektiven Erkenntnis, gerade indem sie auf einem konstitutiven Gesetz beruht, eine grundsätzliche *Verfälschung* der Natur und läßt deshalb nur die Position der dritten Kritik, die die Natur auf keine bestimmte Vorstellung festlegt, weiter gelten. Aus seiner Sicht ist es die Subjektivität der Natur selber, die jede konstitutive Übertragung von einer in der Subjektivität des Menschen ruhenden Form auf sie untersagt. Wieso kann er aber überhaupt von dieser Subjektivität sprechen?

Schelling antwortet, daß sie, insofern sie mit der Zweckmäßigkeit zusammenhängt, eine »notwendige« Idee ist, die mit der Notwendigkeit gleichgesetzt werden kann, die Natur als *Ein Ganzes* zu denken (2, 54). Verstanden wird das, was von dem einheitsstiftenden Vermögen der Einbildungskraft zu einem Ganzen zusammengefügt wird. Dieser einfache Sachverhalt, in seiner vollen Tiefe gedacht, treibt uns auf das Bild der Ganzheit aller Dinge (so die Entstehung des Systembegriffs des deutschen Idealismus) zu. Wie diese Ganzheit konkret mit der Subjektivität zusammenhängt, ist Sache des folgenden Kapitels. Jetzt stellen wir nur fest, daß das »Gespräch« mit der Natur von der Einbildungskraft geleitet wird, die einerseits die im Menschlichen Wesen vorhandene Einheit von Anschauung und Begriff, Form und Gegenstand, unmittelbar erweist, und die sich andererseits, durch Berücksichtigung ihrer Beschränkung auf eine rein *regulative* Funktion, davon zurückhält, eine fixierte Vorstellung der Gesamtnatur hervorzubringen, wie sie von einem vorausgesetzten archimedischen Punkt, rein an sich, unabhängig vom betrachtenden Subjekt erdacht werden möge (wenn ein solches »objektives« Denken überhaupt möglich wäre). Die Natur wird als etwas geachtet, das von den Formen des menschlichen Verstandes nie erfaßt werden kann, eben weil sie selber die Quelle aller Formen, auch denen des menschlichen Verstandes, ist, woraus der Gedanke einer Entsprechung zwischen dem menschlichen Geist und der Natur seine Berechtigung empfängt.

In seinen späteren Schriften stellt Schelling seine Wende zur Naturphilosophie meistens durch Abhebung von Fichte dar. Eine klassische Stelle findet sich in der Freiheitsschrift, wo er schreibt: »daß es in dem zum System gebildeten Idealismus keineswegs hinreicht, zu behaupten, ›daß Thätigkeit, Leben und Freiheit allein das wahrhaft Wirkliche seyen‹, womit auch der subjektiv (sich mißverstehende Idealismus Fichtes bestehen kann); es wird vielmehr gefordert, auch umgekehrt zu zeigen, daß alles Wirkliche (die Natur, die Welt der Dinge) Thätigkeit, Leben und Freiheit zum Grunde habe, oder im Fichteschen Ausdruck, daß nicht allein die Ichheit alles, sondern auch umgekehrt alles Ichheit sey« (7, 351). Diese Umkehrung kann nicht verstanden werden, wenn man sie bloß als ein Moment in der Entfaltung des Idealismus betrachtet. Wenn Hegel später die Natur unter der Kategorie der Äußerlichkeit des sich entfremdeten Geistes begreift, kehrt er zur Objektivitätsbestimmung von Kant (der ersten Kritik) und Fichte zurück. Bei Schelling geht es um etwas anderes. Der Durchbruch über die philosophische Reflexion hinaus zur Anerkennung der Eigenständigkeit der Natur im lebendigen Gespräch mit ihr, bedeutet einen ersten Versuch, aus dem Provinzialismus der philosophischen Tradition (aus ihrer Beschränkung aut ihre eigenen überlieferten Problemen) hinauszugelangen, um dadurch der geheimnisvollen Dimension, die diese ganze Tradition trägt und gestaltet, näher zu kommen. Diese Intention wird dann später durch die Anerkennung des eigenständigen Wahrheitsgehalts der Kunst und der Mythologie noch verstärkt. Die Naturphilosophie gilt also in dieser Hinsicht als Schellings erster Schritt zu einer *positiven* Philosophie – zur Erkenntnis des merkwürdigen Angewiesenseins der Philosophie auf eine nicht-philosophische Quelle – die selber aber wiederum nur aus der eigentümlichen Fähigkeit der Philosophie, sich selbst in Frage zu stellen, begreifbar ist.

2. Kapitel

Schellings Naturphilosophie und die moderne Naturwissenschaft

Die Naturphilosophie will die Unzulänglichkeit der neuzeitlichen Kategorie der »Objektivität« für ein angemessenes Verständnis der Natur erweisen. Sie versucht den Ort freizulegen, von dem aus die Natur als ein sich-organisierendes Ganzes erfahrbar wird. Der Mensch soll der Natur nicht als einem mechanisch zusammengesetzten Objekt gegenübertreten, sondern sein Denken soll ihm eine Welt eröffnen, die auch für sich selbst da ist, die sich organisch entwickelt und nur als ein *Leben* zu verstehen ist. Die Versuchung liegt nahe, diese Wende als mystisch zu bezeichnen und sie damit zu verwerfen: Schelling wird demgemäß in eine Geschichte des Irrationalismus eingeordnet, etwa zusammen mit Paracelsus, Boehme und Oetinger. Oder seine Naturphilosophie wird als Ausdruck eines poetischen Geistes gelobt und auf eine Ebene mit Herder, Goethe und Novalis gestellt, ohne aber in ihrem Anspruch auf philosophisch Konsequenz ganz ernst genommen zu werden. Wenn wir jedoch der Naturphilosophie gerecht werden wollen, dürfen wir Schellings *wissenschaftliches* Selbstverständnis nicht übersehen. Auch der Versuch, aus dem Ort des frei handelnden Subjekts heraus zu philosophieren, ist kein Verzicht auf Wissen; er ist vielmehr ein Schritt, der wegen der Weltbezogenheit des konkreten Wissens geradezu gefordert wird. Schelling ist also davon überzeugt, daß die Betrachtung der Natur als eines Lebens die angemessene Betrachtung ist, daß die Natur ein Leben *ist*. Die mechanische Denkweise kann dagegen, trotz allen technischen Erfolgs, die Natur nicht in ihrer Wahrheit fassen. Die Brauchbarkeit einer Uhr rechtfertigt offensichtlich nicht die Vorstellung des Universums als eines Uhrwerks. Es gelingt der Mechanik nicht, in das Innere der Natur einzudringen, sondern sie verfälscht von vornherein die Natur und verliert – trotz ihrer mathematischen Strenge – das Recht, Anspruch auf wahres Wissen zu erheben.

Wir wollen kein Urteil in diesem Streit fällen, ohne zuerst das Verhältnis zwischen der Naturphilosophie und der neuzeitlichen Naturwissenschaft zu beachten. Dabei soll berücksichtigt werden, daß sich die Naturwissenschaft in der Zeit nach Schelling deutlich gewandelt hat. Sie ist nicht mehr die Wissenschaft, die er kritisierte. Ihre Wandlung wurde ferner, wie unten gezeigt werden wird, von der Naturphilosophie tief beeinflußt. Das Neue an der Naturwissenschaft zeigt sich an zwei Aspekten: Das betrachtende Subjekt wird als Teil der Welt, die es betrachtet, nicht mehr aus der wissenschaftlichen Untersuchung (vor allem in der modernen Physik) ausgeklammert; und die mechanische Voraussetzung einer ursprünglich gegebenen, undurchdringlichen Materie ist zugunsten der modernen Energetik zurückgetreten. Die Wichtigkeit dieser Wandlung muß anerkannt werden, aber die Voraussetzung der Mathematisierbarkeit der Naturgesetze bedeutet nichtsdestoweniger eine grundsätzliche Kontinuität der modernen Naturwissenschaft in der von Galilei herstammenden Tradition. Mit den Entdeckungen einer nicht-euklidischen Geometrie und der Wahrscheinlichkeitsrechnung hat die Mathematik ihre Anwendung auf neue Gebiete, einschließlich des Gebietes menschlichen Handelns, ausgedehnt. Die Erweiterung der Wissenschaft auf das Gebiet des Lebendigen besagt eine Nähe zur Naturphilosophie Schellings; die Mathematisierung dieses Gebiets jedoch eine große Ferne.

Vorweg ein Wort, das unsere Darstellung der Naturphilosophie betrifft. Dem vorangegangenen Kapitel war zu entnehmen, daß eine Darstellung des Grundgedankens Schellings, die so beschaffen wäre, daß man aus ihr, verfügte man nur über hinreichende Denkkraft, den Umfang des Ganzen schlicht ableiten könne, prinzipiell unmöglich sei. Diese Unmöglichkeit hängt mit der Phänomenbezogenheit besonders der frühen Schriften (vor 1800) zusammen, und hat zur Folge, daß wir, in der hier gebotenen Kürze, nicht mehr als Bruchstücke des Schellingschen Systems der Naturphilosophie aufgreifen können. Dies mag freilich als eine Unzulänglichkeit unserer Darstellung erscheinen, ist aber in der Sache selbst begründet. Wir erinnern dabei an die oft erhobene Kritik an Schelling, daß er nie die endgültige Form seines Systems gefunden habe. Schelling selber hat in den »Ideen zu einer Philosophie der Natur« diese Kritik vorweggenommen, indem er die Idee einer allgemeingültigen Philosophie ein »ruhmloses Hirngespinnst« nannte (2, 11). Auch wenn er sich danach dem Systemideal zuwandte, ließ er seine Versuche, das vollendete System aufzustellen, z.B. in der »Darstellung meines Systems der Philosophie« von 1801, immer ausdrücklich als Fragmente erscheinen. Gemäß unserer Interpretation von Schellings Philosophie bedeutet das Ausbleiben des endgültigen Systems eher die eigentümliche Stärke als die Schwäche seines Denkens. Das philosophisches Denken soll so offen sein wie das Sein selbst.

Was für Faktoren hier ins Spiel kommen, zeigt ein Blick in den Hauptteil der »Ideen«. Schelling geht vom Verbrennungsprozeß als dem zerstörenden und unauflösenden Prozeß der Natur aus, um die aus ihrem Gleichgewichtszustand gebrachten Kräfte in ihrer *Freiheit* betrachten zu können (2, 74). Kraft der Dualität von Licht und Wärme entreißt das Feuer dem Gleichgewicht die toten Stoffe, und setzt dabei die träge Materie in freie Bewegung (2, 167). Der letzte Zielpunkt dieser Entwicklung ist die Klärung des Lebens als eines Erwachens aus dem Todesschlaf der Natur. In den

»Ideen« überschreitet Schelling aber nicht die Grenzen des Anorganischen. Seine Darstellung gipfelt in der Idee des chemischen Prozesses. Dieser Prozeß ist nach ihm ein »freies Spiel dynamischer Kräfte«, das mechanisch nicht begreifbar ist, weil es durch die *Qualitäten* und nicht die Quantitäten der Materie geregelt ist (2, 257). Die Anwendung der Mathematik auf die Chemie (wie sie erst im 19. Jahrhundert erreicht wurde) ist zwar anzustreben, aber sie wird nie mehr als eine »nützliche wissenschaftliche *Fiktion*« liefern (2, 263), die die Sache selbst verfälscht. Wenn man den Qualitäten der Dinge gerecht werden möchte, muß man der Tätigkeit des Verstandes (dem Entwurf eines auf Quantität bezogenen allgemeinen Schemas) Widerstand leisten, um mit Hilfe der Einbildungskraft gerade die *Abweichung* von der Allgemeinheit, d.h. die Individualität der Dinge, zum Bewußtsein zu bringen (2, 268f.). Nur aus dem freien Spiel der menschlichen Einbildungskraft kann das freie Spiel der Natur verstanden werden.

Schellings Einbeziehung der Chemie in die allgemeine Wissenschaft wirft Licht auf seinen Wissenschaftsbegriff. Nach Kant sollte die Chemie »eher systematische Kunst, als Wissenschaft heißen«,[40] weil sie sich nicht in das System der klassischen Physik einordnen läßt. Obgleich Kant selber sich insofern von der Physik Newtons distanziert, als er sich im Anschluß an Leibniz die Materie als dynamisches Gleichgewicht entgegengesetzter Kräfte vorstellt, ist er noch der Grundforderung der Mathematisierbarkeit verhaftet. Während Schelling das Empfundene einer Qualität aus der Abweichung von der quantitativen Regel heraus versteht, möchte Kant die Qualität auf eine quantitative Grundlage zurückführen: »In allen Erscheinungen hat das Reale, *was ein Gegenstand der Empfindung ist*, intensive Größe, d.i. einen Grad.«[41] Nach dieser Vorstellung müßte der Chemie, da sie nicht über die empirische Beschreibung der Naturphänomene hinausgekommen sei, die Eigenschaft der Wissenschaftlichkeit abgesprochen werden. Um wissenschaftlich zu werden, muß sie lernen, Qualitäten als intensive Größen auszudrücken. Nach Schelling ist aber die Chemie gerade deshalb wichtig, weil sie *nicht-quantifizierbare* Qualitäten behandelt, die als solche das freie Spiel der Einbildungskraft in Gang setzen.

Die Chemie hat sich allerdings im 19. Jahrhundert durch die Endeckung des Atomgewichts die Form der Mathematik angeeignet. Dies ermöglichte eine weitere Annäherung der Physik an die Chemie (in der Kernphysik), eine Annäherung, die zugleich eine Entfernung der Physik von ihrer eigenen mechanischen Grundlage heißt. Sobald mechanische Modelle für die verschiedenen Elemente der Materie aufgestellt

---

40 Aus der Vorrede von Kants »Metaphysischen Anfangsgründe der Naturwissenschaft« (1786) in der von Wilhelm Weischedel herausgegebenen »Werkausgabe«, Bd.IX, Frankfurt 1977.

41 Kant, KrV, B207. Siehe dazu die zweite Hälfte von Heidegger, Die Frage nach den Ding.

wurden, mußte man anerkennen, daß diese Modelle die Stabilität der spezifischen Qualitäten nie erklären können. Das Gebilde eines mechanisch zusammengefaßten Planetensystems würde durch den Zusammenstoß eines anderen Systems wesentlich verändert, während das Gebilde eines spezifischen chemischen Elements sich trotz aller mechanischen Störung durchhält. Diese eigentümliche Stabilität der spezifischen Qualitäten war das zentrale Problem, das um 1900 zur Entwicklung der Quantenhypothese führte.[42] Das Entscheidende an dieser neuen Theorie ist, daß auf die Vorstellbarkeit eines zugrundeliegenden Modells der materiellen Bestandteile verzichtet wird, um dadurch Platz für die Stabilität der Qualitäten zu gewinnen. Um der qualitativen Stabilität gerecht zu werden, hat sich die Physik einer mathematischen Lösung bedient, wobei *Sprünge* zugelassen werden. Sie bleibt aber durch und durch mathematisch.

Hierin findet man den Unterschied zu Schelling. In der modernen Kernphysik wird die Position der klassischen Mechanik verlassen, aber gemäß der Forderung Kants, daß das wissenschaftliche Denken sich innerhalb der Grenzen der *Mathematik* – und d.h. des *a priori* – halten muß. Dies wurde dadurch ermöglicht, daß sich die Mathematik selber – fast ein Jahrhundert *vor* der Physik – gewandelt hatte. Während Schelling noch die Wesensbestimmung der Mathematik darin fand, daß sie jedem Schritt ihrer Konstruktion eine ihm entsprechende objektive Anschauung beigesellen kann (1, 445), vollzog die Mathematik schon zu seinen Lebzeiten den Schritt in die Unanschaulichkeit. Dafür genügt es, an den Namen Gauß zu erinnern. Die mechanische Determiniertheit des ganzen Seinsgeschehens, wie sie von Laplace in der berühmten Fiktion eines allwissenden Dämons vorgestellt wurde, war das Resultat einer Mathematik, die an die Grundformen der menschlichen Anschauung gebunden war – und die ihrerseits die Reflexion auf diese Formen erstarren ließ.

Insofern in der Wahrsheinlichkeitsrechnung der Kernphysik noch *gerechnet* wird, werden Verhältnisse gesetzmäßig auf eine Einheit gebracht. Die dazu notwendige Regel bleibt bestehen, auch wenn die besonderen Fälle, die in ihr gesammelt werden, unbestimmt sind. Die Rechnung nimmt alle Abweichungen von der Regel in die Regel auf: Es geht also nicht um die Abweichung als solche, sondern letzten Endes allein um die Regel.

Dies bedeutet gerade das Umgekehrte von dem, was Schelling in den »Ideen« verlangt, wenn er vom Problem der Bestimmtheit und der Individualität schreibt, »daß ein bestimmter Gegenstand schlechterdings nur insofern vorstellbar ist, als wir (ohne es zu wissen, durch eine wunderbare schnelle Operation der Einbildungskraft) seine

42 Vgl. Werner Heisenberg, Wandlungen in den Grundlagen der Naturwissenschaft, Stuttgart 1973[10], S.116f.

Abweichung von Gemeinbild der Gattung, zu welcher er gehört, zu schätzen in Stande sind« (2, 268f.). »Realität«, sagt er weiter, »wird nur *gefühlt*, ist nur in der *Empfindung* vorhanden. Was aber *empfunden* wird, heißt Qualität. Also bekommt das Objekt erst, indem es von der Allgemeinheit des *Begriffs* abweicht, *Qualität*: es hört auf bloße Quantität zu seyn« (2, 269f.). In der neuen Physik dagegen findet das Empfundene der Qualitäten keinen Platz, was zu dem Unsinn führt, daß mittels ihrer Theorien der Blinde genausogut wie der Sehende von den Farben reden kann (Vgl. 12, 136). Die Anwendung der Mathematik hat sogar die Unmöglichkeit zur Folge, das Gedachte durch ein Bild vorzustellen, z.B. eines mechanischen Gleichnisses, das mindestens für sich genommen anschaubar wäre. Der Weg in die Dynamik führt bei Schelling (wie bei Goethe) in die unmittelbare Anschauung der Qualitäten; in der modernen Physik dagegen führt er in das rein mathematische Denken, für das es gar nichts Anschaubares gibt.

(A) Der allgemeine Organismus. Der Bruch mit der klassischen Physik.

Wir versuchen zuerst, das mechanische Weltbild zu vergegenwärtigen. Dabei darf daran erinnert werden, daß die mechanische Naturwissenschaft ihren Fortschritt als eine allmähliche Überwindung des Aristotelismus versteht. Aristoteles wird vorgeworfen, daß er geheimnisvolle Wesen (Seelen) in die Naturdinge hineinlegte, um daraus die Bewegung der Dinge zu erklären. Die naturwissenschaftliche Betrachtung will dagegen mit einem Verzicht anfangen: Gefragt wird nicht mehr nach dem Wesen der Dinge, sondern nur danach, *wie* die Dinge sich im Verhältnis zueinander entfalten. Die Strenge dieser Wissenschaft besteht im Widerstand gegen das natürliche Interesse für das, was die Welt an und für sich ist. Ihr soll die Erschließung des Mechanismus der Naturvorgänge als einer Kette von Ursachen und Wirkungen genügen. Die Beziehungen zwischen den Reihengliedern eines natürlichen Geschehens werden auf Kosten aller individuellen Aspekte der Anschauung hervorgehoben. Das »Was« des Verknüpften entzieht sich hinter das »Wie« der Verknüpfung, weshalb das Wesentliche der mechanischen Naturwissenschaft in der abstrakten Sprache der Mathematik ausgedrückt werden kann.

Schellings Kritik an der mechanischen Vorstellung geht davon aus, daß es mindestens eine Tatsache gibt, die nicht mechanisch erklärt werden kann – eben die von der wissenschaftlichen Betrachtung ausgeklammerte Subjektivität selbst, die sich uns in der Unmittelbarkeit der eigenen Reflexion zeigt. Gerade indem ich denke, indem ich durch die Frage nach dem Zusammenhang des Ganzen aus diesem Zusammenhang hinaustrete, sehe ich die Grenze des Mechanismus. Nach dem Selbstverständnis der mechanischen Naturwissenschaft reicht die cartesianische Trennung zwischen res cogitans und res extensa aus, um dieses Problem zu beseitigen. Nach Schelling aber bleibt diese Lösung eine Täuschung. Insofern das Denken sich auf die Welt beziehen kann, steht es in einer ursprünglichen, wenn auch entzogenen Einheit mit dem Gedachten, die nie aus der cartesianischen Trennung erklärt werden kann. Gegensätze können nicht ohne eine zugrundeliegende Einheit bestehen. Das Problem der menschlichen Subjektivität ist das Problem der Zwiespältigkeit der Natur selbst. Denn das Hinaustreten des Denkens aus dem Naturzusammenhang hinaus läßt sich nicht als Resultat einer mechanischen Bewegung innerhalb der Natur darstellen. Diese Grenze des Mechanischen wird noch deutlicher, wenn man darüber reflektiert, daß das Denken auf eine Weise die Natur *in sich* hat, indem es sich auf sie besinnt. Mechanische Beziehungen sind dagegen rein äußerlich.

Diese Überlegungen werden von einer anderen Seite bestätigt, nämlich durch die Betrachtung, daß die Mechanik gemäß dem ihr zugrundeliegenden Trägheitsprinzip nur eine *abgeleitete* Bewegung kennt. Die Frage nach dem Ursprung der Bewegung kann nicht durch einen Hinweis auf einen Stoß aus einem anderen Bereich des Seienden beantwortet werden, denn eine solche anstoßende Bewegung würde auch zum Gefragten gehören. Die Frage fordert also den Gedanken einer Bewegung, die aus der Ruhe selbst entspringt, also eine *dynamische* Bewegung. »Denn da das erste Problem dieser Wissenschaft, die *absolute* Ursache der Bewegung (ohne welche die Natur nichts in sich Ganzes und Beschlossenes ist) zu erforschen, mechanisch schlechterdings nicht aufzulösen ist, weil mechanisch ins Unendliche fort Bewegung nur aus Bewegung entspringt, so bleibt für die wirkliche Errichtung einer spekulativen Physik nur ein Weg offen, der dynamische, mit der Voraussetzung, daß Bewegung nicht nur aus Bewegung, sondern selbst aus der Ruhe entspringe, daß also auch in der Ruhe der Natur Bewegung sey, und daß alle mechanische Bewegung die bloße secundäre und abgeleitete der einzig primitiven und ursprünglichen sey, die schon aus den ersten Faktoren der Construktion einer Natur überhaupt (den Grundkräften) hervorquillt« (3, 274f. Vgl. auch 3, 252).

Diese Ansicht Schellings ist offensichtlich mit der metaphysischen Position verbunden, daß die Natur als ein *Ganzes* gedacht werden kann, was wiederum auf der aristotelischen Frage nach dem Sein des Seienden als solches beruht. Es ist jedoch wichtig, den Unterschied zwischen dem Gedanken Schellings und dem der Schulmetaphysik hervorzuheben. Bei Thomas v. Aquin z.B. wird die ruhende Quelle aller Bewegung als eine von der Natur getrennte Substanz gedacht, die die Natur als ihr Produkt aus dem Nichts hervorbringt. Insofern hat er eine wichtige Vorbereitung für das Trägheitsprinzip von Galilei geleistet, auch wenn er selber von der mechanischen Vorstellung weit entfernt ist. Ihm gegenüber führt Schelling die ursprüngliche Bewegung gar nicht auf eine Ursache außerhalb der Natur zurück, sondern er findet in der Bewegung das wahre Wesen der Natur, das keiner Ursache bedarf. Dies bedeutet, daß die Natur gerade dann, wenn sie in ihren tiefsten Ruhestand zurücksinken würde, in eine gewaltige Bewegung ausbrechen müßte. Hier zeigt sich die Natur als die produktive, sich selbst hervorbringende natura naturans – die Natur als Subjekt (3, 284).

Damit sind wir imstande, die beiden Seiten der Kritik an der Mechanik in Eins zu denken: Die Grenze des Mechanismus ist die Subjektivität – sowohl des Menschen als auch der Natur selbst. Die Schwierigkeit ist, daß die Endlichkeit der Natur auf der Seite der menschlichen Subjektivität ihre in sich ruhende Endlichkeit verdeckt, weshalb die Ganzheit und eigene Subjektivität der Natur nie empirisch aufzuzeigen sind, sondern immer als eine aus der Einbildungskraft geschöpfte Idee oder als ein Postulat der philosophischen Spekulation gedacht werden müssen. Wir finden uns also notwendigerweise auf einer metaphysischen Ebene, auch wenn das so entworfene Postulat hinterher eine empirische Bestätigung gewinnen soll (3, 277).

Obwohl die mechanische Betrachtung die Frage nach dem Ganzen nie zulassen kann, ist auch sie – trotz aller Polemik gegen die Metaphysik – genötigt, entweder, wie noch bei Newton, alles auf Gott als das Prinzip der Schöpfung zurück zu führen, oder, wie im gewöhnlichen Positivismus (z.B. bei Bertrand Russell), ein eigenes, nicht reflektiertes Bild vorauszusetzen, nämlich das eines Universums ohne wahre Grenze, wobei das Aufzeigen eines regressus in infinitum seine widerlegende Kraft verliert (demnach *ist* das Universum genau ein solches regressus). Das Ausschalten der metaphysischen Frage bedeutet die blinde Beharrung auf einer eigenen metaphysischen Position. Durch die Mechanik (»weil mechanisch ins Unendliche fort Bewegung nur aus Bewegung entspringt«) wird das antike Bild eines vom ersten Beweger umschlossenen und belebten Kosmos zugunsten der Vorstellung eines unendlich zerstreuten Auseinanderseins aufgegeben, worauf das bekannte Wort Pascals folgen mußte: »Le silence éternel de ces espaces infinis m'effraie.« Schelling kehrt nicht so tief zur unmittelbaren Anschauung zurück, daß er wieder zum antiken Weltbild zu gelangen vermöchte (das vor seiner metaphysischen Ausarbeitung bei Aristoteles kein Bild war, sondern die Besinnung auf die Welt, die sich in der Anschauung unmittelbar zeigt), aber es ist ihm nichtsdestoweniger gelungen, von seiner Stelle innerhalb der neuzeitlichen Metaphysik aus die verborgenen Voraussetzungen der Mechanik so radikal in Frage zu stellen, daß die Endlichkeit der unendlichen Natur sichtbar wird – und dies auf eine Weise, die an zwei Gestalten gerade *vor* dem Beginn der Neuzeit erinnert: an Cusanus und Bruno, deren Bild eines lebendigen Weltalls, in dem jeder Ort gleichermaßen als Zentrum gelten kann, von der nachfolgenden mechanischen Vorstellung einer unendlich zerstreuten Natur verschieden ist. Wie diese Denker sieht Schelling die Natur als endlich und unendlich zugleich, welche coincidentia oppositorum das lebendigste Aufeinanderbezogensein ihrer auseinanderstrebenden Kräfte bedeutet.

Ohne diesem Bezug weiter nachzugehen, kommen wir zum allgemeinen Weltbild der modernen Physik, wo wir als Erstes die Rückkehr zur Vorstellung der Begrenztheit des Universums bemerken. Dies zeigt sich vor allem anhand mathematischer Konstanten wie der einer obersten Geschwindigkeitsgrenze oder der des Energiequantums im atomaren Bereich. Die Anerkennung der Absolutheit der Geschwindigkeitsgrenze führt bei Einstein zur Überwindung der klassischen Galilei-Transformation, die die Geschwindigkeit z.B. eines von einem sich bewegenden System ausgehenden Lichtstrahls der Geschwindigkeit des Systems einfach hinzufügt. Wenn es aber eine oberste Grenze (Lichtgeschwindigkeit) gibt, dann ist entweder die Geschwindigkeit des Lichtstrahls nur noch auf das einzelne System zu beziehen, oder der Versuch, sie auf andere Systeme zu beziehen, führt zu den »Unanschaulichkeiten« der Krümmung des Raumes und des Ineinanderfließens von Masse und Energie. Dabei wird die klassische Annahme eines archimedischen Punkts der objektiven Betrachtung – oder, was auf dasselbe hinausläuft, eines absoluten Koordinatensystems von Raum und Zeit – preisgegeben. Die Natur wird nicht mehr als eine Maschine vorgestellt, die unabhängig vom Ort des betrachtenden Subjekts durch eine objektive Zeit hindurchläuft, sondern sie wird »relativistisch« nur noch von den jeweils verschiedenen Orten aus zugänglich, die selbst Teile ihres Gesamtgefüges sind. Dies bedeutet zugleich, daß die Annahme eines ins »x« ausgedehnten Raum- und Zeitsystems zugunsten der relativistischen Vorstellung eines in sich (oder genauer: um den besonderen Ort des betrachtenden Subjekts) gekrümmten Universums aufgegeben werden muß. Gegenüber der Vorstellung eines unendlichen Universums in der klassischen Physik findet man in der Relativitätstheorie die Vorstellung eines Universums, das zugleich unendlich und endlich ist. Es läßt sich fragen, ob eine philosophische Besinnung auf diese Theorie nicht zur Überwindung des wissenschaftlichen Versuchs, die Welt überhaupt vorzustellen, führen müsse, d.h. ob die Relativitätstheorie nicht in sich den Anfang einer Wandlung über ihre eigene Grundlage hinaus bergen könne. Diese Frage nachzuvollziehen, fordert einen Blick in ein alternatives Seinsverständnis, das in der Auseinandersetzung mit Schellings Naturphilosophie angestrebt wird.

Die zweitgenannte Konstante der modernen Physik – das von Planck entdeckte Energiequantum – stellt eine ähnliche Grenze innerhalb der atomaren Struktur der Natur dar. Die Vorstellung des Atoms als eines kleinen Planetensystems, dessen Bestandteile durch mechanische Gesetzlichkeit aufeinander bezogen sind, wurde durch eine Theorie ersetzt, die kein mechanisches Modell zuläßt, durch die Theorie der *Unstetigkeit* des Energieprozesses. Diese Unstetigkeit besagt, daß der Prozeßcharakter der Natur im Grunde genommen nicht objektivierbar ist, da es unmöglich ist, verschiedene Momente eines atomaren Prozesses in einem kontinuierlichen Geschehen zusammenzufassen. Man spricht zwar von Elementarteilchen, ohne aber je sagen zu können, daß zwei Ereignisse einem bestimmten Teilchen zugeschrieben werden können. Kants Annahme, die Kategorien der Beständigkeit in der Substanz oder der Kausalität als einer stets umkehrbaren Beziehung zwischen zwei aufeinander bezogenen Naturereignissen seien auf jede Dimension der Natur anwendbar, wird in der Quantenphysik aufgegeben, und soll doch, wegen der Setzung von statistischen Regelmäßigkeiten, für unsere Erfahrungswelt weiter gelten. Die Quantenphysik führt also zu einer Trennung der Betrachtung der Natur in ihrer ursprünglichen Produktivität von der der Natur als eines erfahrbaren Produkts, die der Trennung der natura naturata und natura naturans, welche Schelling im Anschluß an Spinoza als das Grundgefüge der Natur bezeichnet, analog ist.[43] Erst an der Grenze unserer Erfahrungswelt zeigt sich, nach der Vorstellung der Quantenphysik, der Riß der Nicht-Seiendheit, der allerdings notwendig ist, damit die wahrnehmbaren Qualitäten unserer Welt in ihrer Vielfalt erklärt werden können.

Wir finden also in der modernen Physik die Auffassung von der Endlichkeit der physikalischen Welt, eine Auffassung, die die Wendung von der Mechanik zur Dynamik darstellt. Diese Endlichkeit bedeutet allerdings nicht, daß das Universum eine Insel des Seins im unendlichen Meer des Nichts sei: Der Kernpunkt der wahren Dynamik liegt darin, daß eben dieses Nichts sich stets ins Sein umschlägt, was soviel bedeutet, daß es eine Unendlichkeit der Welten geben könnte, wobei jede Welt als Welt endlich wäre. Die Grenzen des Weltalls treten nach dieser Überlegung deutlicher hervor. Sie zeigen sich als die Grenzen nicht der Natur an sich, sondern der menschlichen Anschauung, die von einem *bestimmten* System elektromagnetischer Kräfte vermittelt wird. Die intime Beziehung von Mensch und Welt ist eine Hauptentdeckung der modernen Physik und stellt einen klaren Bezug zu Schellings Naturphilosophie dar. Aber bei Schelling ist dieser Bezug ganz anderes verstanden.

[43] Dazu: Wilhelm Szilasi, »Die Beziehungen zwischen Philosophie und Naturwissenschaft«, in: Philosophie und Naturwissenschaft, Bern und München 1961, S. 7-51. Im selben Band siehe auch: »Schellings Beitrag zur Philosophie des Lebens« und »Schellings Anfänge und die Andeutung seines Anliegens.«

(B) Die Welt als Grenze der naturwissenschaftlichen Konstruktion

Die gemeinsame Wirklichkeitskonzeption der Naturphilosophie und der modernen Physik läßt sich mit einem Wort aus dem »Ersten Entwurf eines Systems der Naturphilosophie« (1799) belegen: *»der Begriff des Seyns als eines Ursprünglichen soll aus der Naturphilosophie ... schlechthin eliminirt werden«* (3, 12). Das Sein wird also dynamisch aufgefaßt; es wird als die alles aus sich konstruierende Tätigkeit gedacht, die sich in keine ihrer Produkte verliert, weshalb man von dem Sein selbst nicht sagen darf, daß es ist. Das einzelne Sein kann »nur als eine bestimmte Form oder Einschränkung der ursprünglichen Tätigkeit angesehen werden« (3, 12) – eine Ansicht, die ihr Korrelat in der Feststellung der modernen Kernphysik hat, daß auch die stabilsten Teilchen in ihrem Entstehen aus einem Energie-Feld erfaßt werden müssen, daß es also auch dort »kein ursprüngliches Sein« außer der unbestimmbaren Energie des Sich-Schaffens gibt. So sagt Schelling: »Das *Hauptproblem* der Naturphilosophie ist nicht, das *Thätige* in der Natur ..., sondern das *Ruhende, Permanente* zu erklären« (3, 18). Schelling löst dieses Problem durch die Darstellung der absoluten Tätigkeit der Natur als einer *sich-hemmenden* Tätigkeit, die nur als solche gedacht werden kann, wenn das Wesen der Natur die Aufeinanderbezogenheit von absolut entgegengesetzten Tätigkeiten ist, d.h. wenn die ursprüngliche Struktur des alles aus sich bildenden, aber selber über das Seiende hinausliegenden Prinzips des Seins die Einheit einer nie zu vereinigenden Differenz ist – das Prinzip der Polarität. Das Permanente in der ruhenden Materie zeigt sich demgemäß nicht als ein beständiges Sein, sondern als ein beständiges Reproduciertwerden (3, 29).

Die Naturphilosophie untersucht Spannungen, die zwischen den Naturkräften entstehen. Die Spannungen werden durch Erzeugung des einzelnen Produkts nicht gelöscht; wenn dies der Fall wäre, würden die Produkte »nur erscheinend vorüberschwinden« (3, 19). Um der scheinbaren Beständigkeit der erscheinenden Phänomene willen müssen die Kräfte stets gespannt bleiben. Sie werden nie dadurch vereinigt, daß sie in einem einheitlichen, gemeinsamen Produkt zusammengebracht werden, sondern sie müssen unendlich auseinandergehalten werden und machen deshalb einen unendlichen *Streit* aus, der »nicht in irgend einem einzelnen Produkt, sondern nur in einem Produkt, das immer *wird*, und *nie ist*, und in jedem Moment des Selbstbewußtseins neu erschaffen wird«, enden kann (3, 20).

Die Natur bezeugt einen unaufhörlichen und nie zur Ruhe kommenden Kampf, der nur durch die Erzeugung einer unendlichen Zeit vollbracht werden kann, und der von keinem Geist auszuhalten ist, außer dem, der in der Spannung so aufgeht, daß die ruhende Quelle der entgegengesetzten Tätigkeiten sich für einen Augenblick zeigt und den Widerstreit des Ganzen zur ruhenden Gestalt, d.h. zum Wort, bringt. Diese Bewegung des Geistes geschieht aber nur durch die vollkommene *Trennung* der Naturkräfte, die notwendig ist, damit das verborgene, ewig in sich ruhende Bild der Einheit entschleiert werden kann. Die sich trennende Tätigkeit der Natur erweist sich als der Weg zur Offenbarung des verborgenen, weil in sich vollkommenen Wesens der Natur, ein Weg, der seinen Gipfel im Denken erreicht. In dieser Weise hat Schelling die Vernunft als Spiel der Natur betrachtet (3, 274) und so das Denken zur Besinnung auf seinen tiefen, unermeßlichen Ursprung in den unbewußten Kräften der Natur gebracht.

Die Natur wird also bei Schelling als eine Konstruktion gesehen, aber nicht als eine Konstruktion der Vernunft. Die Vernunft ist viel eher eine Konstruktion der Natur, d.h. eine Konstruktion, die die Natur selbst vollzieht. Die Dimension, aus der die Konstruktion hervorgeht, bleibt der Vernunft und dem Bewußtsein entzogen. In diesem Sinne beschreibt Schelling eine *Grenze* der Konstruierbarkeit, d.h. eine Grenze dessen, was sich aus der Vernunft ziehen läßt. Die Natur zeigt immer mehr als das, was der Mensch in ihr zu erkennen vermag. Die Grenze der Erkennbarkeit bezeichnet Schelling als die »ursprünglichen Qualitäten«. Sie sind »das absolut Empirische unsrer Naturkenntniß, wovon keine Construktion möglich ist, und in Ansehung welcher der Naturphilosophie nichts übrig bleibt, als der Beweis, daß sie die absolute Grenze ihrer Construktion sind« (3, 294 – Vgl. auch 3, 24). Die Qualitäten sind die unendlichen Negationen, die Hemmungspunkte des an sich nicht erfahrbaren Prinzips des Seins, das nur durch eine solche negative Bestimmung zur Erfahrung gebracht werden kann. Sie schließen die Struktur der absoluten Tätigkeit in sich ein, indem sie als Prinzipien der Raumerfüllung nicht in den Raum eingehen: Schelling nennt sie deshalb die ursprünglichen »Aktionen«, und seine ganze Lehre, im Anschluß an die Monadologie von Leibniz, die »dynamische Atomistik«. Diese expliziert er mit Hilfe einer eingehenden Kritik an der traditionellen Atomistik und deren Annahme einer ursprünglich gesetzten Materie (3, 22ff.). Man kann hier den Bezug zur modernen Energetik (der Auffassung, daß Materie eine große Konzentration von Energie – ein Feld eine kleinere – ist) nicht übersehen, aber gleichzeitig muß man sich den entscheidenden Unterschied vor Augen halten: Das ganze Anliegen der energetischen Physik ist es, die Umwandlungen der Energie von einer Form zur anderen auf eine Formel zu bringen, während bei Schelling die Aktionen der verschiedenen Qualitäten »inconstructibel« und so durch keine Figuren auszudrücken sind (3, 24). Ihm geht es also nicht um ursprüngliche Gestalten, sondern um das ursprünglich *Gestaltende*, das hier in der Form einer bunten Mannigfaltigkeit von primitiven, in ihrer Entstehung nie zu erklärenden Aktionen gedacht wird.

Jede einzelne Aktion versucht, sich in Freiheit zu setzen, um sich ihrer eigenen Natur gemäß weiter zu entfalten, wird aber durch das Eingreifen anderer Aktionen gehemmt. Wegen der unendlichen Vielfalt von Aktionen kommmt die Natur nie in einem vollendeten Produkt zur Ruhe, sondern unterzieht sich einer unendlichen Reihe mißlunger Versuche. Sie kehrt immer wieder zu ihrem Anfang zurück, um aus ihm wieder nach Gestalt und Ruhe zu streben. Die Natur kann in der Tat nur deshalb Produkte bilden, weil sie nie in einem einzelnen Produkt das Gleichgewicht ihrer Aktionen erreicht: Ein solches Gleichgewicht würde nämlich die gegenseitigen Aktionen aufheben, so daß die Natur in die Ruhe des absoluten Nicht-Seins zurücksinken würde (3, 288). Weil sie aber eben diese Ruhe sucht, ist der Natur »überhaupt das Individuelle zuwider« (3, 50). Die ganze Natur trägt also eine Totenmaske. Schon in dieser frühen Ausarbeitung der Naturphilosophie wird der Grund zur späteren Feststellung gelegt, daß »das Tiefste der Natur« »Schwermut« ist (7, 465). Wo die Natur anscheinend doch ein vollendetes Produkt erreicht hat, entzweit sie sich und erzeugt aus dieser Trennung eine neue Reihe von Produkten. Im Anorganischen ist dies das Geheimnis des Magnetismus und der Elektrizität, im Organischen das der Geschlechtstrennung und Reproduktion.

Bevor wir diesen Gedanken weiter darstellen, soll darauf hingewiesen werden, daß wirkungsgeschichtlich betrachtet, Schellings Versuch, die bildenden Kräfte der Natur in einem Zusammenhang zu fassen, den Weg zur modernen Physik eröffnete. Die spekulativen Zusammenhänge der Naturphilosophie, die aus der Einsicht entstanden, daß die elektromagnetischen Induktion von dem Schelling-Anhänger Oersted und seinem Nachfolger Faraday bestätigt und konkretisiert, – ein Sachverhalt, auf den Schelling in seinen Spätschriften selber hinweist.[44] Diese Entdeckung hat nicht nur die Elektro-Technik ermöglicht, sondern auch die Wandlung der modernen Physik zu einer Feld-Dynamik eingeführt, in der der Raum nicht als der Behälter von materiellen Massen, sondern als Spielplatz ihrer gegeneinander gespannten Kräfte gilt.

In seinem »Ersten Entwurf« von 1799 war Schellings Haupteinsicht die in die Unmöglichkeit eines vollzogenen Gleichgewichts solcher Kräfte. Sie war also dem »Symmetrie-Gedanken« der modernen Physik entgegengesetzt. Wenn ein Gleichgewicht einmal erreicht wäre, dann würde das für Schelling die Vernichtung des Weltalls

[44] Siehe vor allem die »Rede über Faraday's neueste Enteckung« von 1832 (IX. 438-90) und die oben genannte »Darstellung des Naturprocesses« von 1843-44 (X, 303-90). Autoren wie Esposito, Hartkopf, und Szilazi (a.a.O.) geben diesen Bezug hervor, der auch als das Hauptforschungsergebnis von Gerhard Hennemann, Naturphilosophie im 19. Jahrhundert, Freiburg/München 1959, gilt. Vgl. außerdem Adolf Meyer-Abich, Naturphilosophie auf neuen Wegen, Stuttgart 1948. Für eine Beschreibung der wichtigen Rolle der Endeckung Oersteds und Faradays in der Überwindung der mechanischen Physik siehe Albert Einstein und Leopold Infeld, The Evolution of Physics, New York/Cambridge 1938.

bedeuten. Die Bedingung des Seins ist ein alles durchwaltender Zwiespalt: Es ist ohne Zweifel sehr begreiflich, daß die Reihe 1 – 1 + 1 ... unendlich gedacht weder = 1 noch = 0 ist. Aber tiefer liegt der Grund, warum diese Reihe unendlich gedacht = 1/2 ist. Es ist Eine absolute Größe (= 1), die in dieser Reihe, immer vernichtet, immer wiederkehrt, und durch dieses Wiederkehren nicht sich selbst, aber doch das Mittlere zwischen sich selbst und dem Nichts producirt. – Die Natur als Objekt ist das in einer solchen unendlichen Reihe zu Stande Kommende und = einem Bruch der ursprünglichen Einheit, wozu die nie aufgehobene Duplicität den Zähler abgibt« (3, 289). Die Natur als das sich stets wandelnde »Mittlere« zwischen dem Sein und dem Nichts entzieht sich von selbst jedem Versuch, sie als ein Ganzes in eine feste Formel, d.h. in die Form der Beständigkeit, zu fassen. Die Entdeckung einer solchen Formel wäre sogar das Zeichen der vollständigen Vergessenheit dessen, was die Natur *ist*. Diese Vergessenheit könnte aber, da das Wesen der Natur das unfassbare Ereignis aus dem Nichts ist, die notwendige Bedingung dafür sein, daß die Natur sich in der vollen Macht ihres Werdens wieder zeigt. Ein festes Wissen von dem, was aller Fixierung widerstrebt, wäre in der Tat eine Ungereimtheit. Die Vermutung liegt darum nahe, daß diese Vergessenheit selber zum Spiel der Natur, zu ihrem ewigen Tanz zwischen dem Nichts und dem Sein, hinzugehört.

Das Denken der Natur in ihrer *Ganzheit* ist aber auch das Ziel der Naturphilosophie. Wenn dieses Denken sich dennoch aus der Besinnung auf das unfassbare Wesen der Natur entfaltet, muß es ein radikal anderes Denken als das der modernen Physik sein. Um den Unterschied schärfer hervortreten zu lassen, ziehen wir nun Schellings Kritik an Kants Dynamik hinzu. Nach Weizsäcker schließt diese Dynamik den Grundgedanken der modernen Physik in sich ein.[45] Wenn dies wahr ist, dann hat Schellings Kritik eine besondere Aktualität.

(C) Schellings Kritik an Kants Dynamik

1. Man könnte sich zunächst wundern, daß Weizsäcker überhaupt Kants »Metaphysische Anfangsgründe« in Beziehung zur modernen Physik erörtert. Kant hat sich darum bemüht, eine Grundlage für die Physik Newtons zu schaffen (oder so hört man immer wieder), und gerade sie gilt in der modernen Physik als überholt. Wenn man die Kausalitätsproblematik hervorhebt, könnte man sogar fragen, ob die Quantenphysik nicht Kant widerlegt, indem sie das Versagen der Kausalitätsvorstellung anhand der nur statistisch in eine Einheit zu fassenden subatomaren Prozesse

[45] Carl Friedrich von Weizsäcker, Die Einheit der Natur, München 1971, S. 405-427.

zeigt. Dagegen betont Weizsäcker die Wichtigkeit des Komplementaritäts- (oder Korrespondenz-) prinzips,[46] das besagt, daß es unmöglich ist, überhaupt Physik zu treiben, wenn nicht zuerst die Gültigkeit der klassischen Begriffe *für unseren Anschauungsbereich* (den Bereich, in dem wir unsere Experimente machen) angenommen wird. Um wissenschaftlich zu arbeiten, muß man demzufolge im Rahmen der kantischen Kritik bleiben, da dieser die Bedeutung einer wissenschaftlichen Erfahrung endgültig bestimmt. Das heißt, daß die moderne Physik, wenn sie z.B. – nach der Vorstellung des Quantensprungs – subatomare Vorgänge darstellt, als ob sie plötzlich aus dem Nichts entstehen können, trotzdem an der Begründbarkeit alles Geschehens für die Welt unserer Anschauung festhalten muß. Das Komplementaritätsprinzip wäre in der Tat für Kant nicht verwunderlich und folgt gewissermaßen aus seiner Darlegung der Antinomien. Es ist von vornherein unmöglich, mit der Annahme bloß mechanischer Verhältnisse hinter das Phänomen der Bewegung oder hinter das Dasein der Welt zu kommen. Wenn diese Bewegung oder dieses Dasein jedoch einmal gegeben werden, werden mechanische Verhältnisse die Struktur unserer Erfahrung bestimmen. Die Welt unserer Erfahrung hält sich innerhalb bestimmter Grenzen, während die Welt an sich als unbegrenzt und unbestimmt gelten kann.

Auf eine Art gilt aber auch bei Kant die Unbestimmbarkeit als ein Element unserer Erfahrung. In der transzendentalen Ästhetik der ersten Kritik unterscheidet er die a priori gegebene Form von der a posteriori gegebenen Materie einer Erscheinung. Die erste fügt sich in die reinen Anschauungen von Raum und Zeit, die prinzipiell nichts anderes als ein cartesianisches Koordinatensystem ausmachen, während die zweite mit dem besonderen und nicht vorher zu konstruierenden Inhalt unserer Empfindungen gleichzusetzten ist. Die a priorische Seite der transzendentalen Ästhetik wird im ersten Teil der »Metaphysischen Anfangsgründe« unter dem Titel der »Phoronomie« dargestellt, wo Kant die Materie nur als bewegliche mathematische Punkte behandelt, die in reine Anschauungen eingeordnet werden können. Im folgenden Teil – in der »Dynamik« – vollzieht er nun den entscheidenden Schritt, die Materie als das Prinzip der Raumerfüllung zu behandeln. Er versucht eine erste Konstruktion dessen, was in der Empfindung gegeben wird und nicht aus der Form der reinen Anschauung abzuleiten ist, weil gerade dies die Anschauung erst erfüllt. Es geht dabei um die begriffliche Herausarbeitung der mathematischen Struktur der möglichen Kräfte, die durch ihr Zusammenwirken unserer Empfindung den Stoff liefern. Dieser Schritt ist es, der den Bezug zur modernen Physik aufzeigt. Dabei sollen zwei Einschränkungen angemerkt werden. Erstens bemüht Kant nur um eine Kon-

[46] Weizsäcker, Ebd., S. 424ff.

struktion der Qualitäten, insofern sie uns schon gegeben sind. Das Dasein der Raumerfüllung als solcher geht nicht in die Konstruktion ein: »Daß man die Möglichkeit der Grundkräfte begreiflich machen sollte, ist eine ganz unmögliche Foderung; denn sie heißen eben darum Grundkräfte, weil sie von keiner anderen abgeleitet, d.h. gar nicht begriffen werden können.«[47] Und zweitens entwirft er zwar ein allgemeines Schema der begreifbaren Faktoren der spezifischen Kohäsionskräfte, hütet sich aber sonst, »über das, was den allgemeinen Begriff der Materie überhaupt möglich macht, hinaus zu gehen, und die besondere oder sogar spezifische Bestimmung und Verschiedenheit derselben a priori erklären zu wollen.«[48]

Die erste Beschränkung teilt Kant mit der modernen Physik; die zweite aber – die Kant ausdrücklich nicht für eine a priori notwendige Beschränkung hält, sondern die er allein wegen der unüberschaubaren Komplexität der Sache setzt[49] – wird von der modernen Wissenschaft angesichts deren Erfolge bei der Mathematisierung der chemischen Verhältnisse nicht mehr beachtet. Selbst dieser Unterschied bezeugt aber die Abhängigkeit der modernen Naturwissenschaft von dem Seinsverständnis Kants, indem ihr Fortschritt mit der allgemeinen Behauptung Kants übereinstimmt, »daß in jeder besonderen Naturlehre nur so viel *eigentliche* Wissenschaft angetroffen werden könne, als darin *Mathematik* anzutreffen ist.«[50] Generell könnte man sagen, obwohl sicherlich nicht in einem wirkungsgeschichtlichen Zusammenhang, daß die Physik in ihrer Suche nach einer universalen Weltformel das von Kant vorgeschriebene Programm aufnimmt, »durch die bloße Verschiedenheit in der Verbindung der ursprünglichen Kräfte der Zurückstoßung und Anziehung alle Verschiedenheiten der Materie zu erklären.«[51]

Daran können wir die Kritik von Schelling anknüpfen. Zuerst aber stellen wir das Gemeinsame zwischen ihnen dar. Dies geht über die Kritik an der traditionellen Atomistik und über die allgemeine Konstruktion der Materie aus Grundkräften hinaus. Kant und Schelling verstehen beide das Prinzip der Raumerfüllung als eine zurückstoßende Ausdehnungskraft, die sich aber, ohne die Entgegenwirkung einer anderen Kraft, ins Unendliche – ins Nichts – zerstreuen würde. Daher setzen sie eine beschränkende Anziehungskraft dagegen, die sich nicht wie die zurückstoßende Kraft

---

47 Kant, Metaphysische Anfangsgründe, S. 68 (A 61).

48 Ebd. S. 84 (A 83).

49 Ebd. S. 85 (A 84).

50 Ebd. S. 14 (A IX). Die mathematische Forderung bedeutet nicht einfach, daß die Wissenschaft die Zeichensprache der Zahlen verwenden muß; wichtiger ist es, daß sie ihr Forschungsgebiet durch eine a priori entworfene, in jedem Moment durchsichtige Konstruktion eröffnen muß, wie nach Kant Galilei es getan hat, um »seine Kugeln die schiefe Fläche mit einer von ihm selbst gewählten Schwere herabrollen« zu lassen (KrV, B XII).

51 Ebd. S. 96 (A 101).

unmittelbar auf unsere Sinne bezieht, die aber zur Hemmung der ersten Kraft notwendig gedacht werden muß. Wäre diese allein wirkend, würde sie sich ins Nichts des unendlich Kleinen verlieren.

Um dieses Verhältnis zusammenzufassen, könnte man sagen, daß das Sein der Materie darin gründet, daß das Nichts einer absoluten Breite und das Nichts einer absoluten Eingeschlossenheit durch ihre wesentliche Selbigkeit *als Nichts* in einem polaren Verhältnis aufeinander bezogen sind. Wegen dieser Beziehung streben sie zueinander und beschränken sich gegenseitig. In dieser Weise bringen sie die Vielfalt der Materie hervor. Obgleich diese Formulierung von Kants Beschreibung aus naheliegt, wäre sie ihm jedoch zu gewagt, denn sie versucht *hinter* die Grundkräfte zu kommen, was aber nach Kant unmöglich ist.

Nach Schellings Kritik ist Kants erster Fehler dies, daß er vom *Produkt* ausgegangen ist und, bloß analytisch verfahrend, aus ihm die Grundkräfte abstrahiert. Dagegen geht die Naturphilosophie »den gerade entgegengesetzten Gang. Vom *Produkt* weiß sie ursprünglich nichts, es ist für sie gar nicht da. Ursprünglich weiß sie nur von dem rein *Produktiven* der Natur« (3, 101). Schelling bezeichnet das produktive Prinzip (in einem 1827 geschriebenen Rückblick auf die Naturphilosophie) als das unendliche Subjekt. Davon sagt er: »Das Subjekt, inwiefern es noch in seiner reinen Substantialität gedacht wird, insofern ist es noch frei von allem Sein, und obgleich *nicht* nichts, doch *als* nichts« (9, 99). Kant fängt mit dem vollendeten Produkt der Natur an. Er stellt die transzendentalphilosophische Frage nach der Bedingung der Möglichkeit dieses Produkts nur in Hinsicht auf das wirklich existierende Produkt. Dagegen geht Schellings Denken von einer der Einbildungskraft entnommenen *Vernichtung* dieses Produkts aus (3, 14 oder 4, 87f.). Er versucht aus ihr, den Weg zu verfolgen, den die Natur selbst in ihrem großen Gang gegangen ist. Deswegen betont er auf der ersten Seite des »Ersten Entwurfs« die ontologische Differenz zwischen etwas *»von dem man sagen kann, daß es ist«* und dem *»S e i n s e l b s t«* von dem man *»niemals sagen [kann], daß es ist«* (3, 11).

Ein zweiter Aspekt von Schellings Kritik ist im ersten begründet. Er betrifft die Kohäsionskräfte und die aus ihnen hervorgehenden Qualitäten der Erscheinungen. Schelling bestimmt von vornherein die Qualitäten als das, was schlechthin nicht konstruierbar ist (3, 24ff. und 3, 295ff.). Dadurch wird der Sinn der Naturphilosophie entschieden. »Die Qualität«, schreibt er, *»ist Aktion, für die man kein Maß hat als ihr Produkt selbst* ... die Aktion selbst, abstrahirt von ihrem Produkte, ist nichts ... Man kann also nicht erwarten, in das Innere jener Aktion selbst einen Blick thun und die Größe (den Grad) der Aktion etwa durch mathematische Formeln bestimmen zu können .... Die Naturphilosophie hat weiter nichts zu thun, als daß sie das unbedingt-Empirische in diesen Aktionen anerkennt. Denn der Empirimus zur Unbedingtheit erweitert ist ja Naturphilosophie« (3, 24). Es kann also »gar nicht von einer transcendentalen, sondern lediglich von einer *empirischen Construktion der Materie* die Rede seyn« (3, 27). Der Versuch, eine mathematische Konstruktion der Natur durchzuführen, scheitert daran, daß sich einer solchen Konstruktion gerade das entzieht, was das Wesentliche der Natur ausmacht: das Sich-Zeigende der Qualitäten. Diese versteht Schelling zwar von den Naturkräften her (Farbe, Geschmack, usw. sagt er, werden nur durch Elektrizität und chemische Aktionen »sensibel« – 3, 295), aber diese Kräfte sind ursprünglich reine *Intensitäten*, die keine Ausdehnung haben und folglich gar nicht gemessen werden können. Damit setzt er sich über einen anderen Grundsatz Kants hinweg, der besagt: »Alle Veränderung der Materie hat eine äußere Ursache.«[52] Daß dies nicht wahr ist, d.h. daß die Natur so etwas wie eine *Seele* hat, die sich grundsätzlich jedem Versuch, sie unmittelbar zu fassen, entzieht, macht das Entscheidende an Schellings Seinsverständnis aus. Während nach Kant nur das Meßbare als Seiendes gelten kann, hat nach Schelling der Bereich des Meßbaren nur in einem abgeleiteten Sinne ein Sein.

Darauf muß näher eingegangen werden. Die von Schelling oft wiederholte Kritik, daß die qualitative Verschiedenheit der Materie sich nicht aus bloß quantitativen Verhältnissen der Attraktiv- und der Repulsivkraft ableiten läßt, hat zwei Seiten: einerseits, daß die Qualitäten selber sich einer solchen Betrachtung entziehen und andrerseits, daß diese Betrachtung nie hinreichen kann, um zu erklären, woher die Veränderung der Verhältnisse kommt. Hinsichtlich des ersten Punkts kann die Naturphilosophie nichts weiter tun, als sich so streng wie möglich anhand der Phänomene zu prüfen« (3, 20 und 4, 96), während der zweite Punkt zur Potenzenlehre führt. Die Wichtigkeit der empirischen Prüfung zeigt sich am Beispiel der Wärmestrahlung. Weder Schelling noch Kant akzeptieren die mechanische Erklärung der Wärme, die diese als ein rein arithmetisches Problem betrachtet und z.B. fragt, wieviel Wärmestoff durch die Poren eines bestimmten Stoffs aufgenommen wird, bei wie großer äußerer Hitze. Statt dessen betrachten die beiden Philosophen die Wärme eines Dings als eine zurückgestoßene Wärme und schließen daraus, daß es eine Kraft innerhalb des Dings gibt, aus der die Strahlung erklärt werden kann. Aber weil Kant nur zwei Kräfte anerkennt, die attraktive, die er mit der Schwerkraft identifiziert, und die repulsive, und weil er jede Qualität als auf verschiedene meßbare Grade der Verhältnisse der beiden zurückführbar betrachtet, hat eine kantische Erklärung (wie die von Eschenmayer) keine andere Möglichkeit, als die Qualität (z.B. der Wärme) in ein Verhältnis zur

[52] Ebd. S. 109 (A 119).

Masse und zu den »Dichtigkeitsgraden« des Dings zu bringen. Aber nach Schelling gibt es einfach kein konstantes Verhältnis; die Kohäsionskräfte lassen sich auf die Schwerkraft nicht zurückführen. Verschiedene Elemente dehnen sich durch Erwärmung aus und strahlen eigene Wärme aus, aber nicht in einem eindeutigen Verhältnis zu ihrem Gewicht oder ihrer Dichte. (Der Begriff eines Quantensprungs wurde entwickelt, um gerade solche Schwierigkeiten zu beseitigen und die mathematische Erklärung zu retten.)

Uns geht es an diesem Beispiel vor allem um Schellings Behauptung, daß die Natur ihre eigene Gesetzgeberin sei, so daß die Naturphilosophie immer empirisch bestätigt werden müsse (4, 96). Seine eigene Erklärung solcher Qualitäten wie Wärme ist aber auch interessant. Er sieht ein, daß ein bestimmtes Element immer eine bestimmte Reaktion auf Erwärmung zeigt. Er leugnet nur, daß diese Reaktion auf eine mathematisch erklärbare Struktur zurückgeführt werden kann. Statt dessen versucht er selbst, diese Reaktion durch die »Grade der Erregbarkeit« (2, 419) einer Materie zu erklären, welche eine *Verwandtschaft* zwischen der inneren und äußeren Kraft voraussetzt. Bei ihm wirken die Erwärmung und das Licht – z.B. der Sonne auf die Erde – dadurch, daß sie verwandte Kräfte, die in der Erde ruhen, *erwecken* und sie aus dem Verbundensein im Dunkeln der Schwere *befreien*.

Das Positive des Lichts löst also die Kräfte der durch die Schwere zusammengezogenen Materie, so daß die in der Indifferenz verlorene Potenz sich von neuem entzweien kann. Die erste Stufe ist der Magnetismus, wo die Entzweiung immer wieder in die Indifferenz zurücksinkt, weshalb die Pole nicht wie in den elektrischen Erscheinungen getrennt werden können, sondern immer in einer Einheit aufeinander bezogen sind. Die Erhebung aus dieser geht über die vollendete Entzweiung in der Elektrizität bis zur Stufe einer höheren, potenzierten Indifferenz im chemischen Prozeß. Dieser erzeugt Licht und Wärme, wodurch sich der ganze Stufengang im Kreis bewegt. Entscheidend dabei ist, daß die ursprüngliche Erhebung des dynamischen Prozesses aus der Schwere nicht von einer zur Materie gehörenden Expansionskraft her verstanden werden soll. Sie ist eine Verwandlung der Kontraktionskraft selber, eine Verwandlung, die aus der offenene Breite des Lichtwesens entspringt. Sie geschieht nicht durch Einwirkung einer zwingenden Kraft, sondern ist die sanfte Klärung der verborgenen Kräfte, die in dem offenen Raum *zwischen* dem Lichtwesen und der in der Finsternis verschlossenen Materie alles auflockert und belebt. Das eigentlich Bewegende in der Naturphilosophie ist also der offene Raum zwischen Himmel und Erde, den Schelling auch als Quelle des *Lebens* bezeichnet:[53] »Der Lebensquell der

[53] Vgl. J. Habermas, Das Absolute und die Geschichte. Von der Zwiespältigkeit in Schellings Denken, Bonn (Dissertation) 1954, S. 149.

allgemeinen oder großen Natur ist ... die Copula zwischen der Schwere und dem Lichtwesen; nur daß dieser Quell, von dem alles ausfließt, in der allgemeinen Natur verborgen, nicht selber wieder sichtbar ist« (2, 374). Um diese Quelle sichtbar werden zu lassen, muß das geheime Band zwischen Himmel und Erde entfaltet werden, was im organischen Bereich geschieht. Dazu bedarf es einer »*Spontaneität*«, die »noch in die Sphäre der Natur« fällt; »es ist das Licht, der Sinn der Natur, mit welchem sie in ihr begrenztes Inneres sieht, und der die im Produkt gefesselte ideelle Thätigkeit der construirenden zu entreißen sucht. Wie jene der Tag, so ist diese (die construierende) die Nacht, jene das Ich, diese das Nicht-Ich der Natur selbst« (4, 103). Aus dieser Spontaneität – aus diesem Ich-Sein der Natur selbst – läßt sich weiterhin verstehen, daß es – wie Schelling schreibt – »*unmöglich*« ist, »die Construktion des organischen und anorgischen Produkts auf einen *gemeinschaftlichen* Ausdruck zu bringen« (3, 325). Diese gesteigerte Diskrepanz – und nicht der Versuch, einen abgeschlossenen Systemsbegriff zu bilden – ist das wichtige Resultat der frühen Potenzenlehre.

2. Nach Schelling schließt das Licht die volle Duplizität zwischen der expansiven und der attraktiven Kraft in sich ein. Jetzt ziehen wir die Konsequenz daraus. Die expansive oder akzelerierende Kraft ist, in ihrer Uneingeschränktheit gedacht, das Prinzip des unendlichen Raums. Dagegen führt die uneingeschränkte retardierende Kraft in das absolute Ineinandersein, was Schelling im Anschluß an Kants transzendentale Ästhetik als das Prinzip der Zeit versteht. Die beiden Kräfte zusammen gedacht, ergeben eine mit endlicher Geschwindigkeit fortschreitende *Evolution* des Raumerfüllens, woraus das Lichtwesen deutlich erkannt werden kann.[54] Damit erfaßt man das Ursprüngliche der Natur: das Sich-Bewegende. Aber ohne eine dritte Kraft – nach Schelling die Schwerkraft – kommt es zu keinem fixierten Produkt (3, 264). Gegenüber Kants Konstruktion der Natur aus zwei Kräften finden wir bei Schelling also eine dritte hinzugefügt. Dies hat viele Folgen, deren augenscheinlichste die ist, daß das auf die innere Anschauung bezogene Moment der Zeitlichkeit – das Kant auf die Seelenlehre beschränkt und so ausdrücklich von der Möglichkeit einer mathematischen Darstellung und damit einer wahren Wissenschaft ausschließt[55] – in die Betrachtung

[54] In der Identitätsphilosophie beschreibt Schelling zwar das Licht als das Prinzip einer *absoluten* Mitteilung, aber insofern es nur aufgrund der ihm entgegengesetzten Schwere zur Erscheinung kommt, bewegt sich das Licht, das uns erscheint, immer mit einer endlichen Geschwindigkeit. Diese weiß Schelling, vermutlich nach der experimentellen Betrachtung von *Roemer*, noch näher zu bestimmen: »Gesetzt ..., daß das Licht, das jetzt eben bei uns anlangt, dasselbe ist, das vor weniger als acht Minuten von der Sonne ausstrahlte ...« (2, 387).

[55] Metaphysische Anfangsgründe, a.a.O., S. 16 (A XI).

der Natur eingeholt wird, mit dem Resultat, daß die Naturphilosophie eine entscheidende *geschichtliche* Struktur gewinnt.

Wie unterscheidet sich nun die Attraktionskraft von der Schwerkraft? Nach dem bisher Gesagten, ist es klar, daß die Unterscheidung Platz für die spezifischen Qualitäten der verschiedenen Stoffe schaffen soll. Innerhalb unseres Sonnensystems z.B. bestimmt die Schwerkraft zwar die besondere räumliche Stellung eines Planeten, aber nicht die besondere Beschaffenheit seiner Atmosphäre oder die Art seiner Krustenbildung. Dies bezeichnet Schelling als das Problem des Kohäsionsprozesses. Es ist das Problem des Unterschieds zwischen der Dichte eines schweren Metalls und der eines leichten Gases. Dieser Unterschied läßt sich als eine Funktion der Attraktionskraft ausdrücken, aber er ist offensichtlich unabhängig von der allgemeinen Schwere. Die elektromagnetischen Kräfte lassen sich nicht auf die Schwerkraft zurückführen – was noch heute das große Hindernis zur Suche nach einer einheitlichen Weltformel darstellt.

Die gegenseitige Unabhängigkeit dieser Kräfte schafft den *Spielraum*, aus dem der Natur eine geschichtliche Struktur erwächst. Aus der Entgegensetzung der Attraktion und der Expansion geht das Lichtwesen hervor, das sich, wiederum nur durch Entgegensetzung zur Schwere, manifestieren kann (3, 267). In der »Darstellung meines Systems der Philosophie« von 1801 spricht Schelling das Verhältnis sehr deutlich aus: *»Die absolute Identität als unmittelbarer Grund der Realität von A und B in dem primum Existenz ist Schwerkraft*. Denn A und B als seyend in dem primum Existenz ... sind Attraktiv- und Expansivkraft ... Die Kraft aber, durch welche diese beiden als *seyend* und als immanenter Grund der Realität des primum Existenz gesetzt werden, ist Schwerkraft« (4, 176). Die Wirkung dieses Grundes zur Erscheinung des Lichtwesens ist nicht weiter zu begründen. »Es ist ... ersichtlich, wie unmöglich es sey, die Schwerkraft als Schwerkraft ergründen oder in der Wirklichkeit darstellen zu wollen, da sie als die absolute Identität gedacht werden muß, nicht insofern diese ist, sondern insofern sie der Grund ihres eigenen Seyns, also selbst nicht in der Wirklichkeit ist« (4, 147). Wie in der Spätphilosophie Schellings das Problem des Anfangs der Geschichte – des Abfalls des Menschen aus der Einheit mit der Natur – behandelt wird, so steht analog schon in der Naturphilosophie das Problem des Anfangs der Erscheinung der Natur im Zentrum. Der Anfang ist das Dunkelste aller Dinge.

Die Expansivkraft bildet den Raum, die Attraktivkraft die Zeit. Sie vermittelnd, bezieht sich die Schwerkraft weder auf Raum noch Zeit; sie ist die Tendenz des Zurücksinkens in die Indifferenz beider. Als solche gehört sie nicht der Materie als Materie an, sondern ist der unbegründbare Grund (der selbst in Dunkelheit eingeschlossen ist) ihrer Erscheinung. Als das geheime Band zwischen Raum und Zeit ist sie die Bedingung des scheinbar Bleibenden in der Natur. Wo sie herrscht, wird die ursprünglich dynamische, sich-bewegende Materie zu einer toten, trägen Materie. Diese birgt jedoch Bewegungskraft in sich, die von einer mächtigen Licht- und Wärmequelle wieder erweckt werden kann. So kommt es nie zur völligen Indifferenz, so steht die Schwere immer im Zwiegespräch mit dem dynamischen Prozeß, was darauf hinführt, daß es »nicht Eine Schwerkraft nur, sondern ... wenigstens Schwer*kräfte* gibt« (3, 113). Insbesondere ist nach Schelling die Schwere durch die Materienverteilung bedingt, die selbst wiederum vom allgemeinen Prinzip der Polarität (daß das Geeinte sich entzweit, und das Entzweite sich einigt), d.h. dem allgemeinen Magnetismus abhängig ist. Die Abhängigkeit der Schwere von dem dynamischen Prozeß bedeutet, daß der Grad der Intensität nicht konstruiert werden kann, daß, wie Schelling im »Entwurf« sagt, sie nur *empirisch* – aus der »Geschichte der Weltbildung« – zu bestimmen ist (3, 114). Das Auftauchen dieses geschichtlichen Moments bedeutet weiterhin, daß die Annahme der Gleichartigkeit jedes Zeitmoments und jedes Raums, die eine notwendige Voraussetzung der experimentellen Physik ist, preisgegeben wird (Vgl. 3, 104-27). In deutlicher Abhebung von Newton und Annäherung an Aristoteles schreibt Schelling: »Die Schwerkraft ist also nicht für den höheren und subalternen Weltkörper dieselbe, und es ist so viel Mannichfaltigkeit in den Centralkräften der Attraktion als in ihren Bedingungen« (3, 314).

Schellings physikalisches System steht also dem Ideal der mathesis universalis von Leibniz entgegen. Schellings Naturkonzeption enthält zwar als Grundmoment das Prinzip der unbedingten Naturproduktivität, das über jede sinnliche Anschauung hinausweist, aber dies nur, um den Weg zur Anschauung des lebendigen Naturprozesses wieder freizulegen. Die Naturphilosophie führt auf die Anschauung der Quelle des Lebens selbst hin, der offenen Mitte zwischen Erde und Himmel, worin jede dynamische Bewegung sich entfaltet. Sie versteht das Denken selbst von dieser Quelle her, was bedeutet, daß die Form der autonomen Selbst-Setzung, die nach Kant und Fichte das Denken bestimmt, nicht mehr ausreicht, um sein Wesen auszudrücken. Um den Weg des unbewußten Schaffens der Natur weiter zu verfolgen, kommen wir jetzt zur Lehre vom Organischen.

(D) Die Grundauffassung des Lebens

Es wurde schon hervorgehoben, daß es nach Schelling unmöglich ist, »die Construktion des organischen und anorgischen Produkts auf einen *gemeinschaftlichen* Ausdruck zu bringen« (3, 325). Der Grund dafür ist, daß sich in der anorganischen Welt die ursprüngliche Produktivität der Natur in der Bildung der Körperwelt zu erschöpfen scheint, oder genauer gesagt, das Resultat der in der höchsten Potenz wieder aufgebrochenen Produktivität des chemischen Prozesses eine Reihe von scheinbar fixierten chemischen Substanzen ist. Eine chemische Reaktion geht aus der Verschiedenheit der elektrischen Beschaffenheit dieser Substanzen hervor, um eben diese Verschiedenheit durch Bildung von neuen Kombinationen aufzuheben, während im Lebensprozeß die Verschiedenheit immer wieder hergestellt wird, so daß es nie zur Indifferenz einer trägen Substanz kommen kann. Was im Lebensprozeß geschieht, ist also dasselbe, was im *Ganzen* der Natur geschieht, wo die Bildung der Naturprodukte immer wieder neue Differenzen auftreibt, die die Bewegung und Produktivität anfachen und so das Ganze in der kreisenden Bewegung des In-Sich-Zurückkehrens unterhalten. Es ist der allgemeine Organismus der Natur, der das Organische und das Anorganische in der Einheit einer Welt verbindet (3, 144), wodurch es sich verstehen läßt, wie Schelling den Ursprung des Lebens mit dem der ganzen Natur gleichsetzt (3, 160). Dieser gemeinsame Ursprung ist aber selbst – und dies ist für das Verständnis des Organischen ausschlaggebend – nicht mehr objektiv zu erkennen: »Es ist etwas absolut *Nicht-objektives*. Aber absolut nicht-objektiv kann nur das seyn, was selbst Ursache alles Objektiven, d.h. Ursache der Natur selbst ist« (3, 219).

Das Wachsen des Organischen aus dem Anorganischen ist nicht bloß eine weitere Entwicklung des letzteren, etwa eine kompliziertere Zusammensetzung der chemischen Elemente, sondern es ist eine Entfaltung und ein Zusammenspiel der Naturkräfte, das durch seinen Fortschritt das *Ursprüngliche* der anfänglichen Produktivität ans Licht erhebt. Die Entwicklung vorwärts ist zugleich ein Schritt zurück in das Erste der Natur, in jenen anfaßbaren und unergründlichen Grund ihres Entstehens. Darin liegt der Schlüssel zur organischen Beschaffenheit der ganzen Natur verborgen. Diese Bewegung ist nicht nur zum Verständnis der organischen Lehre, sondern zum Gesamtverständnis der Philosophie Schellings entscheidend. Es ist zum Beispiel eine Grundposition seiner späteren Schriften – eine Position, die sich sehr deutlich anhand des Übergangs von der negativen zur positiven Philosophie zeigt –, daß das Letzte, das Vollkommenste, eigentlich das Erste ist. An dieser Stelle ist es angebracht, kurz zu zeigen, wie diese Bewegung das Verhältnis der Naturphilosophie zur modernen Genetik bestimmt.

Die Potenzen der Raumerfüllung werden von der allgemeinen Spannung zwischen der Schwere und dem Lichtwesen über die Stufen der Länge, der Breite, und der Tiefe entfaltet. Das Produkt dieser Konstruktion ist der drei-dimensionale Körper. Nach einer vereinfachten Fassung der Potenzenlehre könnte man den Körper wiederum als monadischen Punkt betrachten, der sich durch drei Dimensionen, etwa in der Kristallisation, in der Pflanzenwelt und im tierischen Leben entfaltet, mit dem Resultat, daß der ursprüngliche Weltbau in immer engere, unbeständige und angreifbare Kreise zusammengezogen wird. Mit wachsender Verwundbarkeit, d.h. mit dem wachsenden *Sterbenkönnen*, tritt man dem Bereich des *Lebendigen* immer näher. Durch diese Entwicklungsidee wird die Idee der Evolution geboren. Wie Schelling schreibt, »*Es ist nur Ein Produkt, das in allen Produkten lebt*. Der Sprung vom Polypen zum Menschen scheint freilich ungeheuer, und der Uebergang von jenem zu diesem wäre unerklärlich, wenn nicht zwischen beide Zwischenglieder träten. Der Polyp ist das einfachste Thier, und gleichsam der Stamm, aus welchem alle anderen Organisationen aufgesproßt sind« (3, 54).

Schelling schwankt bei der näheren Bestimmung der Evolutionsidee. Er hebt »die innere Verwandtschaft aller Organisationen ... als gemeinschaftlicher Abkömmlinge eines und desselben Stammes« hervor (daher die starke Betonung auf die Wichtigkeit der vergleichenden Anatomie), ist aber darauf bedacht, die Idee einer eigentlichen historischen Entwicklung als eine bloße »Möglichkeit« zu bezeichnen (3, 64). Er geht in der Erklärung der großen Mannigfaltigkeit der Rassen und der Individuen innerhalb derselben Gattung konsequenter vor. Diese führt er auf »ein Spiel der Natur« zurück (3, 58), in dem der Bildungstrieb hinsichtlich der Richtung seiner Entwicklung als *frei* gedacht werden muß (3, 56). Die Individuen gehen aber stets zugrunde, während die Gattung bleibt. Die Beständigkeit der Gattung folgt aus einer Hemmung der ursprünglichen Naturtätigkeit durch die Trennung der Geschlechter, die zwar immer nach Einigung streben, aber nur dieselbe Trennung ins Unendliche weiter erzeugen.

Wegen der *unberechenbaren* Mannigfaltigkeit der Individuen innerhalb einer Gattung übt Schelling Kritik an der Präformationstheorie von Leibniz und faßt alle organische Bildung unter der aristotelischen Kategorie der Epigenese (3, 61). Nach dieser entspricht die Entwicklung der Individuen innerhalb der Gattung der Differenzierung von Teilen innerhalb eines einzigen Organismus. Nach Leibniz sind die Teile schon im Keim einbegriffen, während nach Schelling nur die Richtung oder die Anlage der Entwicklung vorher bestimmt ist, so daß die *individuelle* Gestalt jeweils eine neue Bildung ist. Die Bildung entsteht aus einer *Erregung*, die den Schein der Freiheit mit sich bringt und durch die »das Produkt zum Produkt einer höheren als der bloß chemischen Potenz erhoben wird« (3, 62).

Bevor wir den Begriff der Erregung weiter erläutern, kann ein Vergleich mit der modernen Genetik gezogen werden. In der genetischen Theorie wird der Weg von Leibniz weiter begangen, aber mit wichtigen Unterschieden. Die Präformation wird nicht mehr als eine latente Differenzierung gedacht, sondern gemäß der DNS-Theorie als Steuerung durch Information. Die Information wird nicht einseitig im Ei oder im Samen, sondern in beiden zugleich gelagert, so daß jeder neue Organismus aus einer

Zusammensetzung entsteht. Es gibt weiter die statistische Möglichkeit einer Informationsmutation. Diese Unterschiede ergeben Platz für eine Art von Epigenese in der Entwicklung eines Embryos oder im allgemeinen organischen Wachstum. Ein anderes Moment, wodurch individuelle Merkmale geprägt werden können, wird auch erkannt. Dieses liegt in der Anpassungsfähigkeit eines Organismus an eine bestimmte Umgebung, eine Fähigkeit, die nur durch die Einführung eines spielenden Faktors denkbar ist.

Dies aber alles zugestanden, hält die moderne Genetik noch an den Prinzipien von Leibniz fest, die sich aus seinem Ideal der mathesis universalis herleiten. Der Spielraum zwischen Organismus und Umgebung, aus dem das Individuelle entstehen kann, wird selber unter Systembegriffe, wie den des kybernetischen Regelkreises gebracht.[56] Dies kann als eine konsequente Entwicklung der Monadenlehre verstanden werden. Die Kybernetik will das scheinbar »Unberechenbare« des Lebens einem neuen, allumfassenden Kalkül unterwerfen. Die Entdeckung durch Leibniz hat gerade diese Möglichkeit eröffnet, indem sie qualitative Sprünge in eine quantitativ faßbare Stetigkeit auflöst. Das Prinzip eines sich entwickelnden Systems, das mathematisch durchschaubar ist, ist ein Hauptprinzip von Leibniz, das in der modernen Kybernetik vollzogen wird.[57]

Wie in der modernen Physik der Feldbegriff das atomare Modell der mechanischen Physik ersetzt, so ist in der Biologie der Gestalt- und Systembegriff vorherrschend geworden. Die Logik solcher Systeme sprengt den Rahmen der traditionellen Logik, indem sie ein Rückkopplungsmoment in sich schließt, wobei das System *auf sich selbst* wirken kann. Ein Wärmeregler schaltet z.B. einen Ofen ein, der brennt, bis der Regler in Reaktion auf das Brennen ihn wieder ausschaltet. Das heißt, wenn der Ofen eingeschaltet wird, wird er ausgeschaltet, was nach den Voraussetzungen der traditionellen (zeitlosen) Logik widersinnig ist. Die Kybernetik zielt darauf ab, eine neue mathematische Logik zu entwerfen, um solche zeitliche Systeme wissenschaftlich bewältigen zu können. Dabei ist ihr Modell noch mechanisch, aber im besonderen Sinne der Rückkopplungsmaschinen, die erst durch die Entwicklung der Elektrotechnik verbreitet wurden. Ihr Ziel ist es, die verschiedenen Lebensvorgänge nach dem Muster dieser sich selbst steuernden Maschinen zu entschlüsseln. Das traditio-

56 Siehe Norbert Wiener, Kybernetik, (orig. Amerik.), Hamburg 1968 und Gregory Bateson, Steps to an Ecology of the Mind, New York/London 1972. Bateson hebt das spielende Moment in der biologischen Entwicklung bis zu einer Kritik der mechanischen Voraussetzungen der Genetik und zum Versuch einer Rehabilitierung des als »subjektiv« geltenden Evolutionsbegriffs von Lamarck hervor. Seine Orientierung bleibt dennoch innerhalb der Rahmen der kybernetisichen Systemstheorie.

57 Norbert Wiener nennt in dieser Hinsicht Leibniz den »Schutzpatron für die Kybernetik«, a.a.O., S.33.

nelle (cartesianische) Objektivitätsideal wird wegen der Selbstbezüglichkeit solcher Systeme aufgegeben. Dies wird aber nur deshalb getan, um Descartes Forderung zu erfüllen, Lebensvorgänge mechanisch zu fassen. Nach Descartes sind Tiere Maschinen. Der Kybernetik geht es darum, lernende und sogar sich selbst reproduzierende Maschinen zu bauen, von denen her man diese These bestätigen kann. Dabei ist das neuzeitliche Erkenntnisideal maßgebend: nur das wird gewußt, was der Mensch selbst herstellen kann.

Die Frage stellt sich nun, ob sich Schellings Begriff der Erregbarkeit in ein solches System einordnen läßt. Bis jetzt haben wir die Entstehung individueller Bildungen innerhalb des organischen Bereichs kurz beschrieben. Schellings nächster Versuch ist es, zu bestimmen, wie die daraus entstandenen individuellen Naturen am Leben bleiben können, d.h., wie sie sich gegen den allgemeinen Organismus behaupten können (3. 69f.). Die Antwort heißt Wille zur Macht: »Keine Individualität der Natur kann als solche sich behaupten, ohne daß sie gerade wie der absolute Organismus darauf ausgehe, alles sich zu assimiliren, alles in der Sphäre ihrer Tätigkeit zu begreifen. Damit sie nicht assimilirt *werde*, muß sie *assimiliren*, damit sie nicht organisirt *werde*, muß sie organisiren« (3, 70). In jedem Organismus bricht also eine Tätigkeit hervor, die sich *gegen* die ganze Natur behaupten kann. Das Leben eines Organismus besteht in einem ständigen *Streit* zwischen seiner besonderen Tätigkeit und der Tätigkeit der allgemeinen Natur. Aus diesem Streit läßt sich die eigentliche Potenzenlehre der organischen Natur herleiten, wonach der Organismus erst für die Einwirkung von außen offen sein muß (Sensibilität), um dann seine eigene Tätigkeit von innen nach außen zu richten (Irritibilität), bis er endlich seine Tätigkeit ganz nach außen bringt, wo sie als selbständiges, neues Leben weiterwirkt (Bildungstrieb). Die Potenzen, in ihrer inneren Bewegung und Aufeinanderfolge zusammengefaßt, bilden den einen Prozeß der Erregung.

Das erste Moment der Erregbarkeit ist die Rezeptivität. Allein von dieser Seite her ist das Leben ein chemischer Prozeß (3, 74). Es ist ein Produkt des großen chemischen Prozesses, der dem Verständnis Schellings gemäß zwischen der Sonne und der Erde entsteht. Das Leben wird von diesem großen Verbrennungsprozeß erweckt und hält dann selber durch seine eigene chemische Wirkung die den ganzen Prozeß vermittelnde Atmosphäre im Gleichgewicht: »Die Hauptprocesse der Natur sind wie im Großen – (daher der Gegensatz zwischen Sonnen und Planeten) – so im Kleinen Combustions- und Decombustionsprocesse. Die organische Natur hat sich in beide getheilt. Das Thier zersetzt die Atmosphäre vor sich her, und erhält, vermehrt und bewegt sich selbst, gleich der beweglichen, wachsenden Flamme. Die Pflanze giebt einer verbrannten, überall verbreiteten Substanz die Verbrennlichkeit, und der Atmosphäre jenen Stoff zurück, welcher das Verbrennen möglich macht« (3, 78). An dieser Idee – die in dem Werk »Von der Weltseele« (1798) ausführlich dargelegt wird – bemerkt man wie Schelling die neuesten naturwissenschaftlichen Entdeckungen, z.B. die von Lavoisier, mit den ältesten Ansichten über die Natur in Einklang zu bringen wußte. Der irdische Lebensprozeß, auf seiner einfachsten Stufe ein geregelter Verbrennungsprozeß, kann nur im Zusammenhang mit dem kosmischen Spiel zwischen Himmel und Erde verstanden werden.

Der Organismus ist aber mehr als ein chemischer Prozeß (3, 78f.). Ein Beispiel der Kluft zwischen dem Organischen und dem Anorganischen wäre die Fähigkeit organischer Körper, ihre eigene Wärme in jeder Temperatur zu behalten. Das lebendige System ist nicht ein bloßes Produkt der Einwirkung von außen. Es bildet sich aus einer eigenen, inneren Tätigkeit. Dies zeigt sich deutlich, sobald das Leben erloschen ist und der Körper dem äußeren chemischen Prozeß ausgesetzt wird. Dann wird die mannigfaltige Komplexität der organischen Form auf einmal aufgelöst, wonach »die organische Materie in den allgemeinen Kreislauf, aus welchem sie hinweggenommen war, zurückkehrt« (3, 79). Die Versuchung ist naheliegend, diese Erhabenheit des Organischen über das Anorganische aus einer eigenständigen, immateriellen Kraft zu erklären. Diese Setzung einer Lebenskraft, die Position des *Vitalismus* also, weist Schelling jedoch entschieden zurück: Sie ist »einzig und allein als Notbehelf der Unwissenheit ersonnen und ein wahres Produkt der faulen Vernunft« (3, 80 – Vgl. 2, 348). Das Problem ist also, die Selbständigkeit und scheinbare Eigengesetzlichkeit des Organischen ohne die Einführung einer eigenständigen Lebenskraft zu erklären.

Schelling löst das Problem dadurch, daß er die Abhängigkeit des Organismus von seiner äußeren Umgebung hervorhebt, aber in dem Sinne, daß der Organismus von solchen Einflüssen *erregt* werden muß, um dann sein *eigenes* Leben zu entfalten. Aus diesem dynamischen Wechselbezug, nicht aus der Einwirkung einer geheimnisvollen Lebenskraft, soll die Kluft zwischen der organischen Bildung und dem chemischen Prozeß erklärt werden. Die Erregung versteht Schelling als eine *negative* Bedingung des Lebens. »Das Leben, wo es zu Stande kommt, kommt gleichsam wider den Willen der äußeren Natur ... durch ein Losreißen von ihr, zu Stande. Die äußere Natur also wird gegen das Leben ankämpfen; die meisten äußeren Einflüsse, die man für lebensfördernd hält, sind eigentlich destruktiv für das Leben, z.B. der Einfluß der Luft, der eigentlich ein Verzehrungsprozeß ... ist« (3, 81). Das Leben wird, wie alles andere in der Natur, aus einer ursprünglichen Produktivität verstanden, die als solche sich ins Produkt umzuwandeln versucht. Das Leben existiert nur, wo dieser Prozeß gehemmt wird. »Absoluter Uebergang ins Produkt ist Tod. Was also die Produktivität unterbricht, unterhält das Leben« (3, 82). Die Natur steht also im Widerstreit mit sich selbst. Das Leben ist »überhaupt nur ein gesteigerter Zustand *gemeiner* Naturkräfte«

(3, 324), ein Zustand, der aus dem Kampf der Natur gegen sich selbst entsteht. Insbesondere zeigt sich das Leben nur dort, wo dieser Kampf gehemmt wird, so daß es nicht zur endgültigen Lösung (zum Produkt) kommen kann. Der Kampf wird nur insofern gelöst, als er sich zu einem freien Spiel entwickelt (2, 566). Es ist der Widerstreit der Natur, der erklärt, »welch' ein höchst künstlicher und der Natur gleichsam abgedrungener – wider ihren Willen bestehender – Zustand das Leben ist« (3, 324). Ausschlaggebend ist nun, daß die ganze Natur aus einem solchen Streit hervorgeht, so daß der »künstlich«, gegen den Willen der Natur bestehende Zustand des Lebens eigentlich das Natürlichste überhaupt ist.

Es wäre möglich, aus diesem Gedanken, wonach das wiederholte Sterben als Quelle der Lebendigkeit gilt, Weiteres über Schellings Theorie der Erregbarkeit, der Krankheit, usw. abzuleiten. Hier wollen wir uns auf das oben genannte Problem beschränken, ob sich Schellings Begriff der Erregbarkeit in ein kybernetisches System einfügen läßt. Die Antwort fordert eine nähere Bestimmung der Subjektivität, wie diese jeweils bei Schelling und bei der modernen Genetik aufzufinden ist.

Es kann als Schellings großes Verdienst für die Biologie angesehen werden – und hier wird an die wichtigen Beiträge der Schelling-Schüler Johannes Müller und K.E.v. Bauer erinnert, daß das Moment der Selbst-Gestaltung zum zentralen Problem wurde.[58] Der Weg zur allgemeinen Evolutionstheorie wurde nicht durch eine bloß empirische Naturbeschreibung gebahnt, sondern durch die Betrachtung der ganzen Gefügeordnung der organischen Gestalten in einem System, wofür z.B. die vergleichende Anatomie eine entscheidende Rolle spielt. Dasselbe gilt für die Erforschung des einzelnen Organismus: die Lehre der Zellenbildung, die moderne Embryologie, die Vererbungslehre, usw. stimmen darin überein, daß sie ganze Entwicklungsvorgänge untersuchen. Dabei muß aber gezeigt werden, wie die Biologie den Anteil der Subjektivität, das Prinzip der Selbst-Gestaltung, am organischen Wachstum versteht.

Das wichtigste Beispiel findet man in der Genetik. Wenn in einem streng biologischen Sinne das Leben als ein Prozeß gilt, in dem Energie gebraucht wird, um Formen zu bilden, in dem die natürliche Entropie des Energie-Ablaufs (z.B. in der Wärmestrahlung) gehemmt und überwunden wird, dann stellt sich die Frage nach der Seinsweise der Regulierungsfunktion. Nach der DNS-Theorie weist das gestaltende, steuernde Element eine bestimmte physikalische Struktur auf. Diese Struktur birgt aber ein anderes Element, das nicht rein physikalisch beschreibbar ist – den Informationsgehalt, d.h. gerade das, was den ganzen Prozeß steuert. Dieses entspricht dem

[58] Siehe den Aufsatz »Schellings Beitrag zur Philosophie des Lebens« in Szilasi, a.a.O.

Subjektiven in der Natur und ist nicht in das physikalische Meßsystem (g-cm-sec) einzuordnen. Entscheidend für das Seinsverständnis der modernen Naturwissenschaft ist, daß auch dieses Element, mit Hilfe der Kybernetik und der Informationstheorie, meßbar gemacht wird.[59]

Hier ist ein Problem zu beachten. Nach der Informationstheorie enthält ein Ereignis einen Informationsgehalt im umgekehrten Verhältnis zu seiner Wahrscheinlichkeit.[60] Ein unwahrscheinliches Ereignis ist also informationsreich. Wie ist aber die Wahrscheinlichkeit eines Ereignisses zu bestimmen?

Die Sonne geht z.B. jeden Tag auf. Wenn man dieses Ereignis als eine automatische Folge des mechanisch zusammengestellten Sonnensystems betrachtet, ist der Informationsgehalt = 0. Wenn man jedoch im Anschluß an Schelling die Qualitäten in die Naturbeschreibung einbezieht, muß man anerkennen, daß der Sonnenaufgang *heute* einmalig war. Dies dann, im Verhältnis zur ganzen Reihe der Sonnenaufgänge, ergibt eine so niedrige Wahrscheinlichkeit (daß genau diese Farben in genau diese Gestalten zusammenkommen), daß der Informationsgehalt ins Unendliche steigt. Das bedeutet, daß die Informationstheorie eindeutige Ergebnisse nur dann liefern kann, wenn die Gleichheit jedes Moments des Raum-Zeit-Gefüges vorausgesetzt wird, *was aber unserer Erfahrung der Welt widerspricht*. Wenn man an die neuzeitliche Kritik des Aristotelismus zurückdenkt, daß er geheimnisvolle, »lebendige« Wesen in die Welt hineinlege, um die Phänomene daraus zu erklären, müssen wir zugeben, daß die moderne Naturwissenschaft durch ihre Setzung eines leblosen Gestells ohne Wesen ähnliches tut.

Die moderne Biologie versucht die Mannigfaltigkeit des Organischen nicht allein aus der DNS-Theorie zu erklären. Der Wechselwirkung zwischen Organismus und Umgebung wird auch eine entscheidende Rolle beigemessen. Diese Wechselwirkung ist die Auslese im Daseinskampf. Die organische Welt legt jedoch Zeugnisse von Gestaltung ohne Selektionswert ab.[61] Es gibt Erscheinungen, die, aus der Perspektive eines Daseinskampfs, völlig überflüssig sind. Sie drücken weniger die *Not* der Natur als ihre unfaßbare *Fülle* aus. Die heutige Biologie betrachtet die organische Welt fast ausschließlich durch das Elektronenmikroskop und läßt deshalb solche Zeugnisse (Farbe, eigentümliche Gestalt, usw.) außer Betracht. Aber für die lebendige *Anschauung* der Mannigfaltigkeit der organischen Welt gibt es Anlaß genug, die Lebensgestalten aus einer dynamischen und offenen Beziehung zwischen Organismus und Umgebung zu

[59] Siehe Gerhard Schramm, Baupläne des Lebens, München 1971 und Francis Crick, Von Molekülen zu Menschen, 1966/70.
[60] Vgl. Weizsäcker, a.a.O., S. 346ff.
[61] Vgl. Adolf Portmann, Die Tiergestalt, 8 Aufl. 1965; Neue Wege der Biologie, München 1961 – und, Entläßt die Natur den Menschen?, München 1970, Teil I.

deuten, eine Beziehung, die von der Innerlichkeit des Organismus her bestimmt ist. Diese Betrachtung – und im allgemeinen die Betrachtung des *Geheimnisvollen* in der Natur, z.B. der Sternenorientung der Zugvögel – könnte zur Aufwertung der organischen Lehre Schellings führen.

Bei Schelling verliert sich die Produktivität nicht ins Produkt. Obgleich seine Beschreibungen der Wechselbestimmung von Tätigkeit und Rezeptivität im Organismus an den kybernetischen Regelkreis erinnert, gibt es einen wichtigen Unterschied. Die äußere Welt erregt die Tätigkeit des Organismus, die wächst, bis seine Rezeptivität so vermindert wird, daß die Erregung nicht mehr wirkt und der Organismus in seine Innerlichkeit zurückkehrt, um dann daraus wieder erregbar zu werden (3, 86ff.). So sagt Schelling, *»der Organismus ist sein eigen Objekt«* (3, 145). Er meint dies aber in einem ganz anderen Sinne, als von der Kybernetik her zu verstehen ist. »Nur der Organismus als Objekt«, schreibt er, »muß durch äußere Einflüße bestimmbar seyn, der Organismus als Subjekt muß durch sie *unerreichbar* seyn« (3, 145f.). Und weil es der Organismus als Subjekt ist, der die Art des Einflusses von außen bestimmt (die Rezeptivität wird von der Tätigkeit bedingt), ist die Unbestimmbarkeit des Subjekts das Entscheidende an Schellings Lehre des Organischen. Daraus ist die Blindheit des zweckmäßig erscheinenden organischen Sich-Schaffens zu verstehen, die im »System des transcendentalen Idealismus« von zentraler Bedeutung ist.[62] »Die Quelle aller organischen Tätigkeit kann nicht wieder im Organismus als Objekt erscheinen« (3, 152). Die Ursache der Erregbarkeit *»muß in die letzten Bedingungen der Natur selbst sich verlieren.«* So ist »der Ursprung der organischen Duplicität in der Natur überhaupt, d.h. mit dem Ursprung der *Natur selbst, Eines«* (3, 160). Dieser ist aber das absolut Nicht-Objektive, das geheimnisvolle Hervorbringen der Duplizität aus der ursprünglichen Identität – das Hervorgehen der Bewegung aus der Ruhe. Das Leben ist nicht eine Erscheinung einer übernatürlichen Kraft, die der Natur unverständlicher Weise hinzukommt. Sie ist vielmehr eine Erschließung jenes ursprünglichen Prinzips, ohne das es keine Natur gäbe. Das Leben bezeugt die Lebendigkeit der Natur selbst, die in ihrem unbegreiflichen Widerstand gegen das Nichts besteht.

Das Unwahrscheinliche der Entstehung eines so komplizierten Gebildes wie des Organismus – eine Unwahrscheinlichkeit, die von dem Neu-Darwinismus immer geleugnet wurde, aber die nach der Entdeckung des DNS-Moleküls selbst dem Biochemiker augenscheinlich geworden ist – ist eine Wiederholung des absolut Un-

[62] Der Bezug zu Kants »Kritik der Urteilskraft« ist von großer Wichtigkeit. Dazu siehe Jähnig, a.a.O., Bd. 1, S. 100ff. und Robert Kudielka, Urteil und Eros, Erörterungen zu Kants Kritik der Urteilskraft, Tübingen (Dissertation), 1977. Wir werden im folgenden Kapitel Kants Zweckmäßigkeitsbegriff im Zusammenhang mit dem von Aristoteles kurz erörtern.

wahrscheinlichen der Entstehung der Natur überhaupt. Die Erzeugung der physikalischen Elemente aus dem Ur-Knall mag durch Anwendung des Entropiegesetzes verständlich gemacht werden können, aber nie das ursprüngliche Zusammensein aller Materie in der Einheit (Singularität) einer Form, was die Vorbedingung eines solchen Ereignisses wäre. Die Entropie als eine Bewegung auf das Wahrscheinliche hin setzt einen absolut unwahrscheinlichen Zustand als ihren *Anfang* voraus. Dieser Anfang ist für die Naturwissenschaft das absolut Unbegreifliche.

3. Kapitel

Die Naturphilosophie und die Philosophie der »Alten« Schelling und Aristoteles

Angesichts der üblichen Vorstellung von Schellings Philosophie als Rückfall in das vorkritische, metaphysische Denken versuchen wir an das Moment zu erinnern, das Schelling von einer solchen Metaphysik trennt: seine Hervorhebung der Beschränktheit der Philosophie und seine Interpretation dieser Philosophie als die Notwendigkeit, das Denken auf eine tiefere, nicht-philosophische Quelle zurückzuführen, sei diese nun in der Kunst, in der Mythologie oder der christlichen Offenbarung zu suchen. Ein metaphysisches Denken begreift das Sein von der Beständigkeit der Idee her. Es wendet sich dementsprechend von den uns umfassenden Bereichen der Natur und der Geschichte ab und zielt auf die Erschließung der ewigen Substanz. Die große Leistung Schellings war die Enthüllung des Angewiesenseins dieses Denkens auf eine ihm nicht durchschaubare Quelle: Das Denken wird zum Naturprodukt. Dies besagt allerdings nicht, daß Schelling in dieser oder in irgend einer Phase seines Denkens dessen metaphysischen Charakter ganz ablegte. Seine Philosophie ist so sehr – und in jedem ihrer Schritte – eine Philosophie in Übergang, daß sie ständig zu dem Ort zurückgezogen wird, den sie verlassen hat.

Schelling hat selber die Naturphilosophie in Zusammenhang mit der Tradition der Metaphysik gebracht, als er in ihr die Wiederkehr des philosophischen Kreislaufs in seinen längst vergessenen Ursprung fand (2, 347). Diesen Ursprung sieht er aber bereits in der Frühphilosophie als nur »dichterisch« anzusprechen (3, 347). Oder, wie es auf der letzten Seite des »Systems des transcendentalen Idealismus« steht, werden die Philosophie und die einzelnen Wissenschaften »nach ihrer Vollendung als ebenso viel einzelne Ströme in den allgemeinen Ocean der Poesie zurückfließen, von welchem sie ausgegangen waren« (3, 629). In der Naturphilosophie schreibt er einfach, daß nach langem Umherirren der Weg der Alten wieder beschritten wird (2, 347 u. 359; 3, 274). Das Zu-Ende-Denken der Metaphysik, das im deutschen Idealismus geschieht, schafft den Platz, aus dem ihr Anfang wieder hervorbricht.

Obgleich Schelling mit dem Rückblick auf die »Alten« sicherlich an Platon und die alten Physiker (z.B. Heraklit und Empedokles) dachte, wird die folgende Erörterung ausschließlich Aristoteles gewidmet.[62a] Dieses Verfahren muß gerechtfertigt werden. Wir wissen z.B., daß der junge Schelling sich viel mit Platon und den Gnostikern, aber – im Gegensatz zu Hegel – wenig mit Aristoteles auseinandersetzte. In seinen Werken kommt Aristoteles erst in den Vorlesungen über die »Philosophie der Kunst« (1802/03) zur Sprache, wo er, außer einem Hinweis auf die aristotelische Kosmologie (5, 451), sich auf Bemerkungen zur Tragödienproblematik in der »Poetik« beschränkt. Erst im Spätwerk fängt die Periode der großen Aristoteles-Rezeption an; sie wurde in der Weltalterphilosophie vorbereitet, wo die ersten Elemente eines Einflusses von Aristoteles zu erkennen sind.[63]

Es ist also ein sachlicher, nicht ein wirkungsgeschichtlicher Zusammenhang, der uns dazu bringt, Aristoteles in Bezug auf die Naturphilosophie zu erörtern. Schelling selber hat in einer Spätschrift über die merkwürdige sachliche Übereinstimmung der *noesis noeseos* Aristoteles' mit der intellektuellen Anschauung seiner eigenen Frühphilosophie geschrieben: »Die in der Philosophie überall nur Willkür sehen, wissen nicht, wie übrigens ganz verschiedenen Individuen in ganz verschiedenen Zeiten unter völlig verschiedenen Formen doch wieder dieselben Begriffe entstanden sind, die so ihre Notwendigkeit erweisen; denn die, welche jene Philosophie gefunden, in der Gott als Subjekt-Objekt stehen bleibt, wußten damals weniger, als man ihnen vielleicht zugetraut, von Aristoteles« (11, 559).[64] Nach dem alten Schelling kannte er in seiner Jugend Aristoteles kaum. Und dennoch war sein Grundgedanke durchaus aristotelisch, was eine tiefe, innere Beziehung zwischen der griechischen Philosophie und dem deutschen Idealismus bedeutet.

Schelling hat jedoch nur eine Seite der Verwandtschaft mit Aristoteles gesehen: das Moment des Bei-Sich-Seins des in sich beschlossenen Geistes. Diese Verwandtschaft hat er in seiner eigenen »negativen« Philosophie erörtert, was aber seinen Blick auf andere, mehr positive Momente innerhalb der Naturphilosophie des Aristoteles versperrte. Wir werden im folgenden zeigen, wie der sich-selbst-habende Geist, das

[62a] Siehe Joseph P. Lawrence, Schelling as Post-Hegelian and as Aristotelian, in: International Philosophical Quarterly, 26, 1986, S.315-330.

[63] Diese Behauptung könnte durch eine Untersuchung der Rolle des Satzes vom Widerspruch in den drei uns überlieferten »Weltalter«-Fassungen bestätigt werden. In den zwei frühesten Fassungen sieht Schelling diesen metaphysischen Grundsatz als ein Zeichen der Furcht des Denkens vor dem unausweichlichen Urwiderspruch des Seins. Der Satz wird demgemäß abgewertet. In der dritten Fassung wird der Satz aber ganz aristotelisch als ein Satz des Widerseins verstanden, d.h. als eine positive Anerkennung des von Schelling beschriebenen Urwiderspruchs. In dieser Fassung liegt außerdem eine systematische Herausarbeitung der Potenzenlehre vor, die mit der Potenzenlehre der »Philosophie der Mythologie« – die in ausdrücklicher Auseinandersetzung mit Aristoteles geschrieben wurde – im wesentlichen übereinstimmt.

[64] Die hier genannte Übereinstimmung wird ausführlich von Georg Picht erörtert, in: Hier und Jetzt, Bd. 1, Stuttgart 1980, S. 309-323.

Weltprinzip Aristoteles', gerade als solcher ein schenkender, sich stets verlassender Geist ist.[64a] Die absolute In-Sich-Beschlossenheit und Einfachheit der *ousia* ist die notwendige Bedingung der Offenheit des Seienden. Dieses Moment wird zunächst in Bezug auf den Physisgedanken der aristotelischen Naturphilosophie erörtert, wird aber sodann auf die metaphysische Lehre der *ousia* übertragen. Eine solche Übertragung scheint stichhaltig zu sein, auch wenn sie gegen die herkömmliche Aristoteles-Interpretation verstößt. Nach dieser gehören die onto-theologischen Motive der »prima philosophia« einer wesentlich anderen Dimension als der der Naturphilosophie an.

Auf die Wirkungsgeschichte des Aristoteles wollen wir jedoch nicht eingehen. Wir weisen nur darauf hin, daß besonders über Leibniz wichtige Motive von Aristoteles in die Naturphilosophie eindrangen. Dabei kann an drei Grundgedanken Schellings erinnert werden: 1) an den Beweis, daß Bewegung ursprünglich nur aus der Ruhe hätte entspringen können, 2) an die Zurückführung aller dynamischen Wechselwirkungen auf die Entgegensetzung von expandierenden und kontrahierenden Kräften (bei Leibniz die Entgegensetzung von tätigen und leidenden Kräften, bei Aristoteles das Begriffspaar *poiein* und *paskein* – oder, in einem gewissen Sinne, *eidos* und *hyle*), und 3) an das Kontinuitätsprinzip (die Kritik gegen den Atomismus). Solche Bezüge sind natürlich nicht überraschend – der Name des Aristoteles ist mit der Sache der Philosophie zu eng verbunden, als daß ein Philosoph ohne ihn hätte philosophieren können, auch wenn er ihn nicht gelesen hätte.

In unserem Zusammenhang ist es wichtig zu bemerken, daß die eigentliche Nähe Schellings zu Aristoteles im Moment der *Distanzierung* von der Metaphysik Leibniz' besteht.[65] Die im vorhergehenden Kapitel erörterte Kritik Schellings am Ideal der mathesis universalis und seine Hervorhebung der Nicht-Quantifizierbarkeit der wahrnehmbaren Qualitäten erinnern an Aristoteles' Kritik an Platon und an den Pythagoreern. Das empirische Moment in Schellings Naturphilosophie ist empirisch im Sinne des Aristotelismus und nicht z.B. im Sinne des Positivismus. Die spätere Auseinandersetzung Schellings mit Aristoteles wurde also in der Naturphilosophie vorbereitet. Sie folgte notwendig aus dem Zu-Ende-Denken der neuzeitlichen Philosophie, das mit der Erschließung der Ungenügsamkeit der transzendental-philosophischen Neubegründung der Metaphysik bei Fichte begann.

[64a] Dies habe ich ausführlich erörtert in meinem Aufsatz, The Hidden Aporia in Aristotle's Self-Thinking Thought, in: The Journal of Speculative Philosophy, 2, 1988, S.155-174.

[65] Wenn nach Einflüssen gesucht werden soll, kann darauf hingewiesen werden, daß Schellings Position der Kritik Oetingers (»Philosophie der Alten«) an Leibniz gewiß sehr zu verdanken hat. Schellings Offenheit der Tradition der Mystik gegenüber ist ein wichtiger Aspekt seines Spannungsverhältnisses zur Metaphysik.

Fichte hat den subjektivistischen Standpunkt Kants, wonach die Welt, getrennt von ihrer Beziehung zum erkennenden Subjekt, bloß formlose Materie sei, übernommen und radikalisiert, mit dem Resultat, daß das Ich an die Stelle der absoluten Substanz tritt. Dagegen hat Schelling zweierlei geleistet: Er fragte nach der *Bedingung* des so gedachten Ich und rückte dadurch das Moment seiner Entstehungsgeschichte ins Auge, und zweitens: Er versuchte, die sinnvolle Ordnung innerhalb der Natur als solche darzulegen. Danach erscheint die Natur nicht mehr als bloßes Objekt, sondern als tätiger Geist. Die Natur wird bei Schelling zum Fundament alles Geistigen, wie dies im »System des transzendentalen Idealismus« anhand der Kunst und in der Freiheitsschrift und den »Weltaltern« anhand der ganzen Geschichte gezeigt wird. Diese Idee der Natur als des eigentlichen Trägers der Geschichte macht den wichtigen Unterschied zu den modernen Naturwissenschaften aus, die noch darauf zielen, die Natur der menschlichen Vernunft zu unterwerfen.[66]

Der alte Schelling hat seinen eigenen philosophischen Weg gekennzeichnet, als er schrieb: »Der beste Verlauf eines der Philosophie geweihten Lebens möchte seyn, mit Platon anzufangen, mit Aristoteles zu enden« (11, 380). Er baute besonders in der Identitätsphilosophie auf der Ideenlehre Platons auf,[67] aber in einer Weise, die der herkömmlichen Platon-Interpretation fern liegt: Nach Schelling bilden die Ideen eine lebendige Götterwelt, worin das Sinnliche und das Nicht-Sinnliche ineinander verschmolzen sind (5, 370 u. 390). *Die Einschließung der Sinnlichkeit in die Ideen* ermöglicht ihm eine positive Einstellung der Natur gegenüber, die bei Platon nur stellenweise aufzuweisen ist. Schon die Tatsache, daß der frühe Schelling seine Aufmerksamkeit der Philosophie der Natur und der Philosophie der Kunst schenkte, spricht eher für eine Verwandtschaft mit Aristoteles als mit Platon. Auch Aristoteles findet das Wesen der Dinge in den Formen, aber – wie später bei Schelling – sieht er die Wirklichkeit und Selbständigkeit dieser Formen nur in Verbindung mit der konkreten Form ihrer sinnlichen Erscheinung.

In Platons »Timaios« – seinem einzigen großen Werk über die Natur – herrschen zwei Gedanken vor, die den Unterschied zu Schellings Naturphilosophie deutlich machen: der Schöpfungsbegriff und die Zahlenlehre, nach der die wahre Substanz der Dinge in den mathematischen Formen liegt. Im Gegensatz zum Schöpfungsbegriff

---

[66] »Die ganze neu-europäische Philosophie seit ihrem Beginn (durch Descartes) hat diesen gemeinschaftlichen Mangel, daß die Natur für sie nicht vorhanden ist, und daß es ihr am lebendigen Grunde fehlt. Spinozas Realismus ist dadurch so abstrakt als der Idealismus des Leibniz« (7, 356).

[67] Siehe z.B. Harald Holz, Die Struktur der Dialektik in den Frühschriften Fichtes und Schellings. In: Archiv für die Geschichte der Philosophie 52, 1970, S. 71-90.

versteht Schelling die Natur als ein sich selbst hervorbringendes Ganzes.[68] Im Gegensatz zur Zahlenlehre behauptet er den Vorrang der empfindbaren und in Zahlenverhältnisse nicht aufzulösenden Qualitäten. In beiden Hinsichten hätte er sich wohl auf Aristoteles stützen können. Schelling hat sich allerdings über den »Timaios«, wegen dessen Darstellung des geordneten, organisch gegliederten und zugleich sinnfälligen Kosmos, mit einer für ihn charakteristischen Begeisterung geäußert; dies betrifft besonders die spannungsvolle Gegenüberstellung des Kosmos zu einem vorangegangenen, überwundenen Chaos (z.B. 7, 374 u. 390).[69] Diese Momente fallen zusammen, um dem Ganzen der Natur eine ungeheure Lebendigkeit zu verleihen, eine Lebendigkeit, die auf eine innere Verknüpfung in einer allumfassenden »Weltseele« hinzuweisen scheint. Mit diesem Wort kommt die Nähe Schellings zu Platon zum Vorschein.

Aristoteles betrachtete Platons Idee der »Weltseele« kritisch, weshalb es mir wichtig erscheint, mit einer Darstellung der aristotelischen Kosmologie (1) anzufangen. Dabei ist vor allem die Begrenzung des Kosmos und das Durchwalten dieser Begrenzung in der Beweglichkeit des natürlichen Seienden zu beachten. Dieser Schritt soll dazu verhelfen, den Begriff der *physis* und die allgemeine Lehre der Bewegung, der *kinesis*, (2) zu klären. Im ersten Abschnitt gehen wir also von der alles beschränkenden Form aus, während im zweiten die Unbestimmtheit einer sich in die Nicht-Seiendheit zurückziehenden Materie in den Vordergrund rückt. Aristoteles' Verständnis der Zweckmäßigkeit der Natur wird weiterhin aufgedeckt und dessen Eigentümlichkeit durch Abhebung gegen den Zweckmäßigkeitsbegriff in Kants »Kritik der Urteilskraft« gezeigt, woraus auch ein wesentlicher Unterschied zwischen Aristoteles und Schelling zu sehen ist. Ein letzter Schritt (3) zeigt, wie das Spannungsverhältnis von Erde und Himmel, das für die aristotelische Naturphilosophie von grundlegender Bedeutung ist, seine Geltung für die metaphysische Untersuchung der *ousia* weiter behält.

Was Schelling zu den griechischen Philosophen hinzog, war weniger ihre Begründung der abendländischen Metaphysik oder ihre Herausarbeitung der dialektischen Methode des Denkens als ihre Nähe zur vorphilosophischen Götterwelt. Aristoteles z.B. betrachtete die Formen in ihrer Abgeschlossenheit und wechselseitigen Vereinzelung, welchen ihre Bindung an undurchschaubare *hypokeimenai* entstammt. Für ihn war mit jeder organischen Erscheinung die Möglichkeit einer Sich-Entfaltung in die Vollkommenheit einer jeweilig einzelnen Form gegeben. Jeder Teil steht hier

[68] Es ist allerdings wahr, daß Platon selber die aristotelische Lehre der Physis antizipiert hat, vor allem in der schönen Stelle in den »Gesetzen«, wo er die sich selbst bewegende Bewegung (die Weltseele) als Quelle aller Bewegungen (auch des Umschwungs des Himmels) beschrieb (Nomoi, 894 e – 899 d).

[69] Schelling hat dagegen 1804 behauptet, daß »Timaios« kein echtes Werk Platons war, eben deswegen, weil in ihm das chaotische Moment hervorgehoben wurde (6, 36).

noch als Ganzes, weshalb Aristoteles zu einer systematisierenden Philosophie im Sinne Hegels nie kommen konnte.[70] Bei Schelling – im Unterschied zu Hegel – bedeutet das aber keinen Mangel, sondern die eigentümliche Stärke des Griechentums. Von diesem Standpunkt her (und hinsichtlich einer Erörterung der griechischen Mythologie) schreibt er: »Wir verlangen für die Vernunft sowohl als für die Einbildungskraft, das nichts im Universum gedrückt, rein beschränkt und untergeordnet sey. Wir fordern für jedes Ding ein besonderes und freies Leben. Nur der Verstand ordnet unter, in der Vernunft und in der Einbildungskraft ist alles frei und bewegt sich in dem gleichen Aether, ohne sich zu drängen und zu reiben. Denn jedes für sich ist wieder das Ganze« (5, 393). Bei Aristoteles, in dessen Philosophie die griechische Tradition sich vollendete, hat Martin Heidegger den letzten Nachklang des Anfänglichen im griechischen Denken gefunden.[71] Ähnliches behaupten wir auch für Schelling, der, am Ende der Tradition der abendländischen Metaphysik stehend, noch aus der tiefen Quelle des Anfänglichen geschöpft hat. Daraus gewann er die denkerische Kraft, dem Systematischen seiner Philosophie ein andersartiges Moment gegenüberzustellen, weshalb es sich verstehen läßt, warum er keinen seiner Systementwürfe als endgültig hätte betrachten können.[72] Im Bezug zum Anfänglichen – und wie sich herausstellen wird, in der Reflexion darüber, was »Anfang« überhaupt heißen muß – liegt der geschichtliche Zusammenhang zwischen Aristoteles und Schelling. Es ist dieser Zusammenhang, der uns erlaubt, die Frage nach einer bloß historischen Beziehung zwischen ihnen fortan dahingestellt sein zu lassen.

(A) Die Begrenzung und Beseelung des Kosmos bei Aristoteles

Die Natur ist für Aristoteles immer zunächst die sich zeigende Natur. Ein Wissen von ihr ist im Grunde genommen kein Begreifen, sondern ein Vernehmen, und zwar ein Vernehmen in zweifacher Weise: Erstens, indem sich die Mannigfaltigkeit der

---

70 So schreibt Hegel über Aristoteles: »Die allgemeine Ansicht seiner Philosophie erscheint aber nicht als ein sich systematisierendes Ganzes, dessen Ornung und Zusammenhang ebenfalls dem Begriffe angehörte, sondern die Teile sind empirisch aufgenommen und nebeneinandergestellt; der Teil ist für sich als bestimmter Begriff erkannt, aber er ist nicht die zusammenhängende Bewegung« (Hegel, Vorl. über die Geschichte der Philosophie, Suhrkamp Bd. 19, S. 133).

71 Heidegger, Vom Wesen und Begriff der *physis*, in Wegmarken, Bd. 9 der Gesamtausgabe, Frankfurt 1976, S. 242.

72 Die einzige Ausnahme wäre vielleicht das »System des transcendentalen Idealismus«, das wie kein anderes Werk von Schelling »vollendet« war. Dabei ist aber zweierlei zu bemerken: Das transzendentale System soll nur eine (die ideelle Seite) Seite des ganzen Systems darstellen: es gipfelt überdies in der ästhetischen Anschauung, wobei die *Grenze* der Wissenschaft in die wissenschaftliche Darstellung eingeholt wird. Gerade unter dem Begriff des Ästhetischen wird das systematisch Nicht-Faßbare genannt.

Welt der sinnlichen Wahrnehmung präsentiert, und zweitens, indem die Natur im Zuge ihrer Sammlung der verschiedenen Naturmerkmale in die innere Einfachheit ihres Wesens den rein noetischen Sinn erweckt und ihn zum unmittelbaren Schauen der alle Mannigfaltigkeit durchwaltenden Einheit nach sich zieht.[73] Der Mensch, als das Lebewesen mit dem alles eröffnenden Wort, *to zoon logov echon*, steht in einem ausgezeichneten Bezug zur ganzen Natur. Deshalb, weil in der menschlichen Seele das in der Natur verwurzelte Zeigen vollzogen wird, betrachtet sie Aristoteles als den Ort aller Dinge (Vgl. de an. 431b21). Die Verwirklichung der in sich gespaltenen Möglichkeit des Menschen, sie zu sagen, geschieht aus der einheitlichen Entfaltung des Sich-Zeigens, wobei an den ursprünglichen Sinn des griechischen Wortes für die Welt, des *Kosmos*, als Zier und Schmuck erinnert wird.

Die Kosmologie des Aristoteles ist so wenig anthropozentrisch, als diese Welt selbst sich auf den Logos des Menschen hin entfaltet. Das wahre Sagen ist *to apophainesthai*, das Erscheinenlassen des Sich-Zeigenden. Die Begrenzung des Kosmos ist nach Aristoteles keine Funktion der Beschränkung des Sehvermögens, sondern ist in sich beständig, eine Begrenzung, die mit dem Sein des Kosmos gleichzusetzen ist. Aus dem Sich-Begrenzenden entsteht auch der Mensch. Darum ist die Vorstellung der Welt als eine Setzung der Subjektivität die vollständige Umkehrung des griechischen Naturdenkens. Dieses Denken ist ebenfalls kein bloßer Phänomenalismus. Die Welt, die sich zur Schau stellt, geht unendlich über die Welt, die der Mensch wahrnimmt, hinaus (Vgl. gen. corr. 318b20-30). Das Denken des Aristoteles ist wie jedes Denken ein Offenbarmachen, aber ein Offenbarmachen des Sich-Eröffnenden, wobei die höchste Anstrengung gegen die Gewaltsamkeit des Willens, alles zu wissen, gerichtet werden muß, um die Phänomene in ihrer Eigenheit – und d.h. auch in ihrer Tendenz, sich in die nicht zu fassende Dunkelheit zurückzuziehen – stehen zu lassen. Im Gegensatz dazu ist das Weltbild nach der kopernicanischen Revolution von einem bloß vorgestellten Standpunkt her entworfen. Als der unmittelbare Ort der Anschauung damit verlassen wurde, wurde die Welt zur Fiktion und verlor die In-Sich-Beständigkeit dessen, worin wir beheimatet sind, woraus selbst unser Dasein entspringt. Wenn die Natur erst aus dem Vollzug ihres Sich-Zeigens Natur ist, dann ist die Besinnung auf sie notwendigerweise auf den Ort des Besinnenden, des auf der Erde Stehenden, zurückbezogen.[74] Daraus läßt sich die Zentrierung der Kosmologie des Aristoteles

[73] Der Nous bezieht sich also auf das noetische Wesen in gleicher Weise wie die Sinne sich auf das Sinnliche (*hosper to aisthetikon pros ta aistheta, houto ton noun pros ta noeta*) – de an. 429 a 17.

[74] In diesem Zusammenhang ist die Erörterung am Anfang von Schellings 21. Vorlesung über die »Philosophie der Mythologie« wichtig. Schelling greift Kants berühmte Darstellung des Idealismus als eine zweite kopernicanische Revolution auf und findet in ihr die notwendige *Korrektur* der Lehre von Kopernicus: Der Idealismus, schreibt er, »scheint allerdings das Mittel, das viele Grenzenlose, das bis

auf die Erde verstehen (Vgl. de Caelo, 293a25f.). Sie ist keine gewaltsame Tat des Philosophen, sondern entspricht der Form des Sich-Zeigens der Natur selbst und erweist sich im Fortgang des kosmologischen Denkens sogar als die völlige Umkehrung einer Zentrierung. Die sich in die Dunkelheit und Materialität zurückziehende Erde weist eben durch ihre Verschlossenheit das Offene des ihr entgegengesetzten und überlegenen Prinzips auf. Die Erde ist aus dem wahren Zentrum, aus dem Himmel, gefallen, was aber die eigentümliche Struktur der Zwiespältigkeit eröffnet, aus der der Kosmos sich zur Schau stellt.

Ein Blick in Aristoteles' »De Caelo« zeigt die große Tragweite des Problems der Erdzentrierung. Der zentrale Gedanke des ganzen Werks ist die notwendige Begrenztheit des Kosmos. Aristoteles argumentiert manchmal deduktiv (aus der Endlichkeit des jeweiligen Körpers z.B. leitet er die notwendige Endlichkeit der Zusammensetzung aller Körper ab – cael. 271b20ff.), aber im großen und ganzen sind seine Argumente von einer ungewöhnlichen Anschaulichkeit geprägt. So z.B. das Argument, daß eine unendliche Linie nicht in einer endlichen Zeit in einem Kreis gedreht werden kann, was natürlich zugegeben werden muß. Daraus folgt aber der Beweis der Begrenztheit des Kosmos nur, wenn man die Evidenz der unmittelbaren Betrachtung gelten läßt, daß sich die ganze Sphäre des Himmels in der Tat um die Erde dreht, d.h. innerhalb eines Tages (cael. 272b10-17). Wie sehr deutlich in den An. Post. hervorgehoben wird, ist kein Wissen nur mittels der Demonstration zu erreichen, sondern jede wahre Schlußfolgerung führt notwendigerweise auf die ursprüngliche Wahrheitserschließung im einfachen und unmittelbaren Vernehmen zurück (an. Post. 100b5-16), in diesem Fall, auf die unleugbare Erfahrung, daß, aus der Sicht des Menschen die Sonne und alle Gestirne täglich um die Erde kreisen.

Die aristotelische Kosmologie verwirft die Vorstellung eines unendlichen Raums, indem sie die Endlichkeit des Weltalls zu beweisen versucht. Dagegen könnte man wohl einwenden, daß auch ein begrenztes Weltall nur eine Stelle innerhalb eines grenzenlosen Raumes einnimmt; bei Aristoteles wäre jedoch eine solche Behauptung sinnlos, weil Raum keine Bedeutung außerhalb der Beziehung zwischen konkreten Orten hat. Es gibt überhaupt keinen Platz in seinem Denken für den Raum als das homogene ins Endlose ausgedehnte Koordinatensystem der neuzeitlichen Physik. Für

---

jetzt noch in den Naturwissenschaften sich findet, hinwegzuschaffen, und die ausschweifenden Gedanken, in denen ganz besonders die Menge sich gefällt, in die dem Philosophen erwünschte Enge zu bringen. Denn je weiter von aller Schranke, desto weiter ist jedes vom Denken, und darum der Gedankenlosigkeit willkommen, dem Philosophen aber zuwider« (11, 490). Wenn man bedenkt, daß die kopernicanische Umkehrung der Perspektive ein Anlaß der naturwissenschaftlichen Vorstellung der Unendlichkeit des Weltalls war, dann ist die Wichtigkeit von Schellings Anknüpfung an die idealistische Lösung der Antinomie zwischen Begrenztheit und Unbegrenztheit offensichtlich.

ihn ist der Raum *ho topos*: der Ort eines Dinges, jeweils ein anderer, sofern das Ding ein anderes ist. Jeder Ort ist durch die potentielle Anwesenheit eines sinnlichen Körpers bedingt: Jenseits des Kosmos ist weder Ort noch Leere noch Zeit (cael. 279 a 13). Weder Ort noch Leere, weil es darin sogar der *Möglichkeit* nach keinen Körper gibt, und keine Zeit, weil die Zeit als Maß der Bewegung verstanden wird, und Bewegung die Anwesenheit eines endlichen, dabei veränderlichen Körpers voraussetzt.

Wenn man sich dies vor Augen hält, sieht man, wie verkehrt die Rede ist, daß Aristoteles die Einsicht in das neuzeitliche Trägheitsprinzip »fast« erreicht hat. Ohne die Voraussetzung eines unendlichen Raumes – eines Raumes, der unabhängig von jedem konkreten Ort gegeben ist – ist das Prinzip, das die unendliche Fortbewegung eines nicht aufgehaltenen sich Bewegenden setzt, offenbar unmöglich. Für Aristoteles ist eine Bewegung ins Endlose schon deshalb unmöglich, weil nichts sich auf einen Ort hin bewegen kann, der von vornherein unerreichbar ist. Der Ort ist nicht, wie nach dem neuzeitlichen Raumbegriff, dem sich bewegenden Ding gegenüber gleichgültig, denn der Ort selber ist das Prinzip der Bewegung. Natürliche Bewegung ist Bewegung auf eine natürlichen Ort zu, das Wo der Zugehörigkeit eines bestimmten Körpers. Bewegung in eine andere Richtung kann nur aus *Gewalt* entspringen (cael. 276a23-30). Die Voraussetzung des neuzeitlichen Trägheitsprinzips war die christliche Vorstellung eines Weltprinzips, das schafft und wirkt, also – aristotelisch gedacht – das mit Gewalt die Welt setzt und sie in Bewegung bringt. Nach Aristoteles dagegen verweilt das ursprüngliche Bewegungsprinzip in der Ruhe seiner Vollkommenheit. Ohne Anstrengung – in diesem Sinne völlig natürlich – zieht es alles zu sich als dem Ziel aller Dinge hin. In sich ruhend, erweckt es den ganzen Kosmos zu Beweglichkeit und Leben. Es ist dieses für die Neuzeit fremdes Prinzip, das in Schellings Philosophie der Natur wieder auftaucht.

Es ist, wie gesagt, ein Grundsatz der Bewegungslehre, daß sich nichts auf ein Ziel zubewegt, wenn das Ziel ins Unendliche gesetzt wird. Die Elemente (Erde, Wasser, Luft und Feuer) scheiden sich doch ständig in die Vielfalt der Orte, ohne daß der Prozeß selbst zum Ziel, zur Ruhe, kommen kann. Außerdem bedarf es noch eines Prinzips, das dieser Scheidung entgegenwirkt, um die Elemente wieder zusammenzumischen, so daß die Elemente ständig ineinander übergehen (z.B. wenn es regnet), weswegen keine vollkommene Scheidung erreicht wird. Um das Wort Schellings zu gebrauchen, es muß einen Kreislauf der Natur geben (Vgl. gen. corr. 329b1-25, 330a30, 332a3 usw.).

Dies ist aber insofern problematisch, als das Prinzip, das *gegen* die Bewegung zu den natürlichen Orten wirken müßte, scheinbar ein unnatürliches Prinzip sein muß, wofür Aristoteles' Denken keinen Platz hat. Die Lösung dieses Problems liegt – wie in

Schellings Naturphilosophie – im Zwiespalt der Natur selbst. Auf der einen Seite werden die ineinander übergehenden Elemente in ihrem unerschöpflichen Kreislauf dadurch erhalten, daß sie aus einer *prima materia (prote hyle* – z.B. gen. corr. 332a18f.) entstehen, die, weil sie alles sein kann, nichts Bestimmtes und insofern nichts Seiendes ist (met. 1029a20-25), deren Unbeschränktheit die unendliche Entfaltung des aus endlichen Formen bestehenden Seienden ermöglicht. Auf der anderen Seite ist die positive Bedingung dieser unaufhörlichen Bewegung eine ausgezeichnete Form der Bewegung, die nicht aufhört, wenn sie ihr Ziel erreicht: Sie ist die unendlich in sich kreisende Bewegung der Himmelssphäre. Es handelt sich dabei um ein Wesen, dessen Ort nur so erhalten werden kann, daß es, seine Stelle verlassend, ständig aus sich heraustritt, d.h. ein Wesen, dessen eigener Ort die Bewegung ist. Nur durch diese kreisende Bewegung kann das Ziel, das im Unterwegssein selber besteht, bewahrt werden. Diese unerschöpfliche Bewegungsform unterliegt der unendlichen Zeitreihe. Ihr Ziel ist überhaupt nicht in eine unendliche Ferne gesetzt, sondern ist in jedem Moment der Entfaltung gleich gegenwärtig. Das Himmelswesen trägt also sein Ziel in sich; es ist *beseelt.*[75] Kreisend in der Entelechie, im In-Sich-Tragen des Zieles, ist da die vollkommene Ruhe der Natur: die Ruhe in der Bewegung.

Um die unüberbrückbare Kluft zwischen Antike und Neuzeit schärfer herauszustellen, wäre es hilfreich, weiter auf die aristotelische Kosmologie einzugehen. Da dies aber die Aufmerksamkeit des Lesers zu weit von Schelling ablenken würde, ist es angebracht, die letzten Folgen dieser Kosmologie mit einem Wort von Schelling selber zusammenzufassen: »Das ganze räumlich ausgedehnte Weltall ist nichts anderes als das schwellende Herz der Gottheit, das durch unsichtbare Kräfte gehalten in beständigen Pulsschlag oder Wechsel von Ausdehnung und Zusammenziehung fortdauert« (8, 326). Von diesem Punkt her versuchen wir nun die griechische Erfahrung der Bewegung als eins mit dem Begriff der *physis* zu denken.

(B) Physis als ursprüngliche Bewegung

1. So sehr er die Endlichkeit des Raumes beweisen will, will Aristoteles auch die Unendlichkeit der Zeit beweisen. Dabei gibt es aber ein schwieriges Problem. Der Beweis der Unendlichkeit der Zeit scheint den Fehler zu begehen, daß er gerade das voraussetzt, was es zu beweisen gilt. Wenn das Universum einen zeitlichen Anfang hätte, so läuft das Argument, dann widerspricht der Zeit seines Seins die unendlich vor dem Anfang vorangegangene Zeit seines Nicht-Seins. Es ist zwar möglich, sagt er, daß

---

[75] Vgl. Schellings »Bruno«, z.B. 4, 262 u. 267ff.

zwei in der Zeit beschränkte Handlungen einander folgen, z.B. das Sitzen folgt dem Nicht-Sitzen. Dasselbe ist aber für zwei unendliche Reihen unmöglich: Eine unendliche Epoche des Seins kann nicht einer unendlichen Epoche des Nicht-Seins folgen (cael. 281b3-25). Dagegen könnte man aber Ähnliches sagen, wie von Aristoteles zum Problem der Begrenzung des Raums schon behauptet wurde. Wenn das, was außerhalb eines begrenzten Raums liegt, nichts Räumliches sei, weil Raum immer von dem konkreten Ort her gedacht werden muß, und es keinen Ort ohne die Möglichkeit der Raumerfüllung geben kann (für Aristoteles ist ein Ort immer auf einen Körper bezogen, insofern er eine Art von ihm trennbares Gefäß ist – Vgl. phys. 211a1ff.), dann gäbe es vermutlich auch außerhalb der Zeit ein ewiges und schlechthin nichtzeitliches Nicht-Sein vor dem Anfang des Kosmos, weil Zeit als das Maß der Bewegung verstanden wird, und nur ein Seiendes in Bewegung kommen kann. Es fragt sich dann, wie Aristoteles die Unendlichkeit der Zeit zur Voraussetzung machen konnte, wenn es offensichtlich möglich wäre, daß die Zeit (wie nach der christlichen Lehre) durch eine außer ihr stehende Ewigkeit beschränkt werden könnte. Anders ausgedrückt, fragen wir, warum Aristoteles die Ewigkeit mit einer unendlichen – einer unaufhörlichen – Zeit gleichsetzt.

Weil für Aristoteles jede logische Demonstration auf die Form des Sich-Zeigens der Welt selbst zurückgeht, und nur in ihm die letzte Begründung findet, aus der die zwingende Kraft des Ganzen entsteht (an. post. II,19), wird es unmöglich, allein auf dem Weg einer solchen Demonstration unsere Frage zu beantworten. Aristoteles kannte die antinomische Struktur der Vernunft genau so gut wie Kant (Vgl. z.B. seine Widerlegung Zenos) und ist deshalb von dem Nachfolger nicht zu berichtigen. Wenn er sich trotzdem für die unendliche Zeit des Kosmos entschied, dann geschah dies aufgrund einer die bloße Sinnlichkeit übersteigenden Anschauung: In dieser Anschauung präsentiert sich das Übersinnliche als die absolut einfache, ewig anwesende *ousia*. Dies entspricht der herkömmlichen Aristoteles-Interpretation und wurde in unserer Zeit von Heidegger zugespitzt, um die Deutung des Seins als Anwesenheit als den entscheidenden Schritt der griechischen Metaphysik darzustellen.[76] Wegen des »unlogischen« Beharrens auf der Unendlichkeit der Zeit drängt sich aber der Gedanke auf, daß in der noetischen Anschauung ein zweites Moment vorliegt, das zwar im ersten gründet, aber ihm radikal widerspricht. Dieser Gedanke wird bestätigt, wenn wir uns daran erinnern, daß bei Aristoteles der Nicht-Sinnlichkeit der vollkommenen

[76] Heidegger, Vom Wesen der menschlichen Freiheit, Bd. 31 der Gesamtausgabe, Frankfurt 1982, S. 39-109. Es fragt sich allerdings, ob Heideggers These, so ergiebig sie für seine Interpretation der Seinsgeschichte war, nicht wesentliche Dimensionen des aristotelischen Denkens, z.B. den Begriff der *hyle*, zudeckt.

Ousia die Nicht-Sinnlichkeit und gar Nicht-Seiendheit der prima materia (z.B. met. 1029a20-25 und 1049a26) gegenübersteht. Das ewige Wesen trägt in seinem Herzen einen Riß, aus dem die Zeit unendlich hervorströmt. Aristoteles war der strengste der Denker. Er setzte nicht die Unendlichkeit der Zeit einfach voraus; er schaute in sie hinein, zwar nicht als eine vollkommene Gestalt (die Unmöglichkeit dieser ist eben der Sinn der Unendlichkeit), wohl aber als etwas notwendig zu Entfaltendes. Die Notwendigkeit der Entfaltung ist die Unumgänglichkeit der ewigen Natur.

2. Entstehen und Vergehen der Dinge gibt es auf der Erde; daraus folgt die Unmöglichkeit, ein konkretes Seiendes als das Unterliegende des irdischen Bereichs vorzustellen. Und weil doch jede Änderung sich als solche nur in der Gegenüberstellung zu einem beharrlichen Substrat zeigen kann, muß das Substrat des Entstehens und Vergehens trotzdem gedacht werden. Da dieses Substrat nicht ein bestimmtes Seiendes sein kann, gilt es als das Unbestimmte, auch wenn die Unbestimmtheit dem Denken selber entgegengesetzt ist; gedacht wird also das Undenkbare. Das Tragende der irdischen Bewegung ist selber kein Seiendes (gen. corr. 332a18-26); es ist statt dessen die unwiderstehliche Tendenz der Materie, in das Nicht-Sein zurückzusinken. Diese Tendenz scheidet die Dinge von einander und macht es prinzipiell unmöglich, ein Ding auf ein anderes zurückzuführen. Als Substrat des Entstehens und Vergehens ist dieses »undenkbare Prinzip« die notwendige Bedingung des Hervortretens des Individuellen. Hier geht es, gemäß der Sprache der nachfolgenden Metaphysik, um das principium individuationis.

Diese absolute Unbestimmtheit und Nicht-Seiendheit der prima materia ermöglicht, freilich nur der Potenz nach, die unendliche Teilbarkeit der Materie (gen. corr. II,1 und cael. III,8). Dies ist der Kern der Kritik an jeder Atomlehre – sowohl dem mathematischen Atomismus Platons (oder der modernen Physik) als dem materiellen Atomismus Demokrits. Die Materie Platons ist z.B. letzten Endes keine Materie, da sie in eine Reihe von geometrischen Formen aufgelöst werden kann. Bei Aristoteles dagegen ist gerade das Materielle an der Materie, die Unmöglichkeit einer Zurückführung der Materie auf die Form, oder, vorsichtiger gesagt, auf die anwesende Form, das Entscheidende. Der ganze Prozeß des Entstehens und Vergehens – der unerschöpfliche Kreislauf und Wechsel des sublunaren Kosmos ist von einem Prinzip getragen, das schlechthin unbestimmbar ist, dem Nicht-Begreiflichen und Sich-Entziehenden der Natur.

3. Wir versuchen nun, den Unterschied zwischen dem aristotelischen und dem neuzeitlichen Zweckmäßigkeitsbegriff herauszustellen. Das Entscheidende an der

Bewegungsform des Entstehens und Vergehens ist, daß sie die eigentliche Substanz eines Dings betrifft (gen. corr. I,3). Wenn wir von dem Entstehen einer *ousia* sprechen, gehen wir davon aus, daß diese *ousia* vorher nicht anwesend war; sie entsteht also aus der Nicht-Seiendheit der prima materia. Hier tritt die Endlichkeit des jeweiligen Seienden, d.h. gerade das Sein dieses Seienden, ins Blickfeld. Ich z.B., ein Seiendes, kann meine eigenen Eigenschaften mitbestimmen; meiner eigenen Geburt und meines Entstehens bin ich aber nicht mächtig (Vgl. motus an. 700a35). Es gibt also eine Änderung oder Bewegung, die prinzipiell nicht unter die Kategorie des Sich-Machens gebracht werden kann. Es ist ferner gerade diese Bewegung, die für die griechische Erfahrung der Natur maßgebend ist. Wir können hier von einer *griechischen* Erfahrung sprechen, indem das unvordenklich Individuelle am Entstehen und Vergehen – sein Angewiesensein auf das nicht-faßbare *me on* der prima materia – die Enthüllung derselben schicksalhaften Notwendigkeit bedeutet, die in der homerischen Welt das Tun sowohl der Götter als auch der Menschen lenkt und in der nachfolgenden Tragödie als die verhängnisvolle Abgeschiedenheit des Helden ihre volle Macht zeigt, der auch der sich nach Freiheit sehnende Philosoph *tribut zollen mußte. Dieser eigentümlichen griechischen Dimension steht die neuzeitliche Idee der Natur als eines sich-organisierenden Ganzen, wie dies z.B. in Kants »Kritik der Urteilskraft« dargelegt wurde, scharf entgegen. Dieser Unterschied gilt auch für Schellings Naturphilosophie, insofern diese den Organismusbegriff von Kant übernimmt und weiter entwickelt. Aber insofern sie auch die notwendige Verschlossenheit des Grundes des Sich-Setzens, insofern sie also die »Unvordenklichkeit des Seins« reflektiert, zeigt sie eine wahre Nähe zum griechischen Begriff der Physis.[77]

Im zweiten, teleologischen Teil der dritten Kritik Kants wird die eine dynamische Betrachtung der Natur ermöglichende Teleologie von Leibniz positiv aufgegriffen, wenn auch als regulative Idee in den Rahmen der kritischen Philosophie gestellt. Die Aufnahme des Zweckmäßigkeitsbegriffs bereitete den Systementwurf des deutschen Idealismus vor und war nicht zuletzt ein wesentlicher Grund dafür, daß die nachfolgenden Idealisten sich so intensiv auf das Gespräch mit den Griechen überhaupt haben einlassen können. Kants Verständnis der Zweckmäßigkeit ist jedoch von dem des Aris-toteles durch einen Abgrund getrennt. Bei Aristoteles ist jede Bewegung eine Bewegung auf ein *telos* hin. Etwas bewegt sich auf den selbst unbewegten Ort seiner Hingehörigkeit zu, einen Ort, der durch die Form des Sich-Zeigens des Kosmos be-

[77] Wie dieses »griechische« Element in Schellings Denken wiederum in Zusammenhang mit dem ersten, ästhetischen Teil der »Kritik der Urteilskraft« zusammengebracht werden kann, macht eine Untersuchung des Schlußabschnitts von Schellings »System des transcendentalen Idealismus« deutlich. Dazu siehe Jähnig, a.a.O., Bd. 2. Diese Beziehung ist sowohl für das Verständnis von Kant wie von Schelling ausschlaggebend.

stimmt ist, d.h., er ist der natürliche Ort des sich auf ihn Zubewegenden. Bei Kant dagegen wird die natürliche Bewegung eindeutig mechanisch – gemäß dem Trägheitsprinzip aus Zug und Stoß – verstanden; die Zweckmäßigkeit wird als eine Nothilfe des Verstandes hinzugebracht und nur dort verwendet, wo der Verstand auf eine ihm noch ungeklärte Grenze stößt, d.h., wo etwas Unnatürliches, Zufälliges erscheint, das mechanisch nicht zu verstehen ist. Kant gibt das Beispiel eines im Sande gezeichneten regulären Sechsecks, das nicht aus der Bewegung des Meeres oder des Windes erklärt werden kann, so daß man auf die Einwirkung eines vernünftigen Wesens schließen muß (KdU, A 281f.)

Solche »Zufälle« in der Natur sind z.B. organische Gestalten, die so symmetrisch und kompliziert sind, daß sie mechanisch nicht begriffen werden können. Oder vor allem die Existenz der Natur überhaupt (KdU, A 331). Heute könnte man noch auf die statistische Unwahrscheinlichkeit des Entstehens einer so reich gegliederten Gestalt wie des DNS-Moleküls hinweisen, oder auf die scheinbare Unmöglichkeit der alle Materie in eine ursprüngliche Singularität zusammenschließenden Gestalt, die als Bedingung des Urknalls gedacht wird. Nach Kant müssen wir angesichts solcher Erscheinungen auf die Idee einer »Technik der Natur« zurückgreifen, die allerdings nicht als eine Aussage über die Konstitution der Natur an sich im Sinne der dogmatischen, vorkritischen Metaphysik verstanden werden darf, sondern die eine bloß regulative Funktion für die Urteilskraft ausüben soll, die sich ohne eine auf dieser Idee aufgebaute Systematik sonst in die unendlichen Einzelheiten der empirischen Forschung verlieren würde. Diese kritische Einschränkung zeigt deutlich die Herrschaft des Mechanischen in Kants Denken. Man müßte dabei z.B. fragen, ob Kant, hätte er so lang gelebt, in Darwin den »Newton des Grashalms« oder im kybernetischen Regelkreis die adäquate mechanische Durchleuchtung der »teleologischen« Wechselbeziehung zwischen Ursache und Wirkung hätte erkennen müssen.[78] Im Unterschied zu Schelling hat Kant nie von einer prinzipiell nicht überschreitbaren Grenze der mathematisch-mechanischen Denkweise gesprochen. Es ist ja nach ihm die Forderung: »alle Produkte der Natur, selbst die zweckmäßigsten, so weit mechanisch zu erklären, als es immer in unserm Vermögen ... steht« (KdU, A 359).

Abgesehen aber von der Frage, ob die moderne Kybernetik und Genetik die ausreichende Entzauberung dessen ist, was für Kant noch als unerklärlich galt, finden wir gerade in seinem Zweckmäßigkeitsbegriff den größten Unterschied zu Aristoteles.[79] Dies läßt sich daraus ersehen, daß Kant die Zweckmäßigkeit der Natur mit dem Wort

---

[78] Dabei ist es interessant zu bemerken, daß ein Resultat der Verbreitung von kybernetischen Begriffen das Wiederaufnehmen der teleologischen Fragestellung innerhalb der Philosophie ist.

[79] Eine ausführliche Erörterung des Unterschieds findet man bei Robert Kudielka, a.a.O., S. 82-97.

»Technik der Natur« ausspricht. Diese Zweckmäßigkeit mag unabsichtlich oder, wie er sagt, »ohne Zweck« geschehen. Die Idee derselben wird dennoch aus der Vorstellung »einer nach Zwecken handelnden (verständigen) Weltursache« (KdU, A 314), d.h. aus dem Schöpfungsgedanken, gezogen. Eben deshalb gipfelt Kants Teleologie in einer (gleichwohl in kritischen Schranken gehaltenen) Theologie. Dagegen denkt Aristoteles die Physis in ausdrücklicher Abhebung von der Techne (phys. II,1). Die Natur ist weder ein durch Gott noch ein durch sich selbst Gemachtes: Das *telos* der natürlichen Bewegung ist überhaupt keine Form, die gewaltsam über eine ihr fremde Materie gestülpt wird, sondern sie ist die natürliche Verwirklichung einer in der Materie selbst schon vorliegenden Möglichkeit.

Die Bewegung als Verwirklichung einer der Materie innewohnenden Form macht das Wesen der Physis aus und liegt der Unterscheidung der Physis von der Techne zugrunde. Etwas Gemachtes hat immer das Prinzip sciner Bewegung außer sich. Selbst wo z.B. ein Arzt krank ist und sich selbst heilt, kann nach Aristoteles von einem der Natur entsprechenden Sich-Machen nicht die Rede sein, indem sich nicht der Arzt als Patient gesund macht, sondern der Arzt als Arzt macht den Arzt als Patient gesund (phys. 192b24-32). Wenn Kant dagegen die Zweckmäßigkeit als »Technik der Natur« deutet, gibt er zu verstehen, daß es einige Naturprodukte – die organischen – gibt, die der gegenständlichen Natur gegenüber fremdartig erscheinen und nur dann gefaßt werden können, wenn man sich die Wirkung eines der Intelligenz analogen Prinzips vorstellt, das die Materie in eine künstliche Gestalt umformt: Die Notwendigkeit dieses Schrittes zeigt jedoch, daß sich die aristotelisch verstandene *physis* der Sicht Kants völlig entzogen hat, weil es nach Aristoteles *natürlich* ist, daß Naturdinge ihre Form verwirklichen, d.h. sich bewegen, so daß die Einführung einer Technik zur Klärung dieser Bewegung grundsätzlich verkehrt ist. Die Technik versetzt die Materie in eine ihr fremde Form, worin sie ihrer Natur, d.h. des Prinzips ihrer Fortbewegung und Gestaltung beraubt wird. »Es entsteht«, schreibt Aristoteles, »aus einem Menschen ein Mensch, aber nicht ein Bettgestell aus einem Bettgestell« (phys. 192b8-9). Ein gemachtes Ding ist also ein totes Ding, und Totsein ist die Beraubung seiner Natur.

Bevor wir die Physis als das eigentümliche Belebtsein der Natur weiter erklären, erinnern wir noch an einen Punkt, der die »Kritik der Urteilskraft« betrifft. Das Handeln soll sich aus einem übersinnlichen Substrat her frei bestimmen, um den Menschen der Naturkausalität zu entheben, damit er – als Endzweck der Schöpfung – am Ende über die ganze Natur herrschen kann (z.B. KdU, A 394). Die »Kritik der Urteilskraft« will eine Art Brücke liefern, die den Abgrund zwischen den auseinanderliegenden Bereichen der Natur und der Freiheit – des Seins und des Sein-Sollens – überspannen soll. Diese Brücke ist für Aristoteles nicht notwendig, insofern das menschliche Handeln naturgemäß auf sein *telos* gerichtet ist. Das Sein und das Sein-Sollen sind nicht, wie bei Kant, auseinandergerissen. Dies bedeutet freilich nicht, daß der Mensch immer am Ziel ist; seine Entfernung vom Ziel ist jedoch durch die Natur selbst gegeben und gehört zu ihrem Wesen. Der handelnde Mensch muß auch nach Aristoteles über einen Abgrund springen, aber dieser Abgrund, weil er in der Natur selbst vorkommt und sogar, indem er die Bedingung jeder Art der Bewegung überhaupt ist, ihr Wesen ausmacht, ist nicht das, was den Menschen von der Natur trennt, sondern das, was ihn mit ihr vereinigt. Anders gesagt, der Mensch ist ein geschichtliches Wesen gerade deshalb, weil er ein Naturwesen ist.

Um diese Behauptung zu bestätigen, blicken wir wieder auf das Eigentümliche am Entstehen und Vergehen. Diese Bewegung, z.B. im Aufgehen der Pflanzenwelt im Frühling und Verschließen dieser Welt im Herbst zu sehen, ist das Resultat eines ewigen Streits zwischen dem aufgegangenen Prinzip des Himmels und dem in sich verschlossenen Prinzip der Erde, ist also das ewige Hin-und-Her zwischen dem Sein und dem Nicht-Sein, dessen Darlegung als Zyklusgedanke der Griechen gilt. Und doch finden wir, daß Aristoteles die Zyklusbewegung auf das Ineinandergehen der Elemente beschränkt (die Wolke z.B. ist die Bedingung des Regens; das Wasser vom Regen ist die Bedingung der Bildung einer Wolke). Diese Bewegung von Luft in Wasser in Luft ist eine kreisende Bewegung, denn die Elemente erscheinen als die Gleichen, aber eben deswegen handelt es sich da nicht wirklich um Entstehen und Vergehen, das Hervorgehen und Verschwinden individueller Substanzen, wo die Dimension der Endlichkeit und Jeweiligkeit dieser Substanzen deutlich ins Spiel kommt (gen. corr. 338b6-20). Gegenüber den Elementen ist jede Pflanze eine eigene Welt, eine *besondere* Sammlung des Weltgefüges in die eigentümliche Gestalt einer in sich ruhenden Ganzheitsstruktur. Wie Aristoteles sagt, hat »jede Hervorbringung der Physis in sich selbst den Ursprung ihrer Bewegung und ihres Standes« (phys. 192b14). Dieses Prinzip der Selbstbewegung steht nicht allein dem Trägheitsprinzip der neuzeitlichen Physik, sondern, weil aus ihm jedes Ding eine eigene Selbständigkeit gewinnt, auch dem ganzen Systemgedanken der neuzeitlichen Metaphysik entgegen.

Dies läßt sich in aller Deutlichkeit ersehen, wenn wir uns auf eine Stelle bei Aristoteles besinnen, wo er den Physisbegriff zusammenfaßt. Im Gegensatz zur Techne, sagt er, ist das Verhältnis zwischen dem Hervorbringen der Physis und ihren Hervorbringungen dieses: »Das Hervorgehende geht aus etwas hervor in etwas anderes; was ist das nun, was da hervorgeht? Doch nicht das, aus dem es herkommt, sondern das, worauf es hinausgeht, d.h. die *morphe*, die Gestalt. Also ist die Gestalt *physis*« (phys. 193b16-18). Das Bewegende der Physis, in einer Pflanze z.B., ist nicht etwa, wie nach dem Produktionsbegriff der Neuzeit, eine »bildende Kraft« oder, im Sinne der modernen Genetik ein gemäß dem Plan der DNS-Moleküle gesteuerter Aufwand von Energie. Das Bewegende nach Aristoteles ist vielmehr das Woraufhin der zu verwirklichenden Gestalt. Hier: die gewachsene, blühende Pflanze selbst. Das bewegende Prinzip wird also nicht wie in der Mechanik nach der Mitteilung seiner Bewegung zurückgelassen, sondern die Bewegung wächst in das Bewegende hinein. Und das, aus dem die Bewegung kommt, das Woraus im Unterschied zum Worauf der Bewegung, ist nicht, wie neuzeitlich gedacht, der Samen, der mit der richtigen Information gespeichert ist, samt den kausal gedachten Vorbedingungen der Erde, der strahlenden Sonne, genügenden Wassers, usw., sondern es ist die *steresis*, die Beraubung der noch nicht verwirklichten Form (Vgl. met. 7,7 – 1033a10).

Dies ist entscheidend, da man daran den gewaltigen Unterschied zwischen dem neuzeitlichen Kausaldenken und dem griechischen Denken erkennen kannn. Bei Aristoteles kann das Wesentliche nicht als der Versuch gelten, das Aufgehen eines Seienden so zu »erklären«, daß man es auf den Zustand eines vorangegangenen Seienden zurückführt, weil das Aufgehen das Ereignis der Gestalt selber ist, das von der Gestalt her auf diese hin aus dem Nicht-Sein ihrer Beraubung geleitet wird. Was die Bewegtheit betrifft, ist das Wichtige am Samen, daß er noch nicht Stengel, noch nicht Blatt, noch nicht Blüte ist. Aus dieser Beraubung geschieht die Bewegung auf die vollendete Gestalt hin. Die ursprünglichste Bewegung, die *genesis* oder Entstehung eines Dings, entfaltet sich sogar nur aufgrund eines in völliger Unbestimmtheit gedachten *hypokeimenon*, dies, weil das Wachstum der Pflanze nur aus dem *Sterben* und Vergehen des Samens geschehen kann. Die Bewegung der *genesis* ereignet sich aus der Zwiespältigkeit der Gestalt, ihrer Trennung in die zwei Gesichter ihrer Abwesenheit und ihrer Anwesenheit (phys. 193b20). Das bewegende Aufgehen und Sich-Zeigen der Physis ist deshalb undenkbar ohne Berücksichtigung jenes anderen Moments, der Verbergung, was an das bekannte Wort Heraklits erinnert: *he physis kryptesthai philei*, die Natur liebt es, sich zu verbergen (Fr. 123). Ohne diese Verbergung, den Rückgang der *energeia* in die *dynamis*, gäbe es kein wahres Entstehen und Vergehen, und Zeno z.B. hätte mit seiner Behauptung, alle Bewegung sei ein Schein, recht gehabt. Wichtig dabei ist zu bemerken, daß die *dynamis* immer die Eignung für eine bestimmte Gestalt ist und deshalb immer auf die *energeia* angewiesen ist. Nur daraus läßt sich das In-Bewegung-Kommen verstehen; oder, anders gesagt, die *steresis* ist nicht das absolute Nicht-Sein. Sie ist immer das Nicht-Sein von etwas, weshalb Aristoteles auch sie als eine Art Form bezeichnet, was die Rede von der Zwiespältigkeit der *morphe* berechtigt (phys. 193b20) – und außerdem dem Prinzip der prima materia einen genaueren Sinn verleiht. Wenn wir z.B. Kants Bestimmung der Materie als des Prinzips der Raumerfüllung annehmen, müssen wir einsehen, daß die prima materia als ursprüngliches *hypo-*

keimenon des Entstehens und Vergehens eigentlich überhaupt keine Materie ist. Sie ist nichts Räumliches, ist kein Stoff für ein Machen. Das neuzeitliche Fabrikmodell des Wachstums ist der absolute Gegensatz zur aristotelischen Deutung der Physis.

Die Zwiespältigkeit der Form eröffnet das Wesen der Natur, das Aristoteles mit dem Wort, die *physis* sei *hodos* [*ek physeos*] *eis physin* (phys. 193b12), ausgesprochen hat; die *physis* ist das *Unterwegssein* der aufgehenden Natur in die vollendete Gestalt ihres Aufgegangenseins. Die Natur ist die Bewegung der Natur in sich selbst. Sie bringt ihre Hervorbringungen hervor, indem sie in sich selbst zurücktritt. Als das Sich-Gestaltende, das Unterwegssein im Aufgehen der Gestalt, enthält sie notwendigerweise die Doppelstruktur des Sich-Zeigens und des Sich-Verbergens, weshalb die offene Gestalt, das Blühen der Blüte z.B., sich nur augenblicksweise zeigt, wobei der Schritt aus dem zeitlichen Unterwegssein in die Vollendung des *telos*, das Aufbrechen in der Natur der ewigen Form, überhaupt keinen Übergang in die unendliche Dauer der vorgestellten Ewigkeit bedeutet. Gerade das »ewige« Sein ist solches nur, insofern es in fest gezogenen Grenzen steht; das Blühen geht in das Verwelken über. Das Verwelken gehört zum Wesen des Blühens, da es die blühende Gestalt von den Beziehungen zu anderen Gestalten abschneidet. Auf diese Weise wird die Gestalt in ihr Wesen befreit und zu der Stelle emporgehoben, wo sie sich augenblicksweise als das Ganze dessen, was ist, enthüllen kann. Das Vergehen der Natur eröffnet den freien Raum, worin das Entstehen und Aufgehen der Dinge ins Spiel kommen kann; es besteht dennoch die stets drohende Gefahr des Zurücksinkens in das Nicht-Sein, deren augenblicksweise Überwindung die Schönheit des Blühens ausmacht.

4. Das Ziel des Kosmos, die Vollentfaltung seiner *dynamis* zur *energeia*, ist bei Aristoteles nicht wie im deutschen Idealismus das Endstadium einer kosmischen Entwicklung, etwa der zu sich selbst gekommene Geist, eben weil die *energeia* durch jedes Moment des Seienden hindurchgeht, wo, ruhend in ihrer inneren Sammlung, sie sich im geeigneten Augenblick als das zeigt, worüber hinaus es nichts weiteres zu erreichen gäbe. Durch die Scheidung der Zeit fällt alles außer der einen jeweiligen Gestalt hinweg; als Quelle des ständigen Wechsels der Natur erschließt sich nun die tiefe Ruhe der vollendeten Gestalt. Die unendliche Mannigfaltigkeit des nun auch abwesenden Seienden wird in die Ruhe einer Gestalt, als *telos* der Bewegung überhaupt, eingesammelt: eine Überfülle des Augenblicks, woraus der Umschlag von der Sammlung in die Zerstreuung, der Abfall in die Abwesenheit, sich fast verstehen läßt. Das Vollendete ist das Überschwengliche.

Die Anwesenheit der *energeia* in der Stätte ihrer Abwesenheit, im sinnfälligen, zeitlichen Kosmos, wird hier durch einen Hinweis auf die Ortsbewegung verdeutlicht.

Es wurde schon darauf hingewiesen, daß Aristoteles die Bewegung im allgemeinen im Hinblick auf ihre bewegende, aber selbst unbewegte Quelle versteht. Dies ist die bekannte Problematik des ersten Bewegers, von Thomas v. Aquin als kosmologischer Gottesbeweis aufgenommen. Die ungeheure Mannigfaltigkeit der kosmischen Gestaltung wächst auf das absolut Einfache der göttlichen Ousia zu. Diese ist allein auf sich bezogen und von dem zeitlichen Kosmos schlechthin abgeschieden. Die Abgeschiedenheit des einfachen Wesens birgt, wie im nachfolgenden Abschnitt gezeigt wird, eine eigentümliche Zwiespältigkeit in sich. Bevor wir uns aber darauf einlassen, überlegen wir noch folgendes: Aristoteles denkt den Kosmos selbst als das Offene einer mannigfaltigen Gestaltung, wobei mittels der Gestaltung der Mannigfaltigkeit der Dinge dem Chaos eines Alles-Ineinanderfließens entzogen wird. Der Kosmos ist also ein Gefüge von Orten, die die Elemente der Materie in eine Ordnung bringen. Die Orte umfassen die Dinge, sind aber von den Dingen ganz verschieden: Ein Ding kann seinen Ort verlassen, der Ort selbst bleibt aber unbewegt. Aristoteles unterscheidet so streng wie möglich die Materie von dem *topos*. Der *topos* als das Begrenzende (*peras*) der Materie stimmt mit der Form (*eidos*) überein, aber nur dann, wenn der Körper am richtigen Ort steht. Weil der konkrete Körper – als Zusammenfügung von Form und Materie gedacht – von seinem Ort entfernt werden kann, steht der Ort selber sowohl über der Form als über der Materie (phys. 209b24). Der Ort bleibt absolut unbeweglich. Alles sinnlich Erscheinende ist so gefügt, daß es irgendwo sein muß (phys. 205a10-12). Da, wo ein Körper hingehört, ist sein Ort. Wenn der Körper nicht da ist, zeigt sich die ungeheure Macht des Ortes, die jedoch nur so ausgeübt wird, daß der Ort bei sich steht (z.B. 208b8-10). Der unbewegte Beweger, die in sich beschlossene *energeia*, ist nicht aus dem Kosmos schlechthin ausgeschieden. Die Sammlung seiner Auf-Sich-Bezogenheit ist die Ein-Ordnung der Dinge auf ihre Orte. Der unbewegte Beweger *ist* der Ort, *ho topos*. Die *physis* läßt die Dinge aus ihrem Gefüge fallen und sammelt sie wieder ein. Die Fügung ihrer Einordnung ist der Kosmos selber, der sich in der Gestalt zeigt. Die Orte sind von dieser Gestalt her bestimmt: sie bezeugen das Aufbrechen des *logos* als eine Bewegung der *physis*. Dieses Aufbrechen ist die schwellende Gestalt einer Überfülle des Seins: die Blüte des Kosmos.

(C) Die Endlichkeitsstruktur der Ousia

1. Auch wenn nach der Zeit der Vollendung der Metaphysik das Positive des Geistes uns längst entzogen ist, wird unser Denken heute immer noch – oder mehr denn je zuvor – vom Systemprinzip der Neuzeit bestimmt. Deshalb fällt es uns schwer, die Jeweiligkeit und Ortsbezogenheit des bewegenden Prinzips bei Aristoteles gelten zu

lassen. Schelling z.B. hat gerade diese Dimension des Aristoteles aus den Augen verloren, als er sich darum bemühte, die formelle Ursache von der Endursache streng zu unterscheiden, um durch diese Trennung Platz für den alles überschauenden und aus sich bildenden Geist zu schaffen.[80] Ähnliches geschieht heute, wenn Aristoteles mit dem Maßstab einer von der Sache selbst abgezogenen Logik beurteilt und dabei vergessen wird, daß das griechische Denken vor allem aus der Betroffenheit vor der Unsagbarkeit des mannigfaltigen Seienden, und nicht aus dem Rahmen eines festgelegten Begriffes, hervorgegangen ist.

Dies erwähnen wir, weil sich daraus vermuten läßt, wie die Aristoteles-Interpretation des späten Schellings (Aristoteles als der Vollender der »negativen« Philosophie, die über dem Begriff nicht hinauskommt) zu kurz greift, um dem jedes System sprengenden Seinsverständnis des Aristoteles völlig gerecht zu werden. Nach Schelling faßt Aristoteles das absolute Sein in der Innerlichkeit des in sich versunkenen Geistes zusammen. Da gibt es keine Möglichkeit einer freien Handlung, die, als die immanent gewordene Transzendenz des Schellingschen Absoluten, in die Welt hineintritt, um sie geschichtlich zu gestalten. Dabei zeigt sich aber die Neuzeitlichkeit des alten Schelling, der gemäß dem Verständnis des Seienden als Wirklichkeit das Weltprinzip als wirkende Ursache verstehen will. Dies ist mit der christlichen Vorstellung verbunden, nach der Gott als ein liebendes, sich aufopferndes Prinzip gilt, der nicht bei sich verweilt, sondern ständig aus sich – in seiner ewigen Tat der Schöpfung – hinaustritt. Es stellt sich jedoch die Frage, inwiefern Schelling damit den Grundgedanken seiner eigenen Naturphilosophie, wonach die in sich gesammelte Ruhe das höchste Bewegungsprinzip ist, oder das zentrale Prinzip der »Weltalter«, wonach das dem Seienden zugrundeliegende Wollen seine Freiheit nur aus dem noch ursprünglicheren Moment des Willens, »der nichts will« empfängt, außer Betracht gelassen hat. Ohne auf diese Frage einzugehen, weisen wir darauf hin, daß die Ruhe der *energeia* als ein Bewegungsprinzip zu verstehen ist. So auch ist die In-Sich-Bezogenheit ein *Scheidungsprinzip*, das eine Gestalt von der anderen loslöst und sie als der Jeweiligkeit einer bestimmten *ousia* übergibt. Anders gesagt, aus der Untersuchung der aristotelischen Physis wird es möglich, die Innerlichkeit dieses In-Sich-Ruhenden mit den von dem späten Schelling aufgestellten Prinzipien der Ekstase und der göttlichen Liebe in eins zu denken.[81] Die Handlung des höchsten Geistes geht aus der Vollendung des erfüll-

[80] Siehe Hideki Mine, Ungrund und Mitwissenschaft. Das Problem der Freiheit in der Spätphilosophie Schellings, Bern/New York 1983, S. 69f.

[81] Es ist klar, daß die Frage der Richtigkeit der Aristoteles-Interpretation Schellings nicht ohne weitgehende Text-Analyse beantwortet werden kann und bald ins Uferlose führen würde. Einige sehr aufschlußreiche Hinweise können der Arbeit von Hideki Mine, a.a.O., entnommen werden. Uns geht es hier lediglich darum, zu zeigen, wie das Moment, das Schelling zur Unterscheidung der positivien von

ten Augenblicks hervor – und nicht aus einem Wollen, das über sich selbst hinaus gelangen will.

2. »Das Seiende wird in mannigfaltiger Weise gesagt, aber« – fügt Aristoteles hinzu – »bezogen auf Eines« (met. 1003a33). Was ist dieses Eine, die Ousia, der Träger der mannigfaltigen und wechselnden Bestimmungen des Seins? Es ist kein allgemeines Prinzip, aus dem die konkreten Bestimmungen abgeleitet werden können. Die Allgemeinheit der Ousia hebt ihre absolute Einzigkeit nicht auf – sie ist vom Gattungsbegriff streng zu unterscheiden (met. 7,13). Eine Gattung kann von ihren einzelnen Manifestationen abstrahiert werden, das Seiende aber nicht. Die Gattung schließt alle Verschiedenheit aus. Das Seiende ist aber stets ein Jeweiliges (*tode ti*) und als solches ein sich dem Denken Entziehendes. Es ist ein konkretes Individuelles, das sich mittels seiner Wesensfülle »allgemein« auf alles bezieht und ist keineswegs als ein abstraktes Allgemeines (das Nichts einer Gemeinsamkeit zwischen den verschiedensten Seienden) zu deuten. Daraus läßt sich aber die Schwierigkeit ersehen, deren Anerkennung Aristoteles dazu bringt, die Frage nach dem Seienden, *ti to on*, als eine ewig zurückkehrende Frage zu bezeichnen (met. 1028b5). Indem das Seiende immer in Bewegung ist, zeigt es keine endgültige Struktur auf; jede »Vollendung der Metaphysik« muß in deren Grundfrage zurückführen, ein Verlauf, der den Denkweg Schellings bestimmte und ihn letztlich zur Auseinandersetzung mit Aristoteles führte.

Das Rätselhafte an der Ousia besteht darin, daß sie, vermeintlich das absolut-Einfache, zudem die kategorialen Bestimmungen hinzukommen, bereits in sich eine Zwiespältigkeit zeigt. Das, was ist, ist zunächst die Form, das *eidos*, aber immer als diese bestimmte, wobei die Jeweiligkeit ihres Vorliegens eine Gebundenheit an die *hyle* zeigt. Als das Einfache der Form hat die Ousia keine selbständige Existenz.[82] Selbständigkeit hat sie nur als ein *synolon*, eine konkrete Zusammensetzung von Form und Materie. Dies war der Kern der Kritik an der platonischen Ideenlehre. Die Zwiespältigkeit wird am schärfsten im Begriff der *ti en einai* herausgestellt, der das Wesenhafte eines Seienden beschreibt, das das Seiende noch *vor* dem Akzidentellen seines jeweiligen Vorliegens ist. Dieses Wesenhafte bedeutet nicht die einfache Hingehörigkeit in eine allgemeine Gattung, der die selbständige Existenz fehlt, sondern gemäß der Form eines das Seiende bestimmenden *logos* dieses Allgemeine in Verbindung mit einer die konkrete Sache bildenden spezifischen *Differenz* (met. VII,4).

der negativen Philosophie treibt, die Anerkennung einer *ekstatischen* Struktur im Seienden, wobei der Rahmen der Vernunftidee gesprengt wird, eigentlich bei Aristoteles und sogar vor allem bei Aristoteles zu finden ist.

[82] Siehe E. Tugendhat, TI KATA TINOS, Freiburg/München 1958, besonders das Kapitel: »Die Zwiespältigkeit innerhalb der Ousia (Met. Z)«.

Ein Mensch ist nicht bloß ein Tier; er ist noch vor seiner Aneignung von besonderen Merkmalen ein zwiespältiges Wesen. Dieses Wesen ist darüber hinaus kein im platonischen Sinne trennbares Wesen, sondern ist stets ans konkrete Seiende – samt seinen akzidentellen Bestimmungen – gebunden (met. VII,6), weshalb Aristoteles die *hyle* nicht ganz aus dem Wesen einer sinnlichen *ousia* ausschließt. Auch wenn die Hyle als das Unbestimmte aus dem Logos ausbleibt, bezieht sie sich noch auf die Anschauung und macht ein unentbehrliches Element unseres Wissens aus (z.B. met. 1036a6). Das *ti en einai* ist das, was ein besonderes Seiendes zu eben diesem Besonderen, unzerlegbar in andere Substanzen (met. 1039a4) bestimmt; es ist das, was die unbestimmte, aber potentiell bestimmbare Hyle zur Gestalt bringt, bis sie einer individuellen Form eingewachsen ist, d.h., bis sie die Form – die eigentliche Ousia – wird. Eine Idee kann in verschiedene Ideen, oder andererseits eine bloß materielle Anhäufung in verschiedene Materien, zerlegt werden; die Ousia beschreibt jedoch ein Ganzes, das über seine Teile emporgehoben ist, oder noch genauer, das geheimnisvolle und absolut-einfache Telos, das alle Teile auf sich hin in einem kontinuierlichen Bewegungszusammenhang einsammelt. Die Bewegung auf dieses Telos ist von aller wirkungsartigen Zusammenstellung (etwa wie in der Leibnizschen Monade aufjuzeigen ist) ganz entfernt. Sie ist vor allem eine *natürliche* Bewegung. Deshalb sieht Aristoteles die wahren *ousiai* nur in den Hervorbringungen der Physis (z.B. met. 1043b22; 1044a9).

Die Hauptsache in der »Metaphysik« ist nicht die Unterscheidung von Materie und Form, sondern die Überbrückung dieser Trennung durch deren Zurückführung in das Bewegungspaar von *dynamis* und *energeia* (met. 1050a15). Buch Zeta der »Metaphysik« wurde eindeutig im Hinblick auf Buch Theta geschrieben. Wir weisen darauf hin, um deutlich zu machen, wie sehr der Begriff der natürlichen Bewegung – auch in den Schriften, die unter dem Namen der »Metaphysik« zusammengebracht wurden – das Zentrum des aristotelischen Anliegens ausmacht. Das höchste Ziel des Aristoteles ist das unmittelbare Denken und Vernehmen eben dieser Bewegung und zwar als Weg der *energeia* in sich selbst.[83] Dieser Weg ist die Bewegung um ihrer selbst willen, genau wie die Theoria eine Handlung um ihrer selbst willen ist. Das Spiel des Seins ist das höchste Ziel einer ungeheuren Arbeit, die nur dadurch in Atem gehalten wird, daß sie ihre Kraft aus dem Sein selbst empfängt. Dieses Ziel durchdringt das Ganze und erreicht seine höchste Präsenz gerade in der Stätte seiner größten Selbst-Entfernung. Das »Werkhafte« der *energeia* gründet in der Einmaligkeit des jeweiligen Erscheinens. Das Individuelle der Ousia, das die Zurückführung einer Ousia

[83] Siehe Walter Bröcker, Aristoteles, Frankfurt 1964[3]. Bröcker behauptet, daß das Denken des Aristoteles einzig und allein aus der Frage nach der Bewegung ausgeht.

auf eine andere unmöglich macht, zeigt jene tiefe Abgründigkeit, die der Struktur des Seienden als solchem unterliegt.

Die Erschließung der Struktur eines einzigen sinnlichen Seienden ist damit zugleich die Erschließung der Struktur des vollendeten Seienden der göttlichen Ousia. Die Trennbarkeit einer Ousia besagt keineswegs, daß sie ohne die Kleidung ihrer besonderen Qualitäten existieren könnte, sondern daß ihr den Qualitäten gegenüber eine Ursprünglichkeit zukommt, die die Unmöglichkeit ihrer Auflösung in eine bestimmte Reihe von Prädikaten bedeutet. Eine Qualität existiert nur in Verbindung mit einer Ousia. Diese muß ihrerseits Qualitäten haben, kann aber gleichwohl eine oder die andere haben. Die Trennbarkeit der Ousia wird vor allem in diesem »oder« ausgesprochen und bedeutet letzten Endes das *Freisein* der Ousia für die Weise ihres Erscheinens. Dieses Freisein zeigt deutlich die Spaltung der *dynamis*, die im Herzen der *energeia* selbst liegt. Nur daraus ist das Hervortreten des Individuellen zu verstehen. Zu bedenken ist nun, daß dieses Verhältnis einer sinnlichen Ousia zu ihren Qualitäten dem zwischen Gott und Welt entspricht. Die Trennbarkeit Gottes besagt nicht seine bloße Abgeschiedenheit von der Welt, sondern auch sein Freisein für die Welt. Das Denken des Aristoteles ist in diesem Sinne eher pantheistisch als theistisch zu verstehen. Aristoteles' Bemühung geht darauf hin, zu zeigen, daß die Ousia an sich weder Idee noch Materie sei. Seine Kritik an Platon (die Idee ist keine selbständige Ousia) muß immer im Zusammenhang mit seiner Kritik an Demokrit gefaßt werden. Im »weder-noch« der Ousia finden wir das Moment, das von Schelling am Ende der metaphysischen Tradition als die »Indifferenz« vom Idealen und Realen gedacht wurde. Es ist nur in der Trennung der Ousia von beiden, daß sie zu der vollkommenen Sammlung kommt, aus der das Ganze des natürlichen Seienden mit Leben angehaucht wird.

Die innere Freiheit der Ousia brachte Aristoteles anhand eines besonderen Seienden zur Sprache. In seiner Erörterung der *dynamis* wies er darauf hin, daß einige Naturkräfte sich auf notwendige Weise entfalten, z.B. die Sonne kann nur erwärmen, während eine Kraft – die mit dem Logos (met. 1048a1-5) – immer vor der *Entscheidung* steht, sich zu entfalten oder nicht zu entfalten. Ich z.B. kann sitzen oder nicht sitzen. Der Logos als Erfassen des Eidos erschließt mit der Form immer die Möglichkeit ihrer Privation, so daß das Wesen mit dem Logos, der Mensch, vor eine ständige Zwiespältigkeit gebracht wird, die aber nichts anderes als die Enthüllung der wesentlichen Abgründigkeit des Seienden als solchen ist. Nach Aristoteles ist der Mensch in der ursprünglichen Scheidung zwischen *dynamis* und *energeia* eingefügt. Es geht Aristoteles im allgemeinen um eine Bewegung des Menschen, die aus der Beraubung seiner Natur und der daraus entstandenen Sehnsucht nach Wissen, der Wiederkehr in die natürliche Heimat, entsteht. Diese Bewegung läßt sich vorübergehend als eine Bewegung von der tierischen Befangenheit im Sinnlichen zum geistigen Vernehmen des Übersinnlichen, des Noetischen, verstehen. Damit wird die große Spannung innerhalb des menschlichen Wesens ausgesprochen, die nicht bloß sein Freisein für einander entgegengesetzte Möglichkeiten bedeuten, sondern auch seine »natürliche« Tendenz, sein »natürliches« Ziel zu verfehlen. Nirgendwo wie im Menschen tritt der Widerstreit innerhalb der Natur so deutlich hervor.

Wenn man die von Aristoteles dargestellte Bewegung des Menschen zum Wissen näher betrachtet, dann bemerkt man, daß die Unterscheidung zwischen dem Sinnlichen und dem Übersinnlichen zu weit reicht, um diese Bewegung ans Ziel zu leiten. Der Weg des Menschen zum Wissen besteht nicht darin, daß er mit einem Sprung den sinnlichen Bereich hinter sich läßt, sondern darin, daß er beim Sinnlichen verweilt und ständig versucht, dessen Wesen zu erschließen. Der Blick in die Wahrheit dieses Wesens ist weder der Vollzug einer konsequenten Schlußfolgerung noch die richtige Erfassung eines bestimmten Seienden; er ist vielmehr die Berührung der Seele durch das sich erschließende Wesen der Natur selbst (Vgl. met. 11,10). In dieser Erschließung zeigt sich das Ewige der Natur, *daß* sie überhaupt da ist. Als die tiefe Ruhe, aus der aller Streit hervorgeht und in die aller Streit wieder versinkt, ist die Natur unvergänglich, weil nie entstanden, unbeschreibbar, weil absolut einfach.

Mit dem Hinweis darauf, daß die große Spannung von *dynamis* und *energeia*, die die Bewegungsstruktur des natürlichen Seienden ausmacht, im Menschen selbst liegt, finden wir den Weg zurück in die Philosophie Schellings. Der Widerstreit der Natur spielt sich innerhalb der tiefsten Ruhe ab und kann nach Aristoteles ebensowohl mit dem Wort *Liebe* bezeichnet werden. Gegen Empedokles schrieb er, »wenn das Ganze durch Streit in seine Elemente auseinandergerissen wird, dann treten Feuer und jedes andere Element in ihrer Einheit hervor, und wenn diese dann durch Liebe zusammengesetzt werden, werden die Elemente selbst geschieden und verlieren ihre Einheit« (met. 985a25). Im Widerstreit der Natur mit sich selbst, wo das Hervortreten eines Seienden das Zugrundegehen eines anderen Seienden bedeutet, finden wir jenes erhabene und tragische Spiel, dessen Anerkennung die große Leistung der Griechen war. Daß Aristoteles die von allen Dingen erstrebte Ruhe nicht in eine Dimension außerhalb des Streits versetzte, verleiht seiner Teleologie ihren eigentümlichen Sinn, der die durch das Christentum vermittelte Teleologie der Neuzeit entgegengesetzt ist. Wenn wir nun im Anschluß an Schelling in eben diesem Streit der Natur – mit Berücksigtigung der Einfügung des Menschen innnerhalb dieses Streits – das Wesen der *Geschichte* sehen, dann lehnen wir die übliche Vorstellung der Geschichte als einer entweder ins Unendliche oder einer in eine bestimmte Gestalt forschreitende Entwicklung ab, um sie aus dem Zusammenhang mit der sie bestimmenden Grenze – der Rückkehr der ewigen Natur – zu fassen. Wir haben uns nun so lange bei Aristoteles aufgehalten, um klar zu machen, wie Schellings Entdeckung der Geschichte mit seiner in der Naturphilosophie gemachten Erfahrung »der Wiederkehr der Philosophie in ihren längst vergessenen Ursprung« konkret zusammenhängt. Der Ursprung der Philosophie ist der der Geschichte überhaupt und wurde von Aristoteles mit dem Wort *physis* benannt.

III

DIE NATUR ALS QUELLE DER GESCHICHTE

In Aristoteles' Analyse des Entstehens und Vergehens wurde die Endlichkeit des natürlichen Seienden so deutlich herausgearbeitet, daß es schwer zu verstehen ist, warum seine Beschreibung des Gangs der Natur seit eh und je als *zyklisch* gilt. Seine Analyse der Bewegung und vor allem ihre Klärung durch die ontologische Unterscheidung von *dynamis* und *energeia* scheint Antwort genug zu sein auf die gewöhnliche Behauptung, es gehe dem griechischen Denken – im Gegensatz zum dynamischen Seinsverständnis der Moderne – nur um das sich nie wandelnde ewige Sein und dessen Erschließung in der angeblich fixierten Gestalt des Logos. Darüberhinaus steht die zentrale aristotelische Lehre der Mannigfaltigkeit der Seinsbedeutungen der Behauptung entgegen, er hätte das Sein eng »nominal« gefaßt. Wegen dieser falschen Vorstellung der aristotelischen Metaphysik schien es mir im vorhergehenden Kapitel wichtig, zu zeigen, wie das Spannungsverhältnis von Himmel und Erde auch innerhalb der Ousia-Lehre aufzuzeigen ist. Dasselbe Resultat könnte auch durch Klärung des Analogiebegriffs geliefert werden, wobei die Hinführung des Denkens auf das Walten eines in der Mannigfaltigkeit verborgenen einheitlichen Wesens gerade nicht die Mannigfaltigkeit in einer leeren Einheit aufhebt, sondern sie in ihrer vollen Differenziertheit hervortreten läßt. So ist auch in Schellings Begriff der absoluten Identität das einheitliche Wesen nicht die abstrahierte Gemeinsamkeit von Reellem und Ideellem, eben weil es jeweils als Ganzes in beiden ruht. Das Sein ist nach Aristoteles weder eine starre Substanz noch ein Universalbegriff (z.B. met. III,3). Verschiedenes kann einem Wesen zugehören, ohne deshalb in eine leere Identität zurückzusinken.

Obgleich bei Aristoteles die Entstehung der Dinge gewissermaßen als eine Gestaltung der Materie verstanden wird, hat diese Gestaltung nichts mit einer technischen Zusammensetzung eines vorgegebenen Stoffs zu tun. Sie ist vielmehr eine in einer beschränkten Zeit vollzogene Verendlichung einer unendlichen Reihe – logisch betrachtet eine Unmöglichkeit, die aber das Grundgeschehen der Natur ausmacht. Diese Verendlichung des Unendlichen spiegelt sich in der Struktur des konkreten Dings, wie auch in der Struktur der Zeit, die gerade nicht ein Aneinanderreihen von nicht weiter zu zerlegenden Jetztpunkten ist.[84] Das *apeiron* wird begrenzt und zum *eidos*, das Chaos zum Kosmos erhoben. Allein die Verwurzelung in der Unbestimmtheit des Irdischen verleiht den Dingen wahre Selbständigkeit – ohne diese wäre jedes Ganze in bestimmbare Teile zerlegbar und aus ihnen konstruierbar. Den Prozeß, bei dem ein Mensch einen anderen Menschen zeugt, denkt Aristoteles im scharfen Gegensatz zu demjenigen, bei dem ein Mensch ein künstliches Produkt, beispielweise eine Maschine, zusammenbaut. Was durch natürliche Zeugung hervorgebracht wird, ist kein totes Ding, sondern selbst ein lebendiges Wesen. Allein das lebendige Wesen kann im wahren Sinne eine Ousia genannt werden (met. 1040b5-10).

Dieser aristotelische Gedanke der Selbständigkeit und Lebendigkeit des natürlich Hervorgebrachten trägt zum Verständnis der Philosophie Schellings und besonders seiner Freiheitsschrift bei. Schelling bezieht sich in der Freiheitsschrift nicht ausdrücklich auf Aristoteles, abgesehen von einem Hinweis, daß die von Schelling als Zeugungsverhältnis gedachte Form der Identität bereits in der »alten tiefsinnigen Logik« der griechischen Philosophie richtig verstanden war (7, 352).[85]

In der langen Zeit von Aristoteles bis Schelling änderten sich die Anschauungsweisen grundlegend. Der christliche Gott wurde vom Schöpfungsprinzip her als wirkende, alles durchdringende Ursache gedacht. Dies in Verbindung mit der Wirklichkeitskonzeption, die aus dem nach der Weltmacht strebenden Römertum wuchs, machte es schwieriger, den Ort des Individuellen gelten zu lassen, auch wenn gerade dies von der Liebesbotschaft des Christentums gefordert wurde. Die Emanationstheorie des Neuplatonismus, nach der die besonderen Unterscheidungen der materiellen Welt allein aus »Entfernung« oder »Entlassung« von dem absolut lauteren und über dem Seienden hervorragenden All-Einen erklärt werden, so daß alles in der Strahlung des göttlichen Lichts aufgeht und in ihm die Selbständigkeit verliert, bedeutet auch eine große Gefährdung des Individuationsprinzips, von der Schelling, dessen Identitätsphilosophie noch innerhalb dieser Tradition stand, sich in seiner Freiheitsschrift befreien mußte.

[84] Siehe Wolfgang Wieland, Die aristotelische Physik, Göttingen 1962, wo anhand der Kontinuitätsstruktur der Zeit klar hervorgeht, daß es kein feststellbares *nun* geben kann. Das *nun* ist nach Aristoteles keineswegs ein feststellbares Teil der Zeit. Es ist von vornherein unmöglich die Jetztmomente als mit sich selbst identisch bleibende Atome oder Punkte einer Strecke zu betrachten, weil so das Verschwinden und aufgehen dieser Momente, d.h. der Bewegungscharkter der Zeit, was für Aristoteles immer im Vordergrund seiner Analyse steht, unmöglich zu denken ist.

[85] Es gibt dafür keinen Beleg, daß Schelling hier besonders an Aristoteles denkt. Daß jedoch Aristoteles selber seine logischen Bemühungen in dieser Richtung verstand, kann man z.B. dessen Zusammenstellung der Struktur des Syllogismus und der natürlichen Zeugung entnehmen, wobei in beiden die Ousia als notwendiger Ursprung eines Wachstums gilt (met. 1034a32).

Da der Nominalismus und andere Strömungen (z.B. der Protestantismus) das Signal für eine entscheidende Wende zum Pluralismus und zur Aufwertung der Mannigfaltigkeit des Seienden gaben, war der Ansatz für einen großen Streit zwischen der Empirie und dem Vernunftsystem schon angelegt. Das System von Leibniz zeigt diese Spannung vielleicht am deutlichsten. In Schellings Freiheitsschrift wurde das Problem anhand der Frage nach der Einfügung der menschlichen Freiheit in das System des Ganzen erörtert. Dabei kam dem Versuch Aristoteles', die Physis so zu denken, daß die Selbständigkeit des einzelnen Seienden immer berücksichtigt wird, noch ein anderes Moment hinzu. Schelling fragte nicht allein nach der Unabhängigkeit des Menschen von der Natur, sondern nach seiner Unabhängigkeit von *Gott*. Weil Gott als Grund des Seienden auch immer zugleich Grund der Seiendheit, d.h. des Geordnetseins des Seienden ist, bedeutet die Möglichkeit einer Unabhängigkeit ihm gegenüber die Möglichkeit eines nicht bloß aus der Materialität als dem Noch-Nicht-Seienden zu verstehenden Chaos, sondern eines gesteigerten, gegen die geordnete (von Gott gemilderte) Gestalt der Natur *gewollten* Chaos'. Es geht also in dieser neuen Fragedimension um eine von den Griechen nicht klar gestellte Frage, die nach der Möglichkeit des *Bösen*. Mit dieser Frage tritt man in das eigentümliche Feld der Geschichte, die, weil sie nicht mehr als ein bloßes Glied der Natur betrachtet werden kann, zum Gegenstand einer besonderen philosophischen Betrachtung wird.

Ist es aber wahr, daß dem griechischen Denken der Weg zur Geschichte versperrt blieb? In der Erörterung der Bewegungslehre des Aristoteles haben wir gesehen, daß die Erfahrung der Endlichkeit des Seienden im Zentrum seines Denkens stand. Diese Erfahrung und ihre Deutung waren am Anfang der griechischen Philosophie noch viel prägnanter ausgesprochen, und können als schlechthin antike Denkweise gelten. Man denkt an Heraklits Einsicht in die tiefe Verbergung, die die Seinsoffenbarung begleitet. Im Zug dieser Verbergung kehrt die Natur immer wieder in ihren Anfang zurück. Dazu kommt aber noch die Erfahrung, daß das, was aus diesem Anfang wieder hervortritt, immer ein *Neues* ist, woraus man die Unerschöpflichkeit der uns verborgenen Dimension der Anfänglichkeit entnehmen kann.

Von einer Philosophie der Geschichte wird aber erwartet, daß sie eine sinnvolle Ordnung innerhalb der Ereignisse der menschlichen Vergangenheit aufzeigt, ob als fortschreitende oder verfallende Entwicklung, als Verlauf im Kreis (wenn dieser als sinnvoll gelten könnte), Linie oder Spirale. Sie soll ferner imstande sein, das Spezifikum, das Besondere der Geschichte der Natur gegenüber, aufrecht zu erhalten.

Auch in der Antike findet man die Beschäftigung mit der Ordnung der spezifisch menschlichen Geschichte. Aristoteles' Abwertung der empirischen Geschichtsschreibung im Vergleich zur Dichtung (poet. 1451 2-3) betrifft nicht mehr als den engen empirischen Blick historischer Darstellungen und soll nicht als ein Beleg seiner Ablehnung der Geschichte gelten. Platon und Aristoteles bemühten sich beide um die Entdeckung einer regelmäßigen Entfaltung politischer Institutionen, wobei Aristoteles allerdings die Unregelmäßigkeit dieser Entfaltung schärfer betonte als Platon (pol. V,10). Gegen die sophistische Theorie, nach der die politische Gemeinschaft eine bloß vertragsmäßige Abmachung zwischen Individuen ist, heben Platon und besonders Aristoteles den Physischarakter der Polis hervor.

Dieser wird oft als ein Hinweis auf die zyklische Struktur der politischen Entwicklung verstanden. In Wahrheit wird jedoch unter dem Physischarakter der Gegensatz zur technischen Deutung politischer Institutionen verstanden. Hobbes' Vergleich des Staats mit einer künstlich erbauten Maschine (Leviathan) macht in dieser Hinsicht den tiefen Abgrund zwischen der Antike und der Neuzeit sehr deutlich und zeigt den Horizont des neuzeitlichen Verständnisses der Geschichte als etwas vom Menschen *Gemachten* auf; der Gegensatz hilft uns jedoch nicht bei der Frage, inwiefern die Griechen überhaupt einen philosophischen Begriff von der Geschichte hatten. Aristoteles' Hervorhebung des Physischarakters der Entfaltung politischer Institutionen aus der Familie und aus anderen natürlichen Gruppen bedeutet keineswegs die Verneinung der menschlichen Geschichte. Er betonte immer wieder, daß der Mensch eine höhere Fähigkeit hat, sich selbst zu bewegen, denn die anderen Naturwesen (z.B. N.E. 1103a15-25), aber er fand darin keinen Grund, die menschliche Handlung als unnatürlich oder übernatürlich zu bezeichnen. Denn die Natur im allgemeinen ist Selbst-Bewegung. Die Geschichte spielt sich also innerhalb der allgemeinen Physis – und nicht gegen sie – ab.

Für die Neuzeit ist die Geschichte primär die Produktion des menschlichen Geistes – und daher grundsätzlich *erkennbar*, während sie für die Antike einen von der Natur und von den Göttern gestifteten Rahmen hat, innerhalb dessen der Mensch sich frei entwickeln kann, ohne ihn aber je völlig durchzuschauen. Es ist hauptsächlich in dieser *mythologischen* Fassung, daß die antike Geschichtskonzeption auf Schelling einwirkte und ihm dazu verholfen hat, sich von der herkömmlichen Geschichtskonzeption der Neuzeit zu befreien. Daß die griechischen Philosophen zu keiner *systematischen* Geschichtsphilosophie kamen, erklärt sich aus ihrer Nähe zum Mythischen, und aus ihrem starken Bewußtsein der Geschichtlichkeit – und Göttlichkeit – der ganzen Natur. Aus dieser Sicht scheint die Idee einer systematischen Philosophie der Geschichte unsinnig zu sein, indem die Geschichtlichkeit der Geschichte gerade darin besteht, daß es nicht nur eine Substanz – einen Gott – hinter der Entfaltung gibt, sondern so viele wie es Epochen der Geschichte gibt.[86]

In der jüdisch-christlichen Tradition wurde die Geschichtsphilosophie der Neuzeit vorbereitet.[87] Dies geschah als das Telosprinzip der Natur, das bei Aristoteles noch immanent in ihr liegt, von der Natur abstrahiert wurde. Die Schöpfungsgeschichte des alten Testaments war die erste Stufe dieser Entwicklung. Mit der Idee einer Trennung zwischen dem Schöpfer und seiner Schöpfung, einer Trennung, die durch den Sündenfall absolut wurde, entstand die Idee einer zukünftigen Versöhnung der Natur mit Gott als Ziel und Sinn der Geschichte. Die biblische Geschichte umfaßt eine Zeitspanne von vielleicht 6000 Jahren (von der Schöpfung bis zum vorausgesagten Weltende), die deutlich in Anfang (Schöpfung und Sündenfall), Mitte (Christus) und Ende (Reich Gottes) gegliedert ist, und deren Entfaltung von *einem* Gott überwacht wird. Die Geschichte wird linear vorgestellt, und von der eschatologischen Hoffnung auf eine zukünftige Erlösung erfüllt. Sie wird also – und in einem Sinne, der mit Aristoteles wenig zu tun hat – *teleologisch* gedacht. Im ursprünglichen Christentum war diese Linearität allerdings noch nicht hervorgetreten, weil das eschatologische Moment als plötzlich einbrechendes Ereignis – als Kairos – erwartet wurde: »Der Tag des Herrn wird kommen wie ein Dieb in der Nacht.« Dieser plötzliche Einbruch des günstigen Augenblicks erinnert an die Erscheinungsweise der griechischen Götter und macht es unmöglich, den Vollzug der Zeit in eine allgemeine Zeitreihe einzuordnen. Die Zeit zeigt die Struktur der nicht reduzierbaren Jeweiligkeit, die wir in der Toposlehre des Aristoteles gefunden haben. Aristoteles nahm aber das Vollzugsmoment nicht in seine Zeitlehre auf, wobei man die Ankunft der systematischen, und in dieser Hinsicht nivellierenden Macht der Metaphysik schon bei ihm spüren kann. Es war eben die Verbindung des nivellierten Zeitbegriffe der Metaphysik mit dem eschatolo-

86 Die Wichtigkeit der epochalen Struktur der Geschichte scheint heute – nach einer langen Herrschaft des Hegelianismus über die Geschichtsauffassung – wieder erkannt zu sein. Man denkt vor allem an Heidegger, Foucault und Derrida, und in der empirischen Geschichtsschreibung an die französische Annales-Schule. Dabei soll aber auch auf einen wichtigen Unterschied hingewiesen werden. Foucault und Derrida knüpfen sich an die positivistische Auflösung des Substanzbegriffs (den Heidegger dagegen in seinen Ursprung zurückzubringen versucht), und erkennen deshalb nur Strukturen und Prädikate ohne Wesen. Wie in der amerikanischen sprachanalytischen Philosophie geht es dabei um einen bewußten Nihilismus, obgleich bei den Franzosen die Erkenntnis der Bewegung der Geschichte wenigstens einen möglichen Ausweg bietet. Bei Heidegger ist dagegen ein positives Moment deutlich zu erkennen. Ein – nun *verbal* zu verstehendes – Wesen bewegt sich (verbergend/entbergend) in der Geschichte. Die Nähe zur antiken, mythischen Geschichtserfahrung, die damit eröffnet wird, ist nicht zu übersehen. Der Polytheismus ist nicht mit dem Atheismus gleichzusetzen.

87 Siehe Schellings »Über die historische Konstruktion des Christentums« aus den: Vorlesungen über die Methode des akademischen Studiums, 1804 (6, 286-95). Der Bezug von Geschichtsphilosophie und Christentum wird besonders von Karl Löwith erörtert: Weltgeschichte und Heilsgeschehen, Stuttgart 1953[4].

gischen Schema des christlichen Heilplans, die die eigentümliche Form der christlichen Idee der Geschichte ergab. Bei Augustin, Joachim von Fiori und Bossuet wurden die Implikationen dieser neuen Geschichtskonzeption herausgearbeitet, deren Leitidee die Vorsehung Gottes ist.

Von einer Philosophie der Geschichte spricht man im allgemeinen erst, wenn das Ziel der Geschichte nicht mehr im Jenseits sondern innerhalb des Rahmens der menschlichen Geschichte als solcher gesehen wird. Dieser Immanentismus bedeutet keineswegs eine Rückkehr zur heidnischen Geschichtskonzeption, denn die Geschichte wird als Linearverlauf vorgestellt. Der Mensch zielt wie nach der christlichen Geschichtskonzeption auf eine zukünftige Erlösung. Nun soll aber diese Erlösung durch eigenmächtige Handlung, durch die Konstruktion einer zweiten Welt, einer neuen politischen Ordnung auf dieser Erde, erreicht werden. Diese Säkularisierung wurde z.B. in Voltaires »Essai sur les moeurs et l'esprit des nations« (1756) vollzogen. Bei Hegel und Comte war die Idee eines vom Menschen für den Menschen gesetzten Eschatons bestimmend. Andere Autoren wie Vico, Lessing und Herder trugen zu dieser Entwicklung bei, obgleich ihre Geschichtsauffassungen stärker durch die Auseinandersetzung mit christlichen und heidnischen Quellen geprägt waren, was unter anderem bedeutet, daß sie über ein viel reicheres und weiter ausgreifendes geschichtliches Fundament verfügten, als für den neuzeitlichen Geschichtsbegriff charakteristisch ist. In der Neuzeit wird die Kulmination der Geschichte zumeist mit der Abschaffung der Willkürlichkeit der politischen Macht und der Aufstellung des Vernunftstaates gleichgesetzt. Diese Idee war weit genug verbreitet, daß sich die eschatologische Hoffnung gut verstehen läßt, die die französische Revolution bei dem jungen Schelling, bei Hölderlin, und bei Hegel erweckte. Die Leitidee der neuzeitlichen Philosophie der Geschichte ist die Selbstbestimmung des Menschen, seine Befreiung sowohl von der als Daseinskampf gedachten Natur wie von der »abergläubischen« Vorstellung eines übernatürlichen Prinzips, dem der Mensch sich hingeben soll.

Schellings eigene geschichtsphilosophische Reflexionen gehen, wie oben erwähnt, von der Frage nach der Unabhängigkeit des Menschen von Gott und der Natur aus und gehören insofern in den Rahmen der neuzeitlichen Fragestellung. In seiner Frühphilosophie ging es ihm allerdings so sehr um die Unabhängigkeit menschlicher Handlung, daß er die Möglichkeit einer Philosophie der Geschichte, im Sinne einer umfassenden *Theorie* der Geschichte, leugnete. Wegen der Spontaneität des Handelns, behauptet er, daß es von vornherein unmöglich sei, eine Konstruktion der Geschichte zu unternehmen (1, 465-473). Man erkennt bereits daran die Spannung zwischen Freiheit und System, die für die Freiheitsschrift das Hauptproblem ergibt. Schelling blieb allerdings nicht skeptisch. Im »System des transcendentalen Idealismus« versucht er, mit den Begriffen von Schicksal und göttlicher Vorsehung eine solche allgemeine Ordnung zu denken, die mit der Spontaneität der besonderen Handlungen versöhnbar ist. Das Leben eines freien Gottes soll sich mit dem Leben des freien Menschen versöhnen.

Schelling setzt sich nun ernsthaft mit den christlichen und heidnischen Geschichtskonzeptionen auseinander und widersetzt sich den nihilistischen Folgen einer Säkularisierung der Geschichte. Das säkulare Ideal der autonomen Selbstbestimmung hat er nicht bloß verworfen, sondern selbst als das zu überwindende Böse bezeichnet (6, 561). Deshalb fangen wir die Darstellung seiner Geschichtsphilosophie mit seiner Kritik des Staats an, d.h. mit dem Moment, das ihn am deutlichsten von Kant, Fichte und Hegel trennt, um von dort auf seine Bestimmung der menschlichen Freiheit zu kommen, die durch Kunst, Mythologie und Religion – menschliche Bestrebungen, die sich aber nur in der ekstatischen Entrückung des menschlichen Geistes vollziehen – ihre Versöhnung mit der Natur und mit Gott erreichen soll.

Diese drei Schritte werden die Erörterung der Weltalterphilosophie vorbereiten. In dieser sehen wir am deutlichsten den Widerstreit zwischen Schellings Idee der endlichen Freiheit, die nur im Zusammenspiel mit einer in der Natur ruhenden tragischen Notwendigkeit besteht, und der neuzeitlichen Idee der unendlichen Freiheit. Wenn die Freiheit unendlich ist, dann muß sie letztlich über alles siegen, weshalb Fichte die Natur bloß als eine zu überwindende Setzung des Ich betrachtete. Schellings eigenes Ringen mit einer tragischen Notwendigkeit zeigt sich darin, daß er sich vom neuzeitlichen Schema nie vollständig befreien konnte. In seinem Versuch kann man aber ein – im Sinne Heideggers – seinsgeschichtliches Ereignis sehen, denn hier, wo ein großer Denker versucht, sich von seiner eigenen Zeit zu befreien, liegt der Anfang einer Scheidung der Zeiten, einer Wesenswandlung der Geschichte.

1. Kapitel

Freiheit und Notwendigkeit in der menschlichen Geschichte

(A) Der Staat als Naturmacht: Zur »negativen« Seite der Philosophie der Geschichte

1) Im sogenannten »ältesten Systemprogramm« (1796) schreibt der – fast allgemein als Schelling erkannte[88] – Urheber, »daß es keine Idee vom *Staat* gibt, weil der Staat etwas *mechanisches* ist, so wenig als es eine Idee von einer Maschine gibt. Nur was Gegenstand der *Freiheit* ist, heißt *Idee*. Wir müßen also auch über den Staat hinaus! – Denn jeder Staat muß freie Menschen als mechanisches Räderwerk behandeln; u. das soll er nicht; also soll er aufhören.« Diese Meinung vertrat Schelling in jeder Phase seines Philosophierens, auch wenn er zu der Einsicht kam, daß dem Staat als »Nothwerk« der Vernunft ein beschränkter Raum beigemessen werden muß. Schellings Kritik am Maschinen-Staat bezieht sich – im Gegensatz zu ähnlichen Kritiken von Rousseau und Fichte – nicht bloß auf den absoluten Staat der ancien régime, sondern auch auf die bürgerliche Rechtsordnung des durch das Gesetz geregelten Staats:[89] Er verwirft also auch die Idee des Rechtsstaats, der nach Hegel z.B. die ideale Synthese der individuellen Freiheit mit dem höheren Organismus ermöglicht. Hegel hat gerade die Staatsform verklärt, von der Schelling sich am meisten absetzt. Der alte Schelling schreibt in der »Philosophie der Mythologie« über die Unmöglichkeit, daß das Individuum unter dem Gesetz »seiner selbst froh« sein kann. »Unlust und Widerwillen gegen das Gesetz ist seine erste und natürliche Empfindung ... Denn als Allgemeines und Unpersönliches kann es nicht anders denn hart seyn, – als eine Vernunftmacht, die so wenig von Persönlichkeit weiß. daß sie um der Person willen kein Iota nachläßt« (11, 554). Er meinte anscheinend, daß auch der gute Mensch unter

---

[88] Zum Streit um den Verfasser des Systemprogramms und zur Wichtigkeit der Schrift für die Entwicklung des Idealismus siehe Rüdiger Bubner (Hrsg.): Das älteste Systemprogramm. Studien zur Frühgeschichte des deutschen Idealismus (Hegel-Studien, Beiheft 9), Bonn 1973. Der dort erschienene Aufsatz von Xavier Tilliette, »Schelling als Verfasser des Systemprogramms?«, liefert überzeugende Beweise, daß Schelling der Urheber war. Der Beitrag von Dieter Henrich, »Systemprogramm? – Vorfragen zum Zurechnungsproblem«, ist auch aufschlußreich, denn er macht deutlich, was das Systemprogramm *nicht* ist, ein Entwurf des Idealismus, der im Sinne Hegels systematisch genannt werden könnte. Der Zug des Anarchismus im Systemprogramm folgt eben aus diesem unsystematischen Moment.

[89] Siehe M. Frank, Der kommende Gott, a.a.O.

dem guten Gesetz leiden wird, indem die allgemeine Form des Gesetzes der Form der Individualität entgegengesetzt ist.

Schelling stellt – und in bewußter Auseinandersetzung mit Hegel – die Forderung auf, »dem Individuum die größte mögliche Freiheit (Autarkie) zu verschaffen – Freiheit, nämlich über den Staat hinaus und gleichsam jenseits des Staats, nicht aber rückwärts auf den Staat wirkende oder im Staat. Denn damit geschieht das gerade Gegentheil von dem, was geschehen sollte, wie unsere constitutionellen Einrichtungen zeigen, indem der Staat alles absorbirt, und anstatt dem Individuum Muße zu gewähren, es vielmehr zu allem herbeizieht, jeden für sich in Anspruch nimmt, jeden die Last des Staats tragen läßt ...« (11, 551). Das Problem der Freiheitsschrift, wie die menschliche Freiheit, und zwar in ihrer radikalen Individualität als Medium der freien Persönlichkeit gedacht, mit dem Vernunftsystem zu versöhnen sei, zeigt sich sehr konkret anhand des Verhältnisses von Individuum und Staat.

Zu fragen ist, ob Schellings Relativierung des Staates als romantische Abkehr von der Politik und Flucht in die Innerlichkeit des Geistes zu bewerten sei, wobei man in ihm ein Vorzeichen der verhängnisvollen politischen Unmündigkeit der Deutschen sehen mag,[90] oder als eine frühe Warnung gegen gerade diejenige Gefahr des Totalitarismus, die – wie heute die kritische Theorie zeigen will – die liberale Verfassung des Bürgerstaats auf eine besondere Weise bedroht.[91] Wir stellen die Frage nicht, um Schelling in die eine oder die andere ideengeschichtliche Strömung einzuordnen, sondern um die politischen Implikationen seiner Staatskritik präziser zu fassen. Dabei scheint das am Ende des »Systemprogramms« formulierte Ideal einer philosophisch gewordenen Mythologie für Schellings ganzen Denkweg – bis auf die philosophische Religion der Spätphilosophie – sehr bezeichnend: »Dann herrscht ewige Einheit unter uns. Nimmer der verachtende Blick, nimmer das blinde Zittern des Volks vor seinen Weisen u. Priestern. Dann erst erwartet uns *gleiche* Ausbildung *aller* Kräfte, des Einzelnen sowohl als aller Individuen. Keine Kraft wird mehr unterdrückt werden, dann herrscht allgemeine Freiheit und Gleichheit der Geister.«

Der Gefahr einer institutionellen Herrschaft über den Menschen ist nur dann zu entgehen, wenn die Menschheit durch eine echte politische Gemeinschaft zum harmonischen Zusammenleben gelangt. Das Problem ist jedoch, daß der Mensch die Bedingung dieser Gemeinschaft – die neue Mythologie – von sich aus nicht herstellen kann: »Ein höherer Geist vom Himmel gesandt, muß diese neue Religion unter uns

---

90 So z.B. Georg Lukács, Die Zerstörung der Vernunft, Berlin 1954 (Lukács, Werke, Bd. 9, 1962, S. 114-172) und Hans Jörg Sandkühler, Freiheit und Wirklichkeit, Zur Dialektik von Politik und Philosophie bei Schelling, 1968.

91 Siehe Dieter Jähnig, »Philosophie und Weltgeschichte bei Schelling«, in: Welt-Geschichte: Kunst-Geschichte, Köln 1975, S. 38-67 und M.Frank, Der kommende Gott, a.a.O.

stiften« (Systemprogramm). Es ist ein Problem, schreibt er im »System des transcendentalen Idealismus«, »dessen Auflösung allein von den künftigen Schicksalen der Welt und dem weiteren Verlauf der Geschichte zu erwarten ist« (3, 629). Schelling nimmt also das politische Ideal einer gerechten Gesellschaft ganz ernst, aber glaubt nicht, daß es auf dem Weg der politischen Selbstbestimmung des Menschen zu realisieren sei. Statt daß wir es von uns aus vollbringen können, sind wir auf den weiteren Verlauf der *Geschichte* angewiesen. Dabei zeigt sich der Unterschied zwischen der herkömmlichen Geschichtskonzeption der Neuzeit, nach der der Mensch das einzige handelnde Subjekt der Geschichte sei, und der von Schelling, nach der das wahre Subjekt des im Menschen vollzogenen Handelns ein übermenschliches Prinzip sei.

Gerade in der Diskrepanz zwischen dem Willen des Menschen und dem ihm verborgenen Willen des übermenschlichen Geistes findet Schelling den Spielraum der menschlichen Freiheit. Dieses Verhältnis stellt er anhand des Bildes der Geschichte als einem Schauspiel dar: »Wenn wir uns die Geschichte als ein Schauspiel denken, in welchem jeder, der daran Theil hat, ganz frei und nach Gutdünken seine Rolle spielt, so läßt sich eine vernünftige Entwicklung dieses verworrenen Spiels nur dadurch denken, daß es Ein Geist ist, der in allen dichtet, und daß der Dichter, dessen bloße Bruchstücke (disjecti membra poëtae) die einzelnen Schauspieler sind, den objektiven Erfolg des Ganzen mit dem freien Spiel aller einzelnen schon zum voraus so in Harmonie gesetzt hat, daß am Ende wirklich etwas Vernünftiges herauskommen muß. *Wäre* nun aber der Dichter unabhängig von seinem Drama, so wären wir nur die Schauspieler, die ausführen, was er gedichtet hat. *Ist* er nicht unabhängig von uns, sondern offenbart und enthüllt er sich nur successiv durch das Spiel unserer Freiheit selbst, so daß ohne diese Freiheit auch er selbst nicht *wäre*, so sind wir Mitdichter des Ganzen, und Selbsterfinder der besonderen Rolle, die wir spielen« (3, 602).[92] Er erklärt dieses Verhältnis durch den Leibnizschen Gedanken einer prästabilierten Harmonie zwischen dem einzelnen und dem allgemeinen Willen, versucht aber, den Grund der Harmonie ganz unbestimmt zu lassen: »Der letzte Grund der Harmonie zwischen der Freiheit und dem Objektiven (Gesetzmäßigen) kann also nie vollständig objektiv werden, wenn die Erscheinung der Freiheit bestehen soll« (Ebd.). Gott wird erst am Ende der Geschichte existieren (3, 604).

Das *freie* Mithandeln und Mitdenken ist schwierig zu fassen. Wenn die menschliche Subjektivität z.B. nicht allein das wirkende Prinzip der Geschichte sei, dann könnte man fragen, ob wir uns vielleicht ganz passiv verhalten sollen, um wirklich auf

[92] Dazu siehe Werner Marx, Schelling: Geschichte, System, Freiheit, a.a.O., S. 32-39 und Hermann Zeltner, »Das große Welttheater, Zu Schellings Geschichtsphilosophie«; in: Mirko Koktanek (Hrsg.), Schelling-Studien 1965.

den »weiteren Verlauf der Geschichte« und die anscheinend willkürliche ausgeteilte Gnade Gottes zu warten. Diese Frage läßt sich erst aus der Perspektive der Spätphilosophie ganz klar beantworten: Sich nicht mehr als Handlungssubject zu behaupten, ist selbst das Ergebnis einer strengen Disziplin und muß deshalb selbst als eine Handlung verstanden werden. Dies läßt sich auch ganz allgemein einsehen. Ohne eine Erfahrung der eigenen Endlichkeit wird der Mensch nie bewußt von einem anderen Prinzip getragen. Und ohne eigenes Tun wird er nie seine eigene Grenzen entdecken, wird er also nie zu einer wahren Erfahrung gelangen. Schelling verlangt, daß der Staat dem Individuum freien Raum gewährt. Dabei darf man wohl fragen, was das Individuum aus diesem freien Raum heraus noch zu schaffen hat. Um dies zu entdecken, müssen wir den Ort des Staats näher bestimmen, denn das Individuum hat nach Schelling den Spielraum seiner Freiheit in einem vom Staat abgegrenzten Bereich. Deshalb versuchen wir die Grenzen des Staats ins Auge zu fassen.

2. Der Staat als Träger des allgemeinen, d.h. nach Schelling den Bedürfnissen der Individuen nicht entsprechenden, Gesetzes ist eine Macht, die, wie nach der »Philosophie der Mythologie«, notwendig über dem Menschen stehen muß, solange der Mensch aus der natürlichen Ordnung durch Versteifung auf seine eigene Selbstheit abgerückt ist. Diese Macht ist also notwendig, um den Menschen von der Anarchie zu schützen, die – im Gegensatz zur Vorstellung Hobbes'- gerade nicht den Naturzustand des Menschen ausmacht, sondern die – und hier kommt Schelling Rousseau nah – erst dann eintritt, wenn der Mensch danach strebt, sich selbst über und gegen die Natur zu setzen. Die Notwendigkeit des Staates entspricht der Wirklichkeit des Bösen. Es ist diese ernsthafte Wirklichkeit, die Schelling davon abhält, einen anarchistischen Schluß zu ziehen, etwa, daß der Staat eliminiert werden muß, um zur Einfachheit des Naturzustands zurückzukehren.[93] »Über den Staat hinaus« wird der Mensch erst gelangen, wenn er von Grund auf verwandelt wird.

Die natürliche Ordnung soll eine organische Ordnung sein, die jedem einzelnen eine ihm angemessene Stelle zuweist, im Kontrast zur abstrakten Macht des modernen Staats, der auf dem Prinzip der Gleichheit gebaut ist (11, 529f.). Durch seine Überzeugung, daß der Staat als solcher, d.h. jeder Staat, der natürlichen Ordnung widerspricht (der von Platon beschriebene ideale Staat ist nach Schelling nie auf dieser Erde zu erreichen – 7, 462), unterscheidet er sich von Rousseau, dem ein Ideal der

[93] Habermas hat in diesem Zusammenhang von Schellings Anarchismus gesprochen (Theorie und Praxis, a.a.O., S. 175), was mir aber grundsätzlich verfehlt zu sein scheint. Der Staat zeigt seine Notwendigkeit gerade darin, daß er ein Zeichen der Verkehrung des ursprünglichen Verhältnisses von Mensch und Natur ist.

politisch realisierbaren Gemeinschaft vorgeschwebt hat. Der Staat kann nicht den Willen des Volks verkörpern, ohne den Willen des einzelnen zu negieren. Insofern ist es durchaus sinnvoll, von einem Recht zu sprechen, das der einzelne *gegen* den Staat behaupten kann. Rechte sind nicht erst vom Staat gegeben, denn sie entsprechen einer Ordnung, die vor und über dem Staat steht. Im Anschluß an Platon und Aristoteles spricht Schelling von einem Naturgesetz, und dementsprechend von einem Naturrecht, das »vor und unabhängig von jedem Vertrag« gegeben ist (11, 531) – und das er als Maßstab verwendet, um die nivellierenden Tendenzen der »demokratisch« legitimierten modernen Staatsverfassung zu kritisieren (11, 529-41). Der ideale Staat ist nach Schelling nie mehr als »Träger der Gesellschaft« als einer Gemeinschaft freiwilliger (von keinem Gesetz vorgeschriebener) Tugend (11, 542). Hier ist die Unterscheidung von Staat und Gesellschaft entscheidend, wobei alles darauf ankommt, der Gefahr des Despotismus, der der freien persönlichen Entwicklung keinen Raum läßt, entgegenzuwirken. »Es ist bekannt, wie viele Mühe man sich, besonders seit der Französischen Revolution und den Kantischen Begriffen, gegeben hat, eine Möglichkeit zu zeigen, wie mit der Existenz freier Wesen Einheit vereinbar, also ein Staat möglich sei, der eigentlich nur die Bedingung der höchstmöglichen Freiheit des Einzelnen sei. Allein dieser ist unmöglich. Entweder wird der Staatsmacht die gehörige Kraft entzogen, oder wird sie ihr gegeben, dann ist Despotismus da« (7, 461f.).

Schelling erkennt wahre Freiheit nur innerhalb eines vom Staat nicht beherrschten freien Raumes. So vermeidet er den unsinnigen Schluß, der besonders von Rousseau und Hegel nahegelegt wurde, daß ein Individuum zur Freiheit durch Gewalt gezwungen werden kann, indem der Staat ihn der Ordnung des allgemeinen Willens einfügt.[94] Aber zugleich vermeidet er die gewöhnliche Vorstellung des Liberalismus, nach der individuelle Rechte durch eine abstrakte Vernunftidee – die gerade das *Individuelle* nicht fassen kann – gesichert werden sollen. Er findet den Ort der Freiheit vielmehr in einem besonderen Bereich, der vom Staat freigehalten werden muß, d.h. in der *Gesellschaft*, und in dieser, gerade insofern sie dem Individuum den freien Raum gewährt, seinen eigenen Weg zu finden: »die Weisheit unserer Vorfahren hat gewußt, innerhalb des Staats einzelne autonome Kreise zu bilden, *innerhalb* welcher sich der Einzelne frei wußte vom Staat, und die Ehre, die sein Stand jedem (auch dem Bauer und Handwerker) gewährte, ihn über die Demüthigung der völligen Unterwerfung unter den Staat erhob« (11, 547). Bei Schelling findet man nicht die ausführliche

[94] »Afin donc que le pacte social ne soit pas un vain formulaire, il renferme tacitement cet engagement, qui seul peut donner de la force aux autres, que quiconque refusera d'obéir à la volunté générale y sera contraint par tout le corps: ce qui ne signifie autre chose sinon qu'on le forcera d'être libre.« J.J. Rousseau, Du Contrat Social, L. I, Ch. VII.

Beschreibung der Gesellschaft als des Bereiches zwischen dem Individuum und dem Staat, die z.B. in Hegels Rechtsphilosophie vorkommt. Dieser Bereich hat dennoch eine viel höhere Funktion bei Schelling als bei Hegel, denn nach diesem ist die Gesellschaft in erster Linie ein »System der Bedürfnisse« (Hegel, Rechtsphilosophie, 189-208), das erst durch den Rechtsstaat als selbstbewußtes Werk der Vernunft zur Freiheit (als Bestimmung durch die Vernunft) erhoben werden kann, während nach Schelling die Freiheit, als jeweilig *individuelle* Freiheit, nur *gegen* den Rechtsstaat behauptet werden kann. Er will allerdings daraus keine Legitimierung der politischen Revolution ziehen, weil der Staat eine unaufhebbare Rechtfertigung hat: er ist dem Menschen zur »Strafe« eingesetzt (11, 547). Die Revolution muß in einem anderen Bereich durchgeführt werden. Der Staat ist »*Grundlage* ... nicht Zweck, aber ewiger, d.h. nicht aufzuhebender noch in Frage zu stellender Ausgangspunkt zum höheren Ziel alles geistigen Lebens« (11, 550).

Es besteht dennoch die ständige Gefahr, daß der Staat aufhört, bloßer Grund und Mittel zu sein, und sich als Zweck behauptet. Der Staat als solcher kann nicht in Frage gestellt werden, wohl aber die Beschaffenheit dieses oder jenes Staates. Der verkehrte Staat, der sich als Zweck behauptet, zeigt seine Verkehrung vor allem darin, daß er, wie bei den Römern, danach strebt, alles zu beherrschen. Das Problem besteht darin, daß der Wille, der nur sich selbst will und so auf keinen höheren Zweck zielt, nie Ruhe finden kann, so daß er sich ständig transzendieren muß. Ein solcher Wille lebt nur so lange, als er Neues unter seine Herrschaft bringen kann. »Was Aristoteles von den Lacedämoniern sagt«, schreibt Schelling, »ist wie von den Römern geredet: sie erhielten sich, solang sie Krieg führten, und waren verloren, weil sie mit der Muße nichts anzufangen wüßten; denn das Letzte sagt im Sinne des Aristoteles nichts anderes, als daß ihnen der Staat nur Zweck seyn, nicht Mittel zugleich werden konnte zu anderen höheren Gütern« (11, 544). Der Staat als Zweck führt zugleich zur »Vergötterung der Herrscher« und zur Entleerung des geistigen Inhalts der politischen Gesellschaft, wie Schelling am Beispiel des Römertums zeigen will, dessen nihilistischer Verfall nur dadurch behoben wurde, daß Konstantin mit seiner Anerkennung der Unabhängigkeit der Religion die Macht des Staates beschränkte und eine höhere Entwicklung ermöglichte (11, 546). Der Staat wurde durch Beschränkung – durch die Trennung von Staat und Kirche – gerettet.

Damit wird klar, warum Schellings Geschichtsphilosophie nicht primär an der Entwicklung des Staates orientiert ist, die nach ihm nur die »negative Seite« der Philosophie der Geschichte darstellt (11, 541 u. 551). Der Staat kann nie das Ziel der Geschichte sein. Wo er anfängt, sich als Zweck zu betrachten, wird eine Epoche der Geschichte zugrunde gehen. Überhaupt ist die Notwendigkeit eines Staates eine Erinnerung an die Unseligkeit des Menschen nach dem Fall aus der Ordnung der Natur und wird als solche nur in dem geschichtlichen Moment, wo der Mensch zur Vollendung kommt, überwunden. Das Streben nach solcher Vollendung zeigt, was für eine praktische Handlung – im Gegensatz zu einem quietistischen Warten auf das Wirken Gottes – Schellings Philosophie für die Menschheit fordert. Die Überwindung des Staates ist nicht durch politische Umwälzung zu erreichen. Insofern diese den Zustand der Anarchie verstärkt, trägt sie nur zur Steigerung der Staatsmacht bei. Die Überwindung des Staates muß rein *innerlich* vorbereitet werden (11, 548-52). Schellings Formulierungen an dieser Stelle verdanken sicherlich etwas der Restaurationszeit, aber sind letzten Endes mit seiner frühesten Position noch vereinbar und stellen in ihrer Gesamtintention eine deutliche Warnung an den Staat dar. Die Möglichkeit einer Entwicklung über den Staat hinaus liegt zunächst nur im Individuum (11, 553). Da die Gesundheit des Staates in der Anerkennung des Höheren liegt, muß der Staat dem Individuum die Freiheit gewähren, sich über ihn hinaus zu entwickeln.

Diese Entwicklung des Individuums ist das erste Moment der Vorbereitung einer neuen politischen Ordnung. Der Mensch erfährt seine Nichtigkeit vor dem Gesetz und kehrt nach innen, um »sich seiner Selbstheit zu begeben« (11, 556). Er flüchtet ins kontemplatives Leben, so daß das Band, das ihn zur äußeren Welt bindet, gerissen wird, und die von dem selbstischen Geist bisher unterdrückte Seele erwecken kann. Der Mensch kehrt zu Gott zurück, zuerst in einer rein innerlichen, mystischen Anschauung, sodann in der »völlig selbstlosen Produktion« der Kunst und der »contemplativen Wissenschaft« (11, 557f.). Die Geschichte der Kunst und der Philosophie bezeugt, was das Individuum zu tun hat, wenn es außerstande ist, die äußere Welt ins Ideale umzugestalten. Aber der Weg der Kultur, insofern er allein im Individuum entfaltet wird, führt nicht zum Ziel. Sein Ergebnis ist ein bloß ideelles – d.h. ein von der Welt abgezogenes – Verhältnis zu Gott. Durch die innere Kontemplation wird das Ich von einer Welt, in der das Böse noch eine Wirklichkeit ist, abgesondert, bis es den Bezug zur Welt verliert. »Das Aufgeben des Handelns läßt sich nicht durchsetzen: es *muß* gehandelt werden« (11, 560). Ohne einen Platz in einer objektiven Weltordnung kann das Individuum nicht leben. Allein für sich kann es seine Bestimmung nicht erfüllen. Seine Freiheit muß auch eine positive Seite haben.

In der Philosophie soll ein Prinzip gefunden werden, das nicht vom Ich gesetzt wird, sondern das das Setzende des Ich ist. Die negative Philosophie will alles von der Vernunft her fassen; ihre höchste Entdeckung ist dennoch die der Abgründigkeit der Vernunft selbst. Dies besagt die Endlichkeit des Menschen, sein Angewiesensein auf ein höheres Prinzip. Erst von diesem her kann der Mensch ins Objektive gelangen. Eine objektive Weltordnung zeigt sich, wo das Individuum sich dem höheren Prinzip unterordnet. Wenn dagegen jeder versucht, die äußere Welt nach seinem besonderen Willen zu bestimmen, dann wird Chaos herrschen, dann wird der Mensch der mechanischen Einheit des Staates ausgeliefert. Wahre Freiheit findet er nur, wenn er nicht mehr versucht, die äußere Welt zu besitzen, wenn er nicht mehr an sie gebunden ist. Seine Unabhängigkeit von der Welt bedeutet dennoch zugleich eine Offenheit für die Welt. Wenn er von seinem Wollen befreit ist, verläßt der Mensch sich selbst und tritt in die natürliche Weltordnung hinein, die von keinem Wollen hergestellt oder beherrscht wird. So muß der Weg »über den Staat hinaus« verstanden werden.

An dieser Stelle der »Philosophie der Mythologie« handelt es sich um den Übergang von der negativen zur positiven Philosophie. Knapp ausgedrückt, stößt das Ich nach der Entfaltung jeder möglichen Denkbestimmung auf das Unfaßbare, das reine *Daß* (daß das Seiende überhaupt da ist), und erfährt seine Ohnmacht, worauf es sich dem Prinzip überläßt, das sich zum Ganzen als dessen *Anfang* verhält (11, 563). Nach dem Versagen des Denkens vor dem Prinzip seiner eigenen Existenz kehrt sich die Wissenschaft um und geht vom Praktischen, vom *Wollen* aus (11, 565). Das Ich will vom Gesetz (vom Staat) frei werden und wendet sich an einen Gott, der »außer und über der Vernunft« ist, den er in der höchsten Entfaltung der Vernunftwissenschaft erblickt hat. »Diesen will es nun; zwar kann das Ich sich nicht selbst den Beruf zuschreiben ihn zu gewinnen, Gott muß mit seiner Hülfe *entgegenkommen*, aber es kann ihn *wollen*, und hoffen, durch ihn einer Seligkeit theilhaftig zu werden, die, da weder das sittliche Handeln noch das beschauliche Leben die Kluft aufzuheben vermochte, *keine verdiente*, also auch keine proportionirte, wie Kant will, sondern nur eine unverdiente, eben darum incalculable, überschwängliche seyn kann« (11, 567). Das Leben des Menschen in der Kunst und der Philosophie ist notwendig, um in ihm die Offenheit für die Gnade Gottes vorzubereiten, um ihm klar zu machen, daß er sich selbst nicht retten kann; er muß vielmehr auf die Ankunft eines Gottes warten, wie in dem von Schelling angeführten Wort des Hermes an Prometheus (Aischylus, v. 1006-1007): »Und dieses Elends Ende hoffe nicht zu seyn, Bevor der Götter Einer abzulösen dich erscheint« (11, 657).

Bisher wurde in der Schelling-Literatur zu wenig beachtet, daß die Wende zur positiven Philosophie – zur Vorbereitung der philosophischen Religion – eine Rückkehr des Denkens zu dem, was allein als Zweck der Natur erscheinen kann, ist, nicht der einzelne Mensch, sondern die Gesamtheit der Menschen (11, 529).[95] Die positive

[95] Zwei Ausnahmen sind Dieter Jähnig und Manfred Frank. Es ist die Notwendigkeit einer Verwandlung der Gesellschaft, die nach Jähnig zu Schellings Zuwendung von der Kunst zur Mythologie führt. Die Kunst greift nicht tief genug in die Geschichte ein (Jähnig, Schelling, a.a.O. Bd. 2, S. 318). Die geschichtsphilosophische Bedeutung der positiven Philosophie erörtert Jähnig in seinem

Philosophie untersucht das Verhältnis zwischen Gott und dem ganzen Menschengeschlecht und ist in diesem Sinne Geschichtsphilosophie (11, 571). Ihre Quellen – die Mythologie und die christliche Offenbarung – sind darum nicht die Erfindungen einzelner Dichter und Denker, sondern der Gattung. Oder eigentlich sind sie – ähnlich wie die Sprache selbst – überhaupt keine Erfindungen des Menschen. Darauf werden wir zurückkehren. Nun muß nur festgehalten werden, daß Schellings Staatskritik mit einem Blick auf eine zukünftige, organisch gegliederte Gesellschaft verfaßt wurde, und daß der Mensch nicht einfach auf die Ankunft dieser Ordnung warten soll; eine nach innen gehende Handlung (Kunst und Philosophie) wird als anstrengende Übung und Vorbereitung einer großmächtigen, nach außen gerichteten Handlung gefordert. Diese letztgenannte ist eine Handlung, in der der Mensch als solcher nicht mehr handelt, sondern das, woraus das Dasein des Menschen und der Welt im Ganzen einst hervorgegangen ist, sich in ihm vollzieht.

3. Schelling hat nie – es sei denn in seinem jugendlichen Enthusiasmus, als er das »Systemprogramm« entwarf – daran gedacht, der Staat würde je verschwinden, so wenig wie er hätte denken können, das Böse würde auf einmal von der Welt verschwinden. Es wäre z.B. mit seinem Denken verträglich, daß der Staat noch viel weiter über seine Grenzen hinauswachsen könnte, wenn z.B. der Krieg zwischen den Staaten eine derartige Drohung wäre, daß nur die Festsetzung einer Macht über den gegenwärtigen Staaten ihr entgegentreten könnte. Solange das Böse wächst, *muß* auch der Staat wachsen. Es ist von dieser Notwendigkeit her, daß Schellings »System des transcendentalen Idealismus« als Anknüpfung an Kants Idee einer universellen Rechtsordnung und weltbürgerlichen Föderation aller Staaten zu verstehen ist (3, 590-604). Er hat zwar dieses Ziel als Werk der Freiheit betrachtet, einer Freiheit aber, die im Einklang mit einer höheren Notwendigkeit, einer schicksalhaften Entfaltung der *Natur*, besteht. Das Herausarbeiten dieses Bezugs anhand der Beschreibung der Kunstproduktion ist das eigentliche Ziel dieses Systems und zeigt, daß der frühe Schelling sich bereits von dem Autonomiegedanken Kants distanziert hat.[96] Das Ziel der vollendeten Rechtsordnung wird bei Schelling nicht die freie menschliche Handlung als Ideal leiten, sondern es wird viel eher etwas, zu dem der Mensch *gezwungen* wird. Das Gute liegt nicht im Staat, denn wenn es verwirklicht wäre, gäbe es keine Notwendigkeit, unter einem Staat zu leben. Der Staat soll immer in Schranken gehalten werden,

Aufsatz, »Philosophie und Weltgeschichte bei Schelling«, a.a.O. Auf seine Interpretation stützt sich M. Frank, Der kommende Gott, a.a.O.

[96] Es ist dieser größere Zusammenhang, den Habermas in seinem Aufsatz in »Theorie und Praxis«, a.a.O., übersieht. Er findet bei Schelling drei völlig verschiedene Deduktionen des Staates, während in der Tat die Einheit des Schellingschen Anliegens sich nie deutlicher als in dem Staatsbegriff zeigt.

um Raum für die freie Entwicklung des Geistes zu gewähren, eine Entwicklung, die eben das ergibt, was den Staat zu beschränken vermag.

In den Stuttgarter Privatvorlesungen, die Schelling ein Jahr nach der Freiheitsschrift hielt, hat er das Verhältnis zwischen dem Staat und der Natur genauer behandelt. In der Mitte dieser Vorlesung steht das Bild einer Seinskette, die von der relativ Nicht-Seiendheit des nur Seinkönnenden bis zum göttlichen Seienden hinaufreicht. Weil aber der Mensch seine Aufgabe nicht erfüllte, als höchstes Naturwesen die Natur durch Hingabe zu deren ihm allein (in der Sprache) erschlossener Einheit mit dem Prinzip dieser Einheit (mit dem höchsten Seienden überhaupt), d.h. mit Gott, zu vermitteln, ist die ganze Kette – die ganze Natur – in sich zurückgefallen, dem Tode ausgesetzt, und so zur Periode, zur Vergangenheit, geworden. Die Herrschaft des Todes zeigt sich vor allem im Anorganischen der Natur, in den toten Aschen des lebendig und nach Schelling notwendig als ursprünglich zu denkenden Verbrennungsprozesses. Auch der Mensch fällt in die Hyle zurück, wo er wieder von vorne anfangen muß, langsam und mühevoll danach strebend, seine Seele dem göttlichen Licht wieder zu eröffnen (7, 458f.).

Die Geschichte des Menschen entfaltet sich also im engsten Zusammenhang mit der Geschichte der Natur. Wenn die nicht-menschliche Natur ihre Lebendigkeit nicht überall zeigt, dann ist der Mensch daran schuld. Wie nun in der anorganischen Natur das nur zufällig Verbundene, z.B. ein Klumpen Erde, vorkommt, so auch in der menschlichen Gesellschaft. Der Beweis der Verkehrung des Seins nach dem Fall des Menschen ist nach Schelling der Staat: »Der Staat ist daher, um es gerade heraus zu sagen, eine Folge des auf der Menschheit ruhenden Fluchs. Da der Mensch nicht Gott zur Einheit haben kann, so muß er sich einer physischen Einheit unterwerfen« (7, 461). Der Staat ist in diesem Sinne eine »zweite Natur über der ersten«; dies bedeutet die blinde Notwendigkeit des Staates. Die Bemühung um die Idee eines vollkommenen Staates von Kant, Fichte und Hegel mußte von vornherein scheitern und »auf die Theorie des ärgsten Despotismus gerathen« (7, 462). Das blind Naturhafte am Staat zeigt sich vor allem im Krieg, »der so notwendig ist als der Kampf der Elemente in der Natur ... Rechnen wir noch dazu, wie viel Laster der Staat erst entwickelt – Armuth – das Böse in großen Massen –, so ist das Bild der ganz zum Physischen, ja sogar zum Kampf um ihre Existenz herabgesunkenen Menschheit vollendet« (7, 462). Die kritische Absicht ist hier nicht zu übersehen und bedarf keines Kommentars. Eher fragwürdig ist der Naturbegriff, der hier auftaucht. Ist die Natur blinder Kampf ums Dasein? Ist Schellings Forderung, daß der Mensch ein freies Kulturreich über dem Staat errichten soll, nicht das Zeichen eines Rückfalls in jenes neuzeitliches Denken, das die Geschichte nur im schroffen Gegensatz zur Natur fassen kann?

Dabei ist aber entscheidend, daß Schelling den Staat nicht durch die Form der ursprünglichen, sondern der verfallenden Natur betrachtet. Allein durch den Fall des Menschen wurde die Natur zum Gegensatz des Geistes herabgewürdigt. Das objektive Gerüst des Staats ist die Strafe des Menschen. Um aus ihm auszubrechen, muß sich die menschliche Seele dem Höheren unterordnen. Die höchsten Werke der Kunst, Philosophie und Religion werden »ohne Zuthun des Menschen« hervorgebracht. »Göttliches wird nur durch Göttliches erschaffen, erkannt, gewirkt« (7, 473). Aber da, wo in der Erweckung der menschlichen Seele das höchste Kettenglied wieder geschmiedet wird, kommen die Natur und das Göttliche zusammen. Eine »ganz gesunde, lautere, reine und unschuldige Natur« wird in dem zukünftigen Augenblick aufgehen, wo der Mensch endlich anfängt, dem Sein zu entsprechen, statt zu versuchen, es unter sich zu bringen (7, 483). Darüber schreibt Schelling, »Die Menschheit, die schon durch den Menschgewordenen Gott vergöttert war, ist jetzt allgemein vergöttert, und durch den Menschen, und mit ihm auch die Natur« (7, 484). Wo der Mensch sich frei entfaltet, wo er über den Staat hinaus und in die Geschichte hineintritt, wird er mit der Natur wieder vereinigt – nicht mit der Natur als Gegenstandsbereich, sondern mit der ursprünglichen, frei schaffenden, *geschichtlichen* Natur.

(B) Die menschliche Freiheit als Erschließung des Anfangs der Natur

1. Schellings Auffassung des Staates als einer künstlichen Einheit, die doch letzten Endes als eine notwendig erscheinende Naturmacht zu verstehen ist, läßt den Abfall des Menschen von der natürlichen Ordnung als eine Bewegung innerhalb der Natur selbst erscheinen. Das Prinzip des Falls – der Möglichkeit des Bösen – ist jedoch die Freiheit des Menschen. Nicht allein die Anarchie und die ihr entsprechende Herrschaft der Macht in der menschlichen Gesellschaft, sondern auch die Entartung der ganzen Natur geht nach Schelling auf das Schuldkonto des Menschen (9, 32f.). Wie ist diese Vorstellung der Sünde mit der Vorstellung des Falls als einer Bewegung der Natur selbst zu versöhnen? Wie verhält sich die menschliche Freiheit zur Natur, zum Bereich der Notwendigkeit? Dies ist das Hauptproblem der Freiheitsschrift.

Wenn von dem Fall die Rede ist, soll nicht allein an die jüdisch-christliche Tradition gedacht werden, sondern ebenso an die mythische Vorstellung einer goldenen Zeit und des Abfalls des Menschen aus ihr, deren dunkle Erinnerung den Geschichtshorizont fast jeder Kultur bildet. Menschliche Kulturen, wo sie ursprünglich sind, werden durch eine tiefe Unzufriedenheit mit der Unseligkeit des gegenwärtigen Daseins gekennzeichnet. Eben darum bemühen sie sich so sehr um das Wachhalten jener dunklen Erinnerung an einen früheren, verlorenen Zustand, in dem alle Gegensätze harmonisch miteinander vereinigt waren. Auch in der Philosophie hat die Vorstellung eines Falls immer eine wichtige Rolle gespielt. Sie kommt z.B. bei Platon sicherlich nicht als eine gelegentliche mythische Beifügung zum eigentlichen Philosophischen hinzu, sondern ist ein Notbegriff seiner Philosophie, ohne den die Zwietracht des Seins und des Werdens, des Wesens und des Scheins, denkerisch nicht zu bewältigen wäre. Bei Aristoteles zeigt sich die Struktur des Falls vor allem darin, daß die menschliche Suche nach Wissen immer mit dem anfangen muß, was seiner Natur nach nicht erkennbar ist, um langsam und mit größter Anstrengung auf das zu gelangen, was seiner Natur nach das Erkennbare ist (met. 7, 1029b3ff.). Die wahre Natur ist dem Menschen, dessen Wesen eben darin besteht, die Natur zu erkennen, immer zunächst entzogen, so daß der Mensch das Wissen aktiv suchen muß, wie allgemein in der Natur die Bewegung der Potenz aus dem Rückzug der Form entspringt.

Die Kräfte der Natur treten nur in der vollkommenen Form ganz frei hervor; in der gefallenen Welt stoßen sie aufeinander in einem gewaltigen und blutigen Kampf. Die Herrschaft des Todes zeigt sich also überall in der nicht-menschlichen Natur. Dabei kommt es nicht in Frage, daß der Tod als solcher erst durch eine menschliche Tat entstand. In den »Weltaltern« hat Schelling die Macht des Todes zur Sprache gebracht, und zwar anhand einer Beschreibung der Unvollkommenheit der *vormenschlichen* Natur: »Alles, was wird, kann nur im Unmuth werden, und wie Angst die Grundempfindung jedes lebenden Geschöpfs, so ist alles, was lebt, nur im heftigen Streit empfangen und geboren. Wer möchte glauben, daß die Natur so vielerlei wunderliche Produkte in dieser erschrecklichen äußern Verwirrung und chaotischen innern Mischung, da nicht leicht eines für sich, sondern durchdrungen und durchwachsen von andern angetroffen wird, in Ruhe und Frieden oder anders als im heftigsten Widerwillen der Kräfte habe erschaffen können?« (8, 322). Der Tod zeigt dennoch erst dort seine volle Grausamkeit, wo ein Wesen – der Mensch – sich gegen ihn behauptet und so das Gleichgewicht des Ganzen zerstört. Der Fall bezeichnet nicht den Anfang des Todes, sondern des Todes Herrschaft. Demgemäß muß die erhoffte Versöhnung und Wiederkehr zum »ewigen Leben«, die auch Schellings Denken bestimmt, so verstanden werden, daß sie erst dann möglich wird, wenn der Mensch sich für den eigenen Tod befreit, wenn er das Sterben lernt, nach Platon das höchste Ziel wahrer Philosophie (Phaedo 64a4ff.). Die Aufgabe des Menschen liegt darin, das richtige Verhältnis zum Tod, nun als die unumgängliche Kehrseite des Lebens und des Seins aufgefaßt, zu erreichen.

Das, was in der Identitätsphilosophie gewissermaßen als Gegenwart empfunden wurde – die Harmonie und Göttlichkeit des Alls – wird zur Aufgabe der menschlichen Geschichte: das durch das Böse erweckte Chaos muß gebändigt, zu einem Fundament gemacht werden, um der organischen Einheit der Natur wieder Platz zu schaffen. »Der Mensch ist auf jenen Gipfel gestellt, wo er die Selbstbewegungsquelle zum Guten und Bösen gleicherweise in sich hat: das Band der Principien in ihm ist kein nothwendiges, sondern ein freies. Er steht am Scheidepunkt; was er auch wähle, es wird seine That seyn, aber er kann nicht in der Unentschiedenheit bleiben, weil Gott nothwendig sich offenbaren muß, und weil in der Schöpfung überhaupt nichts Zweideutiges bleiben kann« (7, 374). Nach diesem Hauptsatz der Freiheitsschrift hat der Mensch die freie Entscheidung zum Guten und Bösen, und diese *muß* er treffen. Er kann nicht unschuldig bleiben, da der Unschuldige das eigene Glück nicht verdient hat und so sich dessen gar nicht bewußt ist. Erst wo er das Glück durch eigenes Tun gewinnt, hat er es. Durch freie Entscheidung muß das, was der Mensch eigentlich ist, die Erhebung der Natur zu Gott, von dem, was er nicht ist, die Erhebung der Natur zu ihm selbst, *geschieden* werden. Die Notwendigkeit, die dahinter steckt – die Schelling in seiner Spätphilosophie mit der griechischen Nemesis gleichgesetzt hat (13, 143) –, hängt mit dem Grundgesetz der Natur zusammen: Das Sich-Widersprechende kann nicht im Widerspruch bleiben, es muß in Bewegung treten, es muß sich scheiden, sich zeitlich offenbaren.

Die Freiheit des Menschen gründet, insofern diese den Anfang der Bewegung ausmacht, auf dem Sich-Verbergenden der Natur, auf ihrer Zusammenziehung in einen inneren, nicht auszuhaltenden Widerspruch, während die Aufgabe, die der Mensch frei erfüllen soll, gerade darin besteht, die Natur zur Offenbarung – zur Einheit mit dem göttlichen Verstand – zu bringen. Die Ausgangsfrage der Freiheitsschrift, inwiefern der Begriff der Freiheit mit dem System des Ganzen verträglich sei (7, 336), hat darum einen tieferen Sinn, als Schelling selbst ihr gab. Diese Frage meinte er durch den Verweis auf die Notwendigkeit eines Systems der göttlichen Vernunft (das mittels göttlicher Eingebung auch vom Menschen begriffen werden kann) positiv zu beantworten (7, 337), während die eigentliche Frage keine so leichte Lösung findet, wie gerade die Untersuchung seines eigenen Freiheitsbegriffs zeigt. Es ist nämlich überhaupt nicht als selbstverständlich anzunehmen, daß selbst der göttliche Verstand die Tiefe seines dunklen Grundes durchleuchten kann, ohne dabei die Wurzel seiner eigenen Lebendigkeit auszudörren. Wenn es uns gelingt, diese letzte Vermutung zu bestätigen, wonach etwas, »die unergreifliche Basis der Realität, der nie aufgehende Rest, das, was sich mit der größten Anstrengung nicht in Verstand auflösen läßt, sondern ewig im Grunde bleibt« (7, 360), sogar dem göttlichen Verstand verborgen sein muß, werden wir einsehen, daß der Fall kein einmaliges Ereignis sein könnte, dessen Bruch irgendwann endgültig zu versöhnen wäre, eben weil er zur Struktur des Seins gehört. Beide zusammen, Fall und Versöhnung, Erde und Himmel, weisen fortgehend aufeinander hin und machen in ihrer unaufhebbaren Zusammengehörigkeit die Lebendigkeit und Zeitlichkeit des Ganzen aus. Das Scheitern von Schellings Versuch, sein Denken in ein vollendetes System zu bringen, weist in diese von ihm gedachte, aber nie völlig durchschaute, weil nicht durchschaubare, Dimension der absoluten Anfänglichkeit, in der die Naturgebundenheit der Geschichte und die Geschichtlichkeit der Natur beide gründen, wobei es um den Anfang eines Kreises geht, der, in sich zurückkreisend, sich stets in ein Anderes verwandelt.

2. Der allgemeine Umriß der Freiheitsschrift zeigt den Versuch, einen bestimmten Rahmen für die systematische Anordnung der Freiheit zu entwerfen. Dies geschieht dadurch, daß eine »Endabsicht der Schöpfung« (7, 404) vorgestellt wird, und zwar als ruhevolle Vollendung, als vollkommene Scheidung von Gut und Böse. Dies, mindestens dem Anschein nach, widerspricht der Hauptansicht der Schrift, »Wo nicht Kampf ist, da ist nicht Leben« (7, 400), nach welcher eine vollkommene Ausscheidung des Bösen einem geistigen Selbstmord nahekommen würde. Diesen scheinbaren Widerspruch in Schellings Denken hat vor allem Heidegger herausgestellt, um das Walten der zwiespältig strukturierten Zeitlichkeit bei Schelling aufzudecken.[97] Wegen dieser Zweideutigkeit ist es jedoch möglich, ein anderes Moment hervorzuheben, das sich zeigt, wenn man berücksichtigt, daß die Ausscheidung des Bösen keineswegs mit der Ausscheidung des Grundes (der Möglichkeit) des Bösen gleichgesetzt werden soll:[98] Freiheit ist auch – ist sogar vor allem – die Sache des Guten. Das erstrebte Gute ist in der Tat nichts anderes als das Wirkenlassen jenes das Böse ermöglichenden Grundes, wobei der Mensch den Grund, aus dem er lebt, die »Erde« also, nicht mehr sich unterzuordnen versucht, sondern ihn in seiner eigenen Dimension als das Tragende des Verstandes walten läßt. Dieses Lassen ist nicht die Aufhebung des Lebens; es ist die Befreiung seines schöpferischen Wesens. Schellings Denken zielt dementsprechend nicht auf ein »Ende« der Geschichte im Sinne ihres Abschlusses, sondern auf deren Vollzug und Realisation. Die Geschichte soll nichts hervorbringen, außer der Möglichkeit von Geschichte selbst. Die letzte Einheit, in der das System entfaltet werden kann, hat eine offene Struktur; es ist dabei falsch, die Zukunft als Abschluß

[97] Dazu siehe Heidegger, Schellings Abhandlung über das Wesen der menschlichen Freiheit (1809), Tübingen 1971, S. 193f. Auch wichtig in diesem Zusammenhang sind die Dissertation von J. Habermas, a.a.O., die die Zwiespältigkeit von Geschichtlichkeit und Absolutheit im ganzen Denken Schellings behandelt, und das Buch von Hideki Mine, a.a.O., das zeigt, wie das Problem der Verträglichkeit der Freiheit mit dem System zum Verhängnis für die Spätphilosophie Schellings wurde.

[98] Problematisch für unsere Interpretation sind Sätze wie der folgende: »Das Gute soll aus der Finsterniß zur Aktualität erhoben werden, um mit Gott unvergänglich zu leben; das Böse aber von dem Guten geschieden, um auf ewig in das Nichtseyn verstoßen zu werden« (7, 404). Dabei ist eine Analyse des Ewigkeitsbegriffs wichtig, die im nachfolgenden Kapitel gegeben wird.

des Systems zu betrachten. Sie bedeutet eher die Befreiung jener Anfänglichkeit, die im Wesen der Natur ruht, und der jede Geschichte eigentlich entsprungen ist. Gerade dies soll uns das rätselhafte Wort sagen, nach dem es des Menschen Aufgabe ist, »Erlöser der Natur« zu sein (7, 411). Eine weitere Bestimmung als diese ist unmöglich, denn die Unverfügbarkeit der Zukunft ist gerade das, was hier zum Ausdruck gebracht werden soll.

Ein Blick auf den Gang der Schrift soll diese Interpretation bestätigen und weiter ausfüllen. Wie gesagt, die Ausgangsfrage betrifft die Verträglichkeit der Freiheit mit dem System, eine Frage, die der Meinung entspringt: »das einzig mögliche System der Vernunft sei Pantheismus, dieser aber unvermeidlich Fatalismus« (7, 338). Schelling versucht besonders die Schlußfolgerung dieses Satzes zurückzuweisen, indem er ihn umkehrt und behauptet, der Begriff eines absoluten Wesens überhaupt sei mit der menschlichen Freiheit unverträglich, außer in dem einen Fall, »daß der Mensch nicht außer Gott, sondern in Gott sey und daß seine Thätigkeit selbst mit zum Leben Gottes gehöre« (7, 339). Pantheismus – Schellings eigene Fassung wäre richtiger Panentheismus zu nennen – ist nicht die Leugnung der Freiheit des von Gott Geschaffenen, sondern viel eher ihre Voraussetzung. Diese Idee, daß ein Wesen von Gott nicht äußerlich beherrscht werde, sondern nur, wenn es in ihm einbegriffen sei, führt auf eine neue ontologische Bestimmung der Identität, die die Verschiedenheit und gar Selbständigkeit des Einbegriffenen dadurch rettet, daß sie nicht als das leere Einerlei sondern als lebendiges Zeugungsverhältnis gefaßt wird, wobei Schelling die Kritik Hegels endgültig abweisen will, das Absolute bei ihm sei wie eine Nacht, »worin alle Kühe schwarz sind.« Die Einheit der Dinge mit Gott hebt weder die Individualität noch die mögliche Freiheit der Dinge auf. Alle Dinge können von Gott absolut unabhängig sein, ohne dadurch ihre Selbständigkeit zu verlieren (7, 346), was gerade dann einleuchtet, wenn Gott das wahre Selbst aller Dinge ist.

Die Leitidee des Vernunftsystems, die Einheit aller Dinge mit dem Weltgrund, wurde in ihrer neuzeitlichen Form von Spinoza aufgestellt. Schelling gibt zu, nach Spinoza seien die Dinge zunächst zu bloßen Affektionen der einen Substanz reduziert. Er behauptet jedoch, die Möglichkeiten eines solchen Systems seien damit nicht erschöpft. Es besteht vor allem die Möglichkeit, die Dinge für sich zu betrachten (7, 344), ein Weg, den Schelling selbst in seiner Identitätsphilosophie gewählt hat, wo argumentiert wird, die Dinge, für sich betrachtet, seien mit dem Absoluten identisch und absolut frei, in Bezug aufeinander gesetzt, seien sie jedoch endlich und überall bedingt. Nach der Betrachtung der Dinge von ihrem inneren, durch die intellektuelle Anschauung erschlossenen Wesen her, wird ihre Freiheit augenscheinlich. Das Ganze wurde durch den Idealismus von innen belebt und in Bewegung gebracht, bis endlich in der Naturphilosophie jener letzte Schritt vollzogen wurde, »wodurch sich die ganze Natur in Empfindung, in Intelligenz, endlich in Willen verkläre. Es gibt in der letzten und höchsten Instanz gar kein anderes Seyn als Wollen. Wollen ist Urseyn, und auf dieses allein passen alle Prädikate desselben: Grundlosigkeit, Ewigkeit, Unabhängigkeit von der Zeit, Selbstbejahung« (7, 350).

Schellings eigene Position folgt dem von ihm schon früh eröffneten Weg einer Abhebung einerseits von Kants und Fichtes Begriff der Freiheit als Selbstbestimmung und andererseits von Spinozas Begriff derselben als Unterwerfung des einzelnen Subjekts unter den Willen Gottes. Dies führt in der Freiheitsschrift zur Einsicht in das wahrhaft geschichtliches Verhältnis eines selbständigen Wollens, das etwas für sich will, aber ohne seine Abhängigkeit von Natur und Gott aufzuheben. Wahre Freiheit besteht, wie bei Spinoza, in der Selbsteröffnung zu dieser Abhängigkeit. Was aber bei Schelling entscheidend ist, ist seine Auffassung der Natur als Quelle des immer Neuen. Mit dem Gedanken einer Abhängigkeit, die die Möglichkeit in sich schließt, etwas neues anzufangen, will Schelling den scheinbar fatalistischen Folgen seiner »spinozistischen« Identitätsphilosophie begegnen. Einheit mit Gott soll keine Gefährdung der Freiheit sein.

In der Freiheitsschrift versucht Schelling, ohne die Einsicht in die tragischen Folgen der autonomen Handlung aufzugeben, die individuelle, d.h. die spezifisch menschliche Freiheit durch deren konkrete Bestimmung als »ein Vermögen des Guten und des Bösen« (7, 352) zu retten. Es geht ihm nicht um eine allgemeine Bestimmung der Freiheit als solche, etwa als Handlung im Einklang mit der Vernunft oder mit dem Weltgrund. Statt dessen geht es ihm um die Bestimmung der menschlichen Freiheit, die immer die Möglichkeit in sich schließt, nicht frei zu sein, sich von der Vernunft oder dem Willen Gottes abzutrennen. Einheit mit Gott schließt nicht die Differenz von ihm aus.

Entscheidend für Schelling ist das Erkennen des Positiven im Grunde des Bösen. Der Bezug rein auf sich selbst führt in eine Enge, die zur Offenbarung der Breite des Seins sogar notwendig ist. Das Böse wird nicht mehr für nichtig erklärt, sondern tritt als selbständige Macht hervor, die allerdings nur in der individuellen Entscheidung des Menchen verwirklicht werden kann. Bei Schelling geht es nicht – wie bei Hegel – um eine bloße Vermittlung von Spinoza und Kant, mit dem Resultat, daß die Freiheit als eine freiwillige Unterwerfung des einzelnen Subjekts unter die Notwendigkeit des Gesetzes gilt. Mit seinem Versuch, die Freiheit im Bezug zum Bösen zu denken, tritt Schelling in eine ganz neue Sphäre des Denkens. Die menschliche Freiheit gründet in der Möglichkeit der *Natur*, mit sich selbst in Widerstreit zu fallen.

In seiner Naturphilosophie wollte Schelling die Freiheit »über das ganze Universum« verbreiten (7, 351), was er als eine konsequente Fortführung des kantischen Idealismus verstand . Kant hat nur dann versagt, als er in der »Kritik der praktischen Vernunft« das An-Sich des Menschen positiv als Freiheit faßte, aber »nicht zu dem Gedanken fortging, diesen einzig möglichen Begriff des An-sich auch auf die Dinge zu übertragen, wodurch er sich unmittelbar zu einem höhern Standpunkt der Betrachtung und über die Negativität erhoben hätte, die der Charakter seiner theoretischen Philosophie ist« (7, 352). In der Naturphilosophie hat Schelling selbst diese Übertragung vollzogen, die in dem einen Wort gipfelt: »Wollen ist Urseyn.« Dahin reicht der bloße Idealismus. Die Freiheitsschrift soll nun eine bestimmte Art des Wollens hinterfragen, die aber das ganze System von Grund auf verwandeln wird, eben weil die Einheit des Systems es verbietet, die menschliche Freiheit als Ausnahmefall aus dem Vernunftsystem auszuscheiden. Statt dessen – und dies folgt der höchsten Forderung der Vernunft und soll keineswegs als Irrationalismus abgetan werden – muß das System auf seine Abgründigkeit geführt werden. Das Ganze erscheint damit in seiner radikalen Fragwürdigkeit. Eben dies ist das Resultat einer Untersuchung, die gerade das Problem aufgreift, das der bisherige Idealismus nicht lösen konnte: »die spezifische Differenz, d.h. eben das Bestimmte der menschlichen Freiheit, zu zeigen« (7, 352).

Das Endliche steht nun im Zentrum von Schellings Denken. Dabei handelt es sich um keinen Pessimismus. Vielmehr behauptet er, daß die volle Tiefe und die bedrückende Enge des endlichen Seins deshalb notwendig sind, um die Erhabenheit des Göttlichen zu durchmessen, dessen Sanftmut überall hineinreicht, wo das endliche, seiner selbst nicht mächtige Seiende im Sein gehalten wird. Die Tragweite des guten Wesens zeigt sich in der Tragweite dessen, was überwunden werden muß. Nur in diesem Sinne läßt sich der bestürzende Satz verstehen, »das Gute ist das Böse« (7, 341), dessen unscheinbar klingendes »ist« die Bewegung der ganzen Schöpfung zur Sprache bringt. Das Maß des Risses im Sein ist der Mensch. »Im Menschen ist die ganze Macht des finstern Princips und in eben demselben zugleich die ganze Kraft des Lichts. In ihm ist der tiefste Abgrund und der höchste Himmel, oder beide Centra. Der Wille des Menschen ist der in der ewigen Sehnsucht verborgene Keim des nur noch im Grunde vorhandenen Gottes; der in der Tiefe verschlossene göttliche Lebensblick, den Gott ersah, als er den Willen zur Natur faßte« (7, 363). Der Mensch steht in diesem Riß; sein Leben ist die Austragung dieses Streits. Er ist jedoch nicht bloß der Ort, wo dieser Streit sich vollzieht, sondern der Ort, von dem der Streit ausgeht: ob Himmel oder Hölle, dies ist die Entscheidung des Menschen.

3. Um zu zeigen, wie eine solche Entscheidung möglich ist, fassen wir die Hauptgedanken der Freihcitsschrift zusammen. Das Ausgangsproblem ist die Notwendigkeit, wenn die menschliche Freiheit ein Vermögen zum Guten *und* zum Bösen sei, die Realität des Bösen zu denken, ohne dadurch Gott als dessen Miturheber zu beschuldigen. Die Freiheit verlangt eine »von Gott unabhängige Wurzel« (7, 354), die jedoch irgendwie in Gott wieder gesetzt werden muß, wenn ein der Vernunft widriger Dualismus oder Manichäismus zu vermeiden ist. Dies gelingt Schelling, indem er »zwischen dem Wesen, sofern es existirt, und dem Wesen, sofern es bloß Grund von Existenz ist« (7, 357), unterscheidet. Gott trägt den Grund seiner eigenen Existenz in sich: »Er ist die Natur – in Gott; ein von ihm unabtrennliches, aber doch unterschiedenes Wesen« (7, 358). Der Grund ist das schlechthin Notwendige in Gott, das, was aus der Unmöglichkeit des Seins des absoluten Nicht-Seins folgt, das Strittige des einfachen Urwesens, dessen Streit eben die Einfachheit ewig in das Sich-Widerstreitende der Natur verwandelt. Gott *ist* erst dort (Gott wird erst Gott), wo, kraft der Lauterkeit des zurückgetretenen Urwesens, die absolute Notwendigkeit des Streites frei auf sich genommen wird, wo die Bewegung des Grundes durch die unendliche Zeit des Waltens des Urwiderspruchs einfach *gelassen* wird. Gott ist nicht die Natur, sondern die Bejahung, das Lassen der Natur. Gott selbst tritt aber nicht in die Erscheinung, er erreicht nicht seine wesenshafte Selbstbejahung, ohne das Gegenwendige eines Wesens, das in Zwietracht mit der Natur gelangen kann. Gott braucht zu seiner Erscheiung den Menschen: »In ihm (im Menschen) allein hat Gott die Welt geliebt« (7, 363), eine Liebe, die nicht zuletzt darin gründet, daß der Mensch Gottes wegen den Schrecken der Verneinung der Existenz ausgesetzt ist.

Der Mensch ist der noch im dunklen Grunde der Natur verschlossene Gott, der aber nie völlig eins mit Gott ist, da er ständig zu ihm unterwegs sein muß. Seine Verwurzelung bedeutet im Grunde seine Unabhängigkeit Gott gegenüber: »in« Gott stehend, weil in dessen Grunde verwurzelt, kann er auch »gegen« Gott treten, indem der Grund Gottes nicht Gott selber sei. Aber ebenso errreicht er durch seine Gottähnlichkeit eine Unabhängigkeit der Natur gegenüber. Diese doppelseitige Unabhängigkeit ist die Bedingung der Möglichkeit des Bösen. Schon innerhalb der Natur existiert ein Prinzip, das den Menschen zum Bösen treiben wird: das sich verschließende Prinzip der Selbstheit (7, 374f.). Das natürliche Geschöpf bleibt aber dem Universalwillen untergeordnet. Trennung führt zum Tode des Getrennten und dieses zur Neubelebung des Ganzen. Anders aber, wo das Gottähnliche des Verstandes aufgegangen ist. Hier führt das Wirken des selbstischen Prinzips nicht bloß zur sterblichen Trennung, sondern zur Konstruktion einer der natürlichen (in »Gott« zentrierten) Einheit entgegengesetzten künstlichen (im Menschen zentrierten) Einheit, die das Gleichgewicht der Natur bedroht.

Der Grund aller Dinge ist die blinde Sehnsucht, ein gegenstandsloser, nicht selbst wollender Wille. Er ist das regellose, nicht zurückzuhaltende Übergehen des Nichts in das Sein: »ein wogend wallendes Meer, der Materie des Platon gleich, nach dunkelm ungewissen Gesetz, unvermögend etwas Dauerndes für sich zu bilden« (7, 360). Aus der Sehnsucht wächst schließlich eine Vorstellung, das »Ebenbild Gottes«, die Urform des Menschen (7, 360f.). Dies läßt sich so verstehen, daß die Kräfte der Natur auf völlig natürliche Weise dem Zustand des Widerspruchs entfliehen und sich langsam voneinander *scheiden*. Wie das Wachsen der Blätter, Stämme, und Knospen vor sich geht, so wächst die allgemeine Natur durch Scheidung ihrer Kräfte. Die Natur kommt jedoch nicht leicht zur offenen Entfaltung ihrer Form, da der Widerspruch zu ihrem Wesen gehört und nie völlig überwunden werden kann – oder, wie Schelling schreibt, »Die Sehnsucht ... strebt nunmehr, den in sich ergriffenen Lebensblick zu erhalten und sich in sich selbst zu verschließen, damit immer ein Grund bleibt« (7, 361).

Die Natur kehrt immer wieder in ihren Anfang zurück, so daß eine Reihe von *verschiedenen* Schöpfungen hervorgeht, bis endlich (im Menschen) die im Innersten der Natur verborgene Form, das Prinzip ihrer Anfänglichkeit, frei wird. Das Letzte der Natur, das Endprodukt der natürlichen Entwicklung, ist die Befreiung ihres Anfangs (7, 362). Diese Befreiung – der Aufgang des Wortes – ist die Vollendung des Scheidungsprozesses der Natur, weshalb das richtige Verhältnis zur Natur im Wirkenlassen des Grundes besteht, in der natürlichen Hervorhebung der im Grunde verschlossenen Form. Dieses Wirkenlassen steht in schroffem Gegensatz zur herrschenden Produktionsforderung der Neuzeit. Wie Schelling schon 1804 schrieb: »Die Weisheit der Alten hat uns einen bedeutenden Wink hinterlassen, indem sie das goldene Zeitalter hinter uns verlegt, gleichsam um dadurch anzudeuten, daß wir es nicht durch ein endloses und unruhiges *Fortschreiten* und *Wirken nach außen*, vielmehr durch eine Rückkehr zu dem Punkt, von dem jeder ausgegangen ist, zu der inneren Identität mit dem Absoluten, zu suchen haben« (6, 563f.) Diese »innere Identität mit dem Absoluten« besteht darin, daß dessen Form (das göttliche Ebendbild) in der Tiefe der Natur schon immer verborgen ist. Das Begreifliche entsteht »nicht durch äußere Vorstellung«, sondern »durch Erweckung, indem der Verstand die in dem geschiedenen Grund verborgene Einheit oder Idea hervorhebt« (7, 361f.). Diese Erweckung der in der Natur ruhenden Einheit geschieht aus der Anziehung der Offenheit des Seins selbst heraus (aus dem Verstand Gottes) und ist also alles andere als eine Wirkung oder Konstruktion der endlichen Subjektivität. Mit diesem Gedanken Schellings bricht die Tradition von Leibniz und Kant ab; die menschliche Subjektivität gilt nicht mehr als das formgebende Prinzip der Natur, sondern als die höchste Entfaltung der in der Natur schon ruhenden Form.

Die Natur scheidet sich und entfaltet das bezugslose Nebeneinander der Dinge zur Form. Durch eine Differenzierung der Teile geht die organische Einheit einer Gestalt hervor, die gerade nicht in einer leeren Gleichheit der Teile, sondern in der Auseinanderfaltung der Teile in ein organisches Bezugssystem besteht. Jeder Teil muß in dem ihm eigentümlichen Platz stehen, damit die Einheit des Ganzen durchleuchtet wird. Diese Einheit wird erst im Menschen voll hervorgerufen; erst in ihm »wird das in allen andern Dingen noch zurückgehaltene und unvollständige Wort völlig ausgesprochen. Aber in dem ausgesprochenen Wort offenbart sich der Geist, d.h. *Gott* als actu existierend« (7, 364). Der Mesnch ist der Ort, wo Gott Gott werden kann, aber nur in dem Fall, wo der Scheidungsprozeß der Natur gelassen wird, wo sich die Natur als Natur frei entfalten kann. Das »Wort« ist schon in der Natur verborgen, geht aber erst im Menschen auf. Die vollendete Scheidung ist das Zurücktreten des Grundes in die Verborgenheit, eine Verborgenheit, die aber gleichzeitig zur Offenbarung gelangen kann, indem sie die aufgegangene Form umgrenzt und erschließt. Dies ist die durch Trennung erreichte Einheit von Grund und Verstand. Jedes Prinzip waltet in seinem eigenen Element (das Dunkle im Dunkeln, das Licht im Licht), und so kommt das Ganze zum Einklang. Diese Vollendung der natürlichen Scheidung offenbart das tiefste Wesen der Natur, aus dem alles das wird, was es – in seiner radikalen Bestimmtheit und Individualität – eigentlich *ist*. Dieses Lassen der Differenz, aus dem die Einheit aller Dinge hervorgeht, nennt Schelling die *Liebe* (7, 408). Durch sie bewogen, tritt das Chaotische momentan in seinen Wesensort (ins Dunkle) zurück, um die Schönheit der Gestalt zu präsentieren.

Im Menschen wird diese Einheit nur augenblicksweise erreicht, weil er der Versuchung ausgesetzt ist, die erschlossene Form auf die in seinem Verstand ruhenden Formen zu beziehen, mit dem Resultat, daß das Ganze gleichsam zum Teil wird. Dann fängt die Suche nach der vollendeten Form wieder an. Das momentan Vergangene des von der Gegenwart Ausgeschiedenen kehrt wieder in die Gegnwart zurück und reißt das Bild ihrer Vollendung auseinander. Der Mensch verweilt nicht in der göttlichen Einheit, weil sein Wesen auch dem Grund der sich widerstreitenden Natur gehört, einem Grund, der notwendig ist, damit die Einheit überhaupt erschlossen werde: »Denn jedes Wesen kann nur in seinem Gegentheil offenbar werden, Liebe in Haß, Einheit in Streit« (7, 373). Es ist eine Bewegung der Natur selbst – ihre Kontraktion – , die den Menschen zur Beharrung in der eigenen Selbstheit und so zur Trennung von der natürlichen Harmonie treibt (7, 374f.). So wie die Scheidung der Prinzipien in die Offenheit der Form zur Bewegung der Natur gehört, so auch ihre Trübung und Verwirrung.

Auf dem Schlachtfeld der menschlichen Geschichte ereignet sich der ewige Kampf zwischen der Bejahung und der Verneinung des Seins. Die Geschichte ist also nichts anderes als eine Steigerung – eine Potenzierung – der ursprünglichen Scheidung der Natur. »Dieselben Perioden der Schöpfung, die in diesem sind, sind auch in jenem; und eines ist des anderen Gleichniß und Erklärung« (7, 377f.). Ein Zeitalter der Unschuld ging der eigentlichen Geschichte voran, die dann anfing, als der Grund sich bewegte (als die *Natur* Gottes sich in der Mythologie entfaltete), bis endlich im Römertum das Prinzip der Selbstheit »als welteroberndes Princip hervortrat« (7, 379). Das Böse zeigte sich im Versuch, »sich alles zu unterwerfen und ein festes und dauerndes Weltreich zu gründen.« Seine Herrschaft verbreitete sich in einer wachsenden Verwüstung der Menschheit und der Erde, die erst mit der Menschwerdung Gottes angehalten wurde, womit die zweite Epoche, die Entfaltung nicht mehr der Natur, sondern des freien, persönlichen Wesens Gottes anfing (7, 380).

Das Prinzip der Selbstheit, der Grund der Persönlichkeit, wurde indessen durch die Mythologie vollzogen; die neue Epoche, die der Geschichte als solcher, fing da an, wo diese Selbstheit aufgeopfert wurde, wo der Wille des »Vaters«, d.h. das Walten der unergründlichen Natur selber, durch Aufopferung des besonderen Willens bejaht und in seinem freien Wirken gelassen wurde. Der weitere Verlauf der Geschichte besteht darin, daß dem Menschen die Aufgabe, »Christ« zu sein, gestellt wird, und er sich dann dafür oder dagegen entscheidet. Dieses zusammengedrängte Bild der Geschichte – das in der »Philosophie der Mythologie und der Offenbarung« eine reichgegliederte Ausführung bekam – ist in der Freiheitsschrift ausdrücklich als ein Spiegelbild der Natur, eine Wiederholung ihrer Bewegung vom Dunklen ans Licht – dargestellt, was sich letztlich daraus erklärt, daß selbst der Wille zum Bösen »ein natürlicher Hang des Menschen« ist. Gerade das, was die Besonderheit der menschlichen Freiheit ausmacht, der Wille zum Bösen, ist eine von der Natur gegebene Möglichkeit.

Was liegt aber dem »Hang« zum Bösen zu Grunde? Schellings Antwort ist eindeutig: »Die Angst des Lebens selbst treibt den Menschen aus dem Centrum, in das er erschaffen worden; denn dieses als das lauterste Wesen alles Willens ist für jeden besonderen Willen verzehrendes Feuer« (7, 381). Der Mensch hat also Angst, dort zu stehen, wo er wesensgemäß stehen soll. Er kann die freie Bewegung des Geistes nur aushalten, wenn der besondere Wille in Ruhe bleibt und sich dieser Bewegung einfügt. Was dies aber so schwer macht, was den Willen des Sich-Wollens erregt, ist die »Angst des Lebens selbst.« Sie ist die Angst vor dem »Feuer«, worin der besondere Wille »absterben« muß (ebd.), wenn das verborgene Wesen frei sein soll. Das Sich-Wollen

– eine ständige Möglichkeit, indem der Mensch in der Natur verwurzelt ist – wird gerade deshalb erweckt, weil sein Erwecken dem Menschen als gefährliche Möglichkeit vorschwebt, weshalb der Anfang der Angst immer die Angst vor der Angst ist (und weshalb der größte Übergang im Verlust der Unschuld besteht). Das, wovor man Angst hat, das Leben, ist in einem wichtigen Sinne auch der Tod – oder das, was für den einzelnen Willen, der nichts so sehr wie sich selbst will, dem Tod gleichkommt: das Erwachen in das ungeheure Leben der Freiheit. Der Mensch ist dasjenige Geschöpf, das nicht nur wie jedes andere Geschöpf im Streit mit der Natur steht, sondern das diesen Streit als solchen, als das Ungeheure, vor dem er zurückschrecken muß, erfährt. Seine Erfahrung wird allein dadurch ermöglicht, daß das Wesen des Menschen noch vor – und über – dem Streit steht. Die Freiheit des Menschen besteht gerade in dem, was ihm Angst bereitet: seine Begegnung mit den eigenen Grenzen. Er begegnet diesen – und schließlich auch dem Tod –, indem er einen Bezug zum abgründigen Ursprung in sich birgt. Aus diesem Ursprung, dessen er aber nie mächtig werden kann, lebend, ist der Mensch frei. Das ständige Zu-Ende-Kommen-Können des Vertrauten und Normalen im Leben ist der eigentliche Beweis dieser Freiheit.

Die Angst vor der Vernichtung des eigenen Willens ist eine Angst vor dem Verlust der Kontinuität und Sicherheit des Lebens, sie ist eine Angst nicht so sehr vor der Vernichtung überhaupt als vor dem schlechthin Unbekannten, das letztlich den Kern des Lebens selbst ausmacht. Diese Angst ist der Grund dafür, daß das Subjekt die Rationalität des »gesunden Verstandes« setzt. Das Ziel soll es jedoch sein, die künstliche Einheit des einzelnen Subjekts absterben zu lassen, um in die Entsprechung zum Ordnungsprinzip des Seins selbst zu gelangen. Bis dahin ist die Angst ein natürliches Phänomen und dafür verantwortlich, daß der Mensch die verschiedenen Momente der Zeit kettenweise aufeinander bezieht, d.h. daß er stets die Gegenwart flieht. Die Angst steigert sich sogar, wenn geahnt wird, daß diese Kette eine Leistung der eigenen Subjektivität, daß die Notwendigkeit unserer Erfahrung unsere »eigene That« sei (7, 385) und so aus dem unermeßlichen Abgrund der Freiheit entstanden ist. Diese Tat ist selbst von keiner Zeit bedingt, und ist von keiner Beziehung zur Welt abzuleiten; sie gründet allein in der freien Entscheidung, die »außer aller Zeit und daher mit der ersten Schöpfung« (wenn gleich als eine von ihr verschiedene That) zusammenfällt. »Durch sie reicht das Leben des Menschen bis an den Anfang der Schöpfung; daher er durch sie auch außer dem Erschaffenen, frei und selbst ewiger Anfang ist« (7, 386).

Mit diesem Gedanken des ewigen Anfangs löst sich das Hauptproblem der Freiheitsschrift, wie die menschliche Freiheit mit dem Allwissen Gottes zu versöhnen sei. Das Problem besteht nur, wenn das Allwissen Gottes als ein vergangener Zustand vorgestellt wird, der weil vergangen, für unveränderlich gehalten werden muß. Dies sieht aber völlig anders aus, wenn selbst die gegenwärtige Handlung des Menschen in einer Tat gründet, die in der Gegenwart der ersten Schöpfung geschieht.

In der freien Handlung verschwindet die Vergangenheit, indem sich der Mensch der Gegenwart annähert. Die Täuschung, vor verschiedenen Möglichkeiten zu stehen, verschwindet vor der Ankunft des »Guten«, dessen Güte eben die Unabänderlichkeit seiner Merkmale, bezogen auf die Jeweiligkeit des besonderen Augenblicks, bedeutet. Eine viel tiefere Notwendigkeit als die gewöhnliche, vom Verstande gesetzte, kommt ins Spiel, wenn der Mensch nun, auf seine Zeit antwortend, das »Einzige« tut, das er tun kann. Wo zwischen verschiedenen möglichen Entscheidungen noch abgewogen werden kann, ist die Zeit der wahren Entscheidung nicht gekommen. Für das Gute gibt es eigentlich keine Wahl, »sondern nur die höchste Entschiedenheit für das Rechte« (7, 392). Wie aber in einem gut gelungenen Spiel uns die Freiheit bewußt wird, gerade dann, wenn die Möglichkeiten sich so beschränkt haben, daß das Spiel sich selbst zu spielen beginnt, so ruht auch in der Notwendigkeit der »ewigen That« eine unermeßliche Freiheit, als ob dem Geist Flügel verliehen werden, damit er nicht mehr am Grunde der Selbstheit leidet, sondern ihn von sich abstößt, um gleichsam in die Höhe zu fliegen, von eben dem getragen, was er bisher in seiner Eitelkeit zu bändigen suchte – der Quelle seiner Angst, dem unaufhaltbaren Hervortreten immer neuer Augenblicke. Die Entscheidung zum Guten ist eine wahre Entscheidung, aber sie ist keine willkürliche. Sie findet in der Tat nur da statt, wo der Anschein der Willkürlichkeit verschwindet. Die Entscheidung zum Guten ist das Eröffnen dessen, was von sich her waltet, das wahrhaft Anfängliche der ewigen Natur. In dieser höchsten Entfaltung der menschlichen Freiheit kommt ihre Endlichkeit klar zum Vorschein, denn sie erreicht erst ihren Gipfel, wenn der Mensch die Macht des schlechthin Anderen erkennt, dem er sich unterwirft.

4. Bevor wir diesen letzten Gedanken, der den Bezug zur Natur betrifft, weiter verfolgen, ist ein letztes Wort über den eigentlichen Sinn des Bösen angebracht. Das Böse ist nach Schelling notwendig zur Enthüllung der vollen Tiefe der Göttlichkeit, deren Größe an dem gemessen wird, was sie zu besänftigen vermag, das Schreckliche des uranfänglichen Wesens selber (7, 391). Böse kann allein der Wille heißen – nie etwa die gewaltigen und chaotischen Leidenschaften, die in der Natur ruhen (7, 388). Der böse Wille ist der, der versucht, den Grund, aus dem der Mensch lebt, seiner Herrschaft unterzuordnen und in seine Gewalt zu bekommen. Die Möglichkeit des Bösen, wie oben gezeigt, liegt in der sich zurückziehenden Bewegung der Natur, im Urgrund der Schöpfung überhaupt. Die Tat, wodurch diese Möglichkeit verwirklicht wird, ist das »In-sich-handeln-Lassen« des bösen Prinzips durch den Menschen (7,

389) und ist rein geistiger Natur. Wie die gute Tat geht auch diese bis in den Anfang der Schöpfung zurück. Sic besteht in einer Umkehrung der Prinzipien, wobei das, was Zweck des Lebens sein soll, der Geist, zum Mittel gemacht wird, im Dienst dessen, was eigentlich Mittel sein soll, des »Hungers der Selbstsucht« (7, 389f.). »So ist denn der Anfang der Sünde, daß der Mensch aus dem eigentlichen Seyn in das Nichtseyn, aus der Wahrheit in die Lüge, aus dem Licht in die Finsterniß übertritt, um selbst schaffender Grund zu werden, und mit der Macht der Centri, das er in sich hat, über alle Dinge zu herrschen« (Hrvh.v.Vf. – 7, 390). Die Macht, um die es hier geht, gründet im Schöpfungsprinzip der Natur selbst (sie ist das, aus dem eine von Gott verschiedene und unabhängige Natur hervorgeht), ist jedoch durch den menschlichen Geist von ihrer wahren Stelle (als Grund) gerückt: Ein Stück Natur (der Mensch) fällt in Zwietracht mit der übrigen Natur und droht, das Ganze aus den Fugen zu bringen.

Daß darin die Bedeutung des Bösen zu finden ist, wurde in unserem Jahrhundert sehr deutlich gemacht. Bis Schelling wurde das Böse meistens im Wirken der ungebändigten Triebe gesucht; wo der Geist »schwach« wird, läßt seine Herrschaft über die Natur nach. Heute können wir jedoch in aller Klarheit sehen, inwiefern Schelling recht hatte, als er den Ursprung des Bösen im Übermut eines zu »stark« gewordenen Geistes fand. »Der Teufel nach der christlichen Ansicht war nicht die limitirteste Creatur, sondern vielmehr die illimitirteste« (7, 368). Oder wie er an anderer Stelle sagt, »Das Böse ist in gewissem Betracht das reinste Geistige, denn es führt den heftigsten Krieg gegen alles *Seyn*, ja es möchte den Grund der Schöpfung aufheben« (7, 468). Die großen Verbrechen des politischen Totalitarismus unserer Zeit sowohl als die Drohung der atomaren Vernichtung des Grundes des Lebens bezeugen die ungeheure Gefahr eines Übergewichts des Rationalen, im Sinne eines eigentlich irrationalen Glaubens an der Notwendigkeit der Steuerung des Ganzen. Freud z.B. scheint völlig berechtigt gewesen zu sein, als er den Todestrieb aus der Entgegensetzung zur Libido deutete. Gegenüber dem »Wirkenlassen des Grundes« zeigt sich das eigentliche Böse im Versuch, den Grund – oder die aus ihm entsprungenen Geschöpfe – einem besonderen Willen zu unterwerfen.

Nach Schelling ist das richtige Verhältnis die Unterordnung des Grundes unter den Verstand, aber allein unter den »allgemeinen« Verstand, der aus dem Vollzug der natürlichen Scheidung des Grundes entsteht. Der allgemeine Verstand ist die Offenheit, in der jedes Wesen den freien Raum bekommt, den eigenen Weg zu gehen. Da, wo der Grund in seinem Wirken gelassen wird, bewegt er sich auf völlig natürliche Weise zur Klärung des Verstandes hin, einer Klärung, welche dann wiederum die notwendige Bedingung jenes Lassens ist. Dies besagt das Verhältnis von Gott und Natur: »In dem Cirkel, daraus alles wird, ist es kein Widerspruch, daß das, wodurch das Eine erzeugt wird, selbst wieder von ihm gezeugt werde. Es ist hier kein Erstes und kein Letztes, weil alles sich gegenseitig voraussetzt, keins das andere und doch nicht ohne das andere ist« (7, 358). Im bösen Willen dagegen betrachtet sich ein Prinzip, eben der Wille selbst, eindeutig als Erstes, so daß alles andere zu seinem Produkt wird, wobei er eben das Wesentliche vergißt, daß er selbst eine Herkunft hat. Selbst Gott bekommt den Grund seiner Existenz nicht in seine Gewalt; er erreicht eine Einheit mit ihm nur dadurch, daß er ihn bejaht und so nicht zu überwinden versucht.

Diese Überlegung zeigt den Unterschied zwischen Schellings Begriff der ewigen Tat, durch die das innere Wesen bestimmt wird, gemäß dem man frei handelt, und Fichtes Begriff des Ich als des Selbstsetzens. Dieser ist am Leitfaden des Sich-Erkennens gedacht, während jener auf das Ereignis dessen zielt, was erst das Erkennbare ergibt. Die ewige Tat ist also das innere Wesen der Natur selbst, das erst in der menschlichen Freiheit zum Vorschein kommt. Es ist seine Einsicht in das Getragensein des menschlichen Wesens, die Schelling dazu führt, die eigentliche Gestalt des im Menschen erscheinenden Guten nicht mit dem Menschen selbst sondern mit Gott zu identifizieren, sowie er auch die Gestalt des Bösen mit dem Teufel gleichsetzt. Dabei geht es aber letzten Endes um die zwei möglichen Verhältnisse des Geistes überhaupt zum Ort seiner Herkunft, zur Natur, d.h. deren Bejahung oder Verneinung. Im Menschen muß ständig entschieden werden, ob das schlechthin notwendige Sein der uns immer schon vorliegenden Natur bejaht oder verneint, ob sich diese Natur als Gott oder Teufel erschließen wird. Am Ende dieser Schrift läßt Schelling allerdings die Dringlichkeit dieser Entscheidung zurücktreten. Er legt den Gedanken dar, das Böse müsse sich am Ende in die Dunkelheit des Grundes verschließen, um das zur vollendeten Form geschiedene und auseinandergefaltene Gute zum Vorschein kommen zu lassen, wobei »der letzte Feind«, »der Tod«, aufgehoben werden soll (7, 405), indem die Scheidung nun vollzogen wird.

Daß Schelling an dieser Stelle an so etwas wie das »Ende der Geschichte« denkt, ist offensichtlich. Das jedoch an diesem »höchsten Punkt der ganzen Untersuchung« (7, 406) noch weiter gedacht werden kann, wird dem Leser ebensosehr einleuchten. Das Entscheidende ist, wie das Wort »Ende« gedeutet werden soll. Es muß zugegeben werden, daß die Möglichkeit besteht, dieses Ende nicht als Abschluß, sondern als Vollzug der Geschichte, als Entbergung ihrer durch das Böse verdrängten Geschichtlichkeit, zu verstehen, wobei der »Sieg über den Tod« nicht dessen Beseitigung, sondern letztlich dessen Bejahung bedeuten würde, indem die Vollkommenheit und Ganzheit einer Gestalt allein aus einer *Scheidung* hervorgehen kann. Die »ewige« Gegenwart eröffnet sich nur im Vollzug der Scheidung, wodurch die Vergangenheit sich entzieht, und die Zukunft sich noch zurückhält, um beiderseits die formgebenden Grenzen des Sich-Präsentierenden zu ergeben.

Diese Interpretation, nach der das »Ende« der Zeit nicht deren Verschwinden sondern deren Vollzug durch die Überwindung des Widerstandes gegen sie bedeutet, scheint weniger gewaltsam, wenn wir uns an das oben angeführte Wort über die »Erlösung der Natur« erinnern. Sie wird weiter bestätigt, wenn Schellings Darstellung der Geschichte als Entfaltung des göttlichen »Schicksals« (7, 403) einbezogen wird. Die »Perioden der Offenbarung« (7, 404) gipfeln im Zeitalter des Geistes. Der Geist ist aber »noch nicht das Höchste; er ist nur der Geist, oder der Hauch der Liebe. Die Liebe aber ist das Höchste« (7, 406). Die Liebe ist das Ziel der Geschichte, nicht aber als ihr Ausgang, sondern als der Anfang einer Zeit, in der Gott »Alles in Allem« sei (7, 405), d.h. in der jeder Augenblick der Zeit dessen ihm eigentümliche Ganzheitsstruktur erschließt und sich in völliger Freiheit bewegt, und in der gleichzeitig alles sich auf alles bezieht und ergänzt, denn »dies ist das Geheimnis der Liebe, daß sie solches verbindet, deren jedes für sich seyn könnte und doch nicht ist, und nicht seyn kann ohne das andere« (7, 408). »Wäre nicht jedes ein Ganzes, sondern nur Theil des Ganzen, so wäre nicht Liebe« (7, 174). Die Liebe als höchstes Medium des Seins offenbart sich nicht, bis der Scheidungsprozeß, wodurch eine Vielfalt von *Individuen* entsteht, vollendet wird. Die Scheidung ist aber letztlich der Grund des Bösen, das nur da wächst, wo es von der Liebe gelassen wird. Daß jedes Seiende für sich den eigenen Weg finden muß, bedeutet die Möglichkeit des Irrens, wodurch eins dem anderen auch durch Gewalt unterworfen wird, ein Böses, welches den Grund der Erscheinung der Liebe wird, indem diese jenes – und zwar ohne sich mit Gewalt durchzusetzen – überwindet. Diese Macht über aller Macht ist das Lassen der Scheidung, dessen Anerkennung zur Annahme der Notwendigkeit des Todes führt. Schellings Begriff der Liebe verbindet die strengste moralische Forderung mit der tiefsten Einsicht in die Unvermeidlichkeit ihrer Verletzung. Das höchste Ziel der Geschichte ist der durch Scheidung freigelegte Anfang, »was da war, ehe denn der Grund und ehe das Existirende (als getrennte) waren, aber noch nicht war als Liebe, sondern – wie sollen wir es bezeichnen?« (7, 406). Es fehlt Schelling das Wort, weil es um ein Wesen geht, »das kein Prädicat hat als eben das der Prädicatlosigkeit.« Es muß »*vor* allem Grund und vor allem Existirenden, also überhaupt vor aller Dualität, ein Wesen seyn: wie können wir es anders nennen als den Urgrund oder vielmehr *Ungrund*« (7, 406). Dieses ist das »Weder-Noch«, aus dem die Entscheidung zu Gut oder Böse entsteht. Weil es vor aller Scheidung liegt, ist es alles andere als das Wesen der freien Persönlichkeit, da diese nur durch die Scheidung bestimmt wird. Deshalb ist es mit keiner der göttlichen Personen – Vater, Sohn oder Geist – gleichzusetzen. Es ist das Übergöttliche. Noch weniger verfügt ein Mensch über dieses uranfängliche Wesen und dennoch ist es das, was dem Menschen am nächsten steht, die Quelle seiner Existenz und seines Wesens. Es ist die *Indifferenz* vom Realen und Idealen, das Undenkbare, weil selbst Nicht-Seiende, das es doch zu denken gilt, wenn die Freiheit gedacht werden soll. Eben weil es weder Reales noch Ideales, weder Finsternis noch Licht ist, ist es das Prinzip, aus dem die Dualität hervorbricht, allerdings ohne daß selbst der Keim der Dualität im Ungrund einbegriffen wäre. Das selbst Nicht-Geschiedene ist das Prinzip aller Scheidung: »*ohne* Indifferenz, d.h. *ohne* einen Ungrund, gäbe es keine Zweiheit der Prinzipien. Anstatt also, daß dieser die Unterscheidung aufhöbe, wie gemeint wurde, setzt er sie vielmehr« (7, 407).

Mit anderen Worten gesagt, gäbe es keinen Ungrund jenseits der Unterscheidungen, sondern stattdessen eine höchste Substanz etwa, deren Substantialität aus den mit ihr zusammengehörenden Unterscheidungen bestimmt wäre, dann wäre das Ganze als unbeweglicher Gegenstand zu verstehen, in dem letzten Endes alle Unterschiede für bloß scheinbar, für bloße Prädikate, erklärt werden müßten, mit dem Resultat, daß alles auf die gleiche Substanz reduziert werden könnte.[99] Der unterscheidungslose Ungrund ist also die Voraussetzung jeglicher Unterscheidung. Gerade als solcher ist er das letzte Prinzip der menschlichen Freiheit. Er ist das, woraus etwas angefangen werden kann, das, was dem Aufgang jeder wahren Epoche unterliegt und ihre Einmaligkeit und Nicht-Reduzierbarkeit auf Vergangenes ausmacht. Als solches ist er das Prinzip der Zeit selbst.

Aus dem unterscheidungslosen Ungrund sind die verschiedenen Wesen entstanden, die dann in der Liebe, der Klärung ihres gemeinsamen Ursprungs, wieder zusammenkommen. Ihre Zusammenkunft ist das Lassen ihrer Differenz, weshalb die Schöpfung der idealen Gemeinschaft nicht mit der Unterjochung des Grundes, der Natur, sondern mit deren Befreiung anfängt. »Das Wort, das im Menschen erfüllt wird, ist in der Natur als ein dunkles, prophetisches (noch nicht völlig ausgesprochenes) Wort« (7, 411). In der Natur ist das Wort noch »im Grunde« – es ist noch nicht so weit auseinandergefaltet, daß es für sich hervortreten kann. Deshalb sind alle Naturwesen »in Bezug auf Gott bloß peripherische Wesen.« »Nur der Mensch ist in Gott, und eben durch dieses in-Gott-Seyn der Freiheit fähig« (7, 410f.). Es ist dennoch die Scheidung der Natur, und zwar aus ihrem vornatürlichen Urwesen her, die in ihrer höchsten Zuspitzung, in der *Sprache*, die Ganzheitsstruktur aller Dinge erschließt. Wie

[99] Deshalb lehnt Schelling die Vorstellung einer absoluten Identität in dieser Schrift ab, von der die Gegensätze, wenn überhaupt zugelassen, nur *zugleich* prädiziert werden könnten (7, 407), was dem Widerspruchssatz des Aristoteles zufolge unmöglich ist. Die Gegensätze können nur »in der Disjunktion« bestehen und müssen einzeln, jeweilig für sich, hervortreten.

dies geschieht, wie das in der Natur noch verschlossene Wort durch die schwer errungene Gelassenheit des Menschen zur Befreiung kommt und der Geschichte ihren Anfang gibt, können wir konkreter anhand von Schellings Philosophie der Kunst zeigen. Dies wird zugleich das schwierige Wort von dem Menschen als »Erlöser der Natur« weiter erhellen.

5. Um das Ergebnis des Gangs durch die Freiheitsschrift nun zusammenzufassen, weisen wir zunächst darauf hin, daß es Schelling gar nicht gelungen war, die Freiheit als ein »Begreifliches« darzustellen und sie in sein System hineinzuholen. Dies verleiht dem »System« eine eigentümliche Offenheit. Es wird keineswegs abgeschlossen, sondern führt über die Freiheit in die Unbestimmbarkeit der Zukunft, der Quelle, aus der sich die Gegenwart ereignet. Die Gestalt, auf die das Ganze zielt, ist kein hohles Gerüst von starren Formen, sondern etwas ganz Lebendiges, nur verbal zu Verstehendes: es ist die Quelle des ewig Neuen, weniger die Gestalt als das alles aktiv Gestaltende. So ist die Zuspitzung des Systems die Erschließung des ewigen Anfangs. Dies geschieht konkret durch die Untersuchung der menschlichen Freiheit, welche, wie gesagt, durch Schellings Denken keineswegs auf den »Begriff« gebracht wurde. Ihr Ort wurde aber klar gezeigt, und zwar dadurch, daß die Freiheit eben in ihrer Unbegreiflichkeit mit der Unbegreiflichkeit des Seins in Zusammenhang gebracht wurde. Wie die Frage nach dem Ursprung des Ganzen insofern unlösbar ist, als jeder mögliche Grund eben diesem Ganzen zugehören muß, so weist auch die Unergründbarkeit der menschlichen Freiheit auf einen Ursprung vor jedem Seienden hin, der letztlich nur negativ als »Ungrund« bezeichnet werden kann, auch wenn er als einzig wahrer Ursprung das Positivste von allem ist.

Der Mensch ist dasjenige Seiende, das einen direkten Bezug zu diesem Ursprung hat. Schelling erklärt dies dadurch, daß er den Menschen als Vollzug der Scheidung versteht, aus der die Natur mit der ungeheuren Vielfalt ihrer Differenzen entstanden ist. Wo ein »Wort« im Menschen aufgeht, da wird augenblicksweise eine ganze Welt in ihrer Ganzheit, und d.h. ihrer Abgründigkeit, erschlossen. Wo dieses Wort in Einheit mit der Sehnsucht nach ihm erfahren wird, bewegt sich im Menschen der Geist. Und wo der Geist der Seele, d.h. dem Prinzip, durch das der einzelne Mensch jedem anderen Menschen und jedem Seienden überhaupt verbunden ist, dem Prinzip ihrer gemeinsamen Verwurzelung im »Ungrund«, untergeordnet wird, da geschieht, weil dieses Prinzip als das Nicht-Bestimmte und selbst Nicht-Seiende vollkommen frei und offen steht, das freie Lassen der Scheidung, in der alle Dinge entstanden sind, als die Sammlung dieser so entstandenen Vielfalt auf den »Ungrund« ihrer Einheit.

In einem solchen Augenblick erschließt sich das Göttliche. Weil der Mensch jedoch aus der Natur entsprungen ist, hat er einen Bezug nicht allein zur Offenheit der Seele sondern zum Prinzip der Scheidung, die vor ihrer Vollendung zunächst allein als Prinzip der Trennung waltet. Deshalb kann das freie Lassen zeitweilig auch die Verkehrung zulassen, in der es selbst verborgen wird. In dem Moment brennt im Menschen der Geist ohne die Besänftigung durch die Seele. Das Böse kann dann geschehen: die Unterwerfung der Vielfalt des Seienden dem besonderen Willen eines jeweiligen Seienden, eine Unterwerfung, die nur möglich ist, wenn die freie Entfaltung dieser Vielfalt versperrt wird. Weil ohne das freie Wachsen eines Seienden dessen innerer Reichtum nicht ans Licht gebracht werden kann, breitet sich im Bösen die Herrschaft des Todes über seine natürlichen Grenzen hinaus aus, bis er aufhört, dem Prinzip der Offenbarung – und des Lebens – zu dienen und anfängt, die Lebendigkeit des Ganzen zu vernichten. Der Mensch wendet sich gegen seinen Mitmenschen und gegen die Natur im allgemeinen. Weil der Grund des Seienden selbst in Gefahr kommt, ist auch der böse Mensch höchst gefährdet. Die einzige Möglichkeit einer Rettung liegt darin, daß dem Menschen seine Endlichkeit klar wird. Die Eitelkeit und Gefährlichkeit seines Versuchs, eine unendliche Vielfalt (und diese steckt in jedem Seienden) sich selbst zu unterwerfen, muß durchschaut werden. Das einzige, dem alles unterworfen werden kann, ist selbst kein Seiendes. Es ist weder mit einem einzelnen Menschen noch mit einer einzelnen Nation gleichzusetzen und liegt sogar über den Personen Gottes. Es ist das Prinzip der Geschichte im wahrsten Sinne des Wortes, die göttliche Liebe, die ihre Macht über alles nur dadurch zeigt, daß sie auf jeden Machtanspruch verzichtet und jedes Seiende sich in dessen Eigentümlichkeit präsentieren läßt. Sie selbst hat keine Grenze und ist das einzige, das noch da stehen würde, wenn das Böse zum letzten Sieg käme. Wäre dies geschehen, dann würde sie die Trümmer der gestorbenen Natur als so viele Keime in sich bergen, bis diese sich wieder zur lebendigen Welt bilden könnten. Wenn es dem Menschen gelingt, wieder einen Bezug zu diesem Prinzip zu gewinnen, und zwar entweder durch das Rasen des göttlichen Zorns oder durch das sanfte aber schwierige Wort der Philosophie, dann wird ihm der furchtbare Weg durch den absoluten Tod in die tiefe Hölle des »Wahnsinns Gottes« (7, 336f.) erspart, aus dem allein, im Falle des menschlichen Versagens, die milde Gestalt der Schönheit wieder wachsen könnte. Auf eine solche Entscheidung weist die Freiheitsschrift Schellings hin, eine Entscheidung, wobei der Mensch immer noch zeigen muß, ob er der »Liebe Gottes« gewachsen ist oder nicht.

(C) Die Kunst als der Weg der Natur zur Geschichte

1. Die Philosophie als die höchste Zuspitzung des aufgehenden Wortes ist von ihrem Ursprung so weit entfernt, daß sie ihn allzuleicht verkennt. Die Konfrontation mit der Kunst ist deshalb erforderlich, da in ihr das Wort noch im Aufgehen erblickt werden kann, wo es den Zwiespalt eröffnet, zwischen dem »Woraus« seines dunklen Grundes und dem »Worauf« seines höchsten Ziels, der ekstatischen Offenheit als der eigentlichen Begegungsquelle, was Schelling mit dem Wort »Liebe« bezeichnet. Die Kunst hält diesen Zwiespalt, das Geheimnis ihrer Herkunft, in sich als ihren wahren Inhalt. Die Mannigfaltigkeit ihrer Formen – und die Tatsache, daß sie, wenn gelungen, die Absichten des Künstlers übersteigt – deutet auf die Unbestimmbarkeit ihres Prinzips. Sie ist dennoch ganz konkret gegeben.

Schelling wandte sich im »System des transzendentalen Idealismus« dem Phänomen der Kunst zu, um einen Weg zwischen der Naturphilosophie und der Transzendentalphilosophie zu finden.[100] Die sich-hervorbringende Natur mußte wegen der Grundforderung nach systematischer Einheit mit dem sich-hervorbringenden Bewußtsein des Menschen in Verbindung gebracht werden. Dies geschieht zunächst in den großen Taten der Geschichte, in denen eine freie Handlung des Menschen durch eine »höhere Notwendigkeit« (Schicksal oder göttliche Vorsehung) geleitet und vollzogen wird. Die Geschichte fällt jedoch immer wieder in den Widerspruch mit der Natur, denn die freie Handlung setzt sich von dem immer schon vorgegebenen Bereich des notwendigen Seienden ab. In der Kunst allein findet Schelling den Ort, wo »alle Widersprüche ... aufgehoben, alle Rätsel gelöst« sind (3, 615). In ihr werden Freiheit und Notwendigkeit zu einer in toter Materie lebendig atmenden Einheit gebracht. »Die Kunst ist eben deswegen dem Philosophen das Höchste, weil sie ihm das Allerheiligste gleichsam öffnet, wo in ewiger und ursprünglicher Vereinigung gleichsam in Einer Flamme brennt, was in der Natur und Geschichte gesondert ist, und was im Leben und Handeln ebenso wie im Denken ewig sich fliehen muß« (3, 628).

Der scheinbar aussichtslose Versuch des Philosophen, das Nicht-Objektive zu begreifen, und d.h. zu objektivieren, gibt vor der Erfahrung des großen Kunstwerks nach. Das Unbegreifliche des Anwesens eines Nicht-Objektiven im Objektiven zeigt sich im Erstaunen vor dem großen Werk. Die Kunst kann den Philosophen, indem sie ihn das Staunen wieder lehrt, an den Anfang des Denkens zurückversetzen. Diese größere Anfänglichkeit ist die Stärke der Kunst der Philosophie gegenüber. Ferner wird das,

[100] Dazu siehe den zweiten Band von D. Jähnig, Schelling, a.a.O., über »Die Wahrheitsfunktion der Kunst«, wo der Schlußabschnitt des transzendentalsystems ausführlich erörtert wird.

was im philosophischen Denken nur innerlich und subjektiv (in der intellektuellen Anschauung) erfahren wird, durch die Kunst äußerlich dargestellt, weshalb die Kunst einen unmittelbareren Bezug zum öffentlichen Leben, zur konkreten menschlichen Geschichte hat, als die Philosophie (3, 629). Was beides – ihre Anfänglichkeit und ihre Objektivität – betrifft, ist das Verhältnis der Kunst zur Natur entscheidend. Es ist dieses Verhältnis, das verhindert, daß das Kunstwerk je vollständig in bewußt geplante und gesetzte Elemente zerlegt werden könnte. Wegen des Anteils einer unbewußten Tätigkeit im Kunstschaffen bildet sich das Kunstwerk zu einem wahren Ganzen, das über seinen Teilen erhaben steht und durch keine Analyse endgültig zu fassen ist. Der Künstler meistert zwar seine Kunst durch bewußte Schritte; wenn er aber große Werke hervorbringt, muß er in seinem Schaffen auch unwillkürlich getrieben werden, indem er sich eines Widerspruchs bewußt wird, »der das *Letzte in ihm*, die Wurzel seines Daseins, angreift« (3, 616). Dieses Moment, der Ursprung der »Poesie in der Kunst« (3, 618), macht die Unerschöpflichkeit des großen Werks aus. Allein wegen der Einwirkung des Unbewußten, die Schelling im Anschluß an Kant eine »freie Gunst der Natur« nennt, entzieht sich die wahre Kunst jedem Begreifen-Wollen. Gerade wo die Kunst die Reflexion und das Nachdenken am meisten anregt, ist sie unfaßbar. Keine Interpretation kann sie erschöpfen; sie ist in einem gewissen Sinne unsterblich.

Daß Schelling sich in jedem Schritt seiner Kunstphilosophie auf den ästhetischen Teil von Kants »Kritik der Urteilskraft« stützte, ist offenbar. Was seine Originalität ausmacht, ist seine Erkenntnis, daß dieser Teil der Kantischen Philosophie sich mit den anderen nicht leicht versöhnen läßt und letzten Endes die Forderung enthält, das kritische Denken von Grund auf zu verwandeln. Die von Kant in der »Kritik der reinen Vernunft« unentfaltete Einsicht in die Ursprünglichkeit der Einbildungskraft wird im ersten Teil der »Kritik der Urteilskraft« so weit ausgeführt, daß das Ungenügen jeder bloßen »Reflexionsphilosophie« klar wird. Wo seine Verwurzelung in der undurchschaubaren Tiefe der Natur verstanden wird, verliert das Ich den Anspruch, selbständiger Urheber des Gesetzes – vor allem des Naturgesetzes – zu sein. Die Einbildungskraft ist also in mehrfacher Weise eine »Gunst der Natur.«

Der Anteil von Naturkräften am Kunstschaffen muß allerdings durch die Besonnenheit des Künstlers in Grenzen gehalten werden.[101] Ähnlich wie in dem Worte Hölderlins: »Das ist das Maß Begeisterung, das jedem Einzelnen gegeben ist, daß der eine bei größerem, der andere nur bei schwächerem Feuer die Besinnung noch im nötigen Grade behält. Da wo die Nüchternheit dich verläßt, da ist die Grenze deiner Be-

[101] Dies geht besonders deutlich aus dem zweiten Band des Schelling-Werks von D. Jähnig, a.a.O., hervor. Schellings Kunstphilosophie ist keine reine Begeisterungslehre und hat mehr mit der Position der deutschen Klassik (Goethe) als mit der Romantik zu tun.

geisterung. Der große Dichter ist niemals von sich selbst verlassen, er mag sich so weit über sich selbst erheben, wie er will.«[102]

Daß das Bewußte und das Unbewußte zusammenwirken können, ist nach Schelling nur denkbar, wenn sie eine gemeinsame Quelle haben, die Identität von Ideellem und Reellem, nach Schelling das Göttliche überhaupt, das im Kunstschaffen ans Werk gesetzt wird. Weil dies ein zeitlicher Ablauf ist, und weil die Identität sich an einer Reihe verschiedener Produkte zeigt, ist es klar, daß die Identität frei von den Bestimmungen bleibt, die sie sich selbst gibt. Sie zeigt sich als die Freiheit, Formen anzunehmen und wieder abzulegen.

2. Den Geschichtsbezug der Kunst entfaltete Schelling weiter in den Vorlesungen über die Philosophie der Kunst von 1802/03. Er stellt den Gegenstand der Kunst als die Götterwelt dar, in der jedes Einzelne als Ganzes steht, einer ideellen Gemeinschaft dadurch eingefügt, daß sich jede Göttergestalt in strengen Grenzen zurückhält, um nur das zu sein, was es ist. »Man kann also ... sagen, daß es eben die gleichsam *fehlenden* Züge sind in den Erscheinungen der Göttergestalten, was ihnen den höchsten Reiz gibt und sie wieder untereinander verflicht. Das Geheimnis alles Lebens ist Synthese des Absoluten mit der Begrenzung ... Das Absolute an und für sich bietet keine Mannichfaltigkeit dar, es ist insofern für den Verstand eine absolute, bodenlose Leere. Nur im Besonderen ist Leben (5, 393). Die begrenzte Gestalt des lebendigen Absoluten kommt nur zur Erscheinung, »nachdem das rein Formlose, Dunkle, Ungeheure verdrungen ist ... Es muß eine Welt unförmlicher und ungeheurer Gestalten versinken, ehe das milde Reich der seligen und bleibenden Götter eintreten kann« (5, 394). Die Götterwelt ist also selbst geschichtlich. Sie ist die neue Ordnung, die das schreckliche, immer noch drohende Chaos bändigt und in der Unterwelt niederhält.

In der griechischen Mythologie entfaltet sich diese Götterwelt durch Epochen, die mit der Aufeinanderfolge von Uranos, Kronos und Zeus (5, 395) bezeichnet werden. Keiner der Götter erreicht dabei eine absolute Herrschaft. Selbst Zeus wird der Untergang geweissagt (12, 346). Wie in der Freiheitsschrift der Ungrund (die Liebe) über den drei Personen des christlichen Gottes steht, so ist auch jeder der mythischen Götter durch eine »Übergottheit« beschränkt: »Die Nacht und das Fatum, das selbst *über* den Göttern, wie *jene* die Mutter der Götter ist, sind der dunkle Hintergrund, die verborgene geheimnisvolle Identität, aus der sie alle hervorgegangen sind« (5, 400).

---

[102] Hölderlin, Werke und Briefe, Bd. 2, Frankfurt 1969, S. 602. Es soll auch an die Kunstlehre Nietzsches erinnert werden, nach der das wahre Kunstwerk nur aus dem Zusammenklang dionysischer und apollinischer Kräfte entstehen kann.

Die Entwicklung einer solchen Mythologie wie der griechischen versteht Schelling als eine Hervorhebung der *Natur*, die sich in einer ganzen menschlichen Gesellschaft erschließt, ohne Werk eines einzelnen zu sein (5, 414f.). Im Gegensatz zur modernen Poesie, die stets in einem Individuum vollzogen wird, ist die vorchristliche Mythologie das Zeugnis eines Geistes, der sich in vielen Individuen gleichzeitig bewegt und diese zusammen zu einer Kultur bildet. Diese Form der »Objektivität« kann darauf zurückgeführt werden, daß die Götterwelt aus dem schöpferischen Zentrum der die Menschen umgebenden Natur entsteht. Sie ist kein Abbild der vorhandenen Natur, sondern die Erschließung deren ursprünglicher Mitte. Deshalb ist die Götterwelt mit der Natur innerlich verschmolzen. Dies zeigt sich am klarsten in der Möglichkeit der unmittelbaren symbolischen Darstellung der Götter in der Kunst, wobei nach Schelling das Symbolische darin besteht, daß das, was dargestellt wird, das Unendliche, mit der endlichen Form seiner Darstellung eins geworden ist: Der Gott atmet also im Stein des Kunstwerks. Es ist ferner die Anwesenheit des Gottes im Werk, die die Menschen zum Zusammenleben in der Polis ruft. In der Antike wachsen die Kunst und mit ihr die Götterwelt unmittelbar aus der Natur und verbinden die Menschen in einer sittlichen Gemeinschaft.

Zwischen der antiken und christlichen Mythologie liegt nach Schelling ein tiefer Abgrund, der allein aus dem Abfall des Menschen aus der Natur verständlich ist (5, 424-30). Die Entfremdung von der Natur zeigt sich anhand des römischen Nihilismus: »Da verloren die alten Götter ihre Kraft, die Orakel schwiegen, die Feste verstummten und ein bodenloser Abgrund voll wilder Vermischung aller Elemente der gewesenen Welt schien sich vor dem menschlichen Geschlecht zu öffnen. Über diesem finstern Abgrund erschien als das einzige Zeichen des Friedens und des Gleichgewichts das Kreuz« (5, 429). Das Kreuz führt den Menschen nicht zurück zur Einheit mit der Natur, viel eher deutet es auf die Notwendigkeit, die Naturgebundenheit aufzuopfern, um die Einheit mit einem übernatürlichen Geist zu erreichen. »Die moderne Welt beginnt, indem sich der Mensch von der Natur losreißt, aber da er noch keine andere Heimath kennt, so fühlt er sich verlassen. Wo ein solches Gefühl sich über ein ganzes Geschlecht ausbreitet, wendet es sich freiwillig oder durch inneren Trieb gezwungen der ideellen Welt zu ...« (5, 427). Weil diese ideelle Welt aus der *Entgegensetzung* zur Natur verstanden wird, wird sie nicht mehr mit den naturgegebenen, endlichen Formen der Kunst direkt darstellbar: Die Kunst, wo sie weiter besteht, wird *allegorisch*, d.h. sie weist auf ein Unendliches, das nicht mehr im Endlichen leben kann, hin. Sie zeigt nicht mehr unmittelbar das Göttliche: Sie *bedeutet* es. Auch das irdische Leben des Gottessohns bietet keine Möglichkeit einer symbolischen Darstellung, denn er ist gekommen, »um zu leiden und das Endliche in seinem Beispiel zu vernichten« ... »Insofern war Christus zugleich der Gipfel und das Ende der Götterwelt« (5, 432).[103] Der Tod Christi war der Anfang einer neuen Epoche, aber einer Epoche, die – wie Hölderlin sah - mit einer langen Nacht anfängt, in der Gott zu keiner unmittelbaren Erscheinung kommt, sondern sich allein als Geist zeigt. Er ist also in der christlichen Epoche nur denjenigen offenbar, die wie im Dunkeln mit dem Auge der Einbildungskraft sehen.

Gott wurde aus der Welt abstrahiert – und mit ihm die Prinzipien von Gut und Böse (die Engelwelt und die Teufelwelt) – die in der Natur und der menschlichen Geschichte immer gemischt sind, aber die nun als abgesonderte, rein geistige Prinzipien vorgestellt werden. Im Katholizismus lebten diese noch in einer wahrhaft mythologischen Welt, die aber nach der Entwicklung des Protestantismus weitgehend verschwand. Das Verschwinden des Mythischen entspricht nach Schelling dem »Zurücktreten der Natur« »ins Mysterium« (5, 450 u. 454). Weil aber die Existenz der Kunst den Bezug zur Mythologie voraussetzt, und weil die Kunst zum Leben notwendig ist, wird eine neue Mythologie erforderlich. Die Wahrheit soll nicht allein die Sache des Mystikers oder des Philosophen sein, sondern des ganzen Volks. Sie muß deshalb aus dem Mysterium heraustreten, um sich äußerlich und öffentlich darzustellen. Der Bezug zur Natur wird nicht dadurch eröffnet, daß die vorhandenen Gegenstände der Natur vergöttert werden; die Naturdinge müssen vielmehr aus ihrer Gegenständlichkeit befreit und in dem Moment ihrer Selbst-Konstituierung erblickt werden, als die Bewegung der dem Sein selbst zugehörenden Potenzen, also als die Bewegung des göttlichen Lebens. Den Anfang dieser Wende sieht Schelling in seiner eigenen Naturphilosophie, in der »die erste ferne Anlage jener künftigen Symbolik und derjenigen Mythologie gemacht ist, welche nicht ein Einzelner, sondern die ganze Zeit geschaffen haben wird«(5, 449). In Bezug auf diese erst noch kommende Mythologie wird das Christentum als ein »Übergang« (5, 448) zu jener Zukunft verstanden, die aus der »Synthese der Geschichte mit der Natur« hervorgehen wird (5, 449). Diese neue Einheit muß allerdings »der Fügung der Zeit überlassen werden; denn noch scheint der Punkt der Geschichte, wo sich ihr Nacheinander in ein Zumal verwandeln wird, unbestimmbar weit entfernt« (5, 449).

Solange diese Zukunft noch ausbleibt, und dem Künstler kein allgemein anerkannter mythologischer Stoff vorliegt, wird jeder Künstler seine eigene Mythologie schaffen müssen (5, 445) und zwar aus dem Stoff seiner eigenen Welt, wie dies bei Shakespeare geschah. Im Modernen wird also die *Originalität* zur notwendigen Be-

[103] Dieser letzte Gedanke wird in der späteren »Philosophie der Mythologie« und »Philosophie der Offenbarung« weiter ausgeführt; Christus gilt demnach als der Gott, der aus der von Gott abgefallenen Natur zu sich durch die Formen der mythischen Götter gekommen ist.

dingung der Kunst (5, 456). Mit dem letzten Entzug des allgemein verbindlichen Mythischen beim Entstehen des Protestantismus und des Kapitalismus, wurde jeder auf seinen eigenen Weg geschickt. Der Individualismus bildete sich immer weiter bis, wie bei Kant oder Fichte, jedes Individuum als Schöpfer der eigenen Welt galt. Dies führte zu einer Entfremdung des Menschen nicht allein von der Natur, sondern auch von der menschlichen Gesellschaft, einer Entfremdung, die vor allem von den Künstlern ausgetragen werden muß. Diese Entwicklung ist in der Zeit nach Schelling noch verstärkt worden, denn die Künstler werden sich ihrer Entfremdung immer mehr bewußt und verlieren sich dementsprechend ganz ins »Subjektive«. Kunstwerke sind rein »musikalisch« geworden, folgen nur ihren eigenen immanent gestifteten Regeln, und sind darum höchst esoterisch geworden. Schelling sah den Anfang dieser Entwicklung vor allem in der Lyrik: »Wie die höchste Blüthe der lyrischen Kunst der Griechen in das Entstehen der Republik, der höchsten Blüthe des öffentlichen Lebens fällt, so der erste Beginn der modernen Lyrik im 14. Jahrhundert in die Zeit der öffentlichen Unruhen und der allgemein geschehenden Auflösung des republikanischen Verbands und der Staaten in Italien. Indem das öffentliche Leben mehr oder weniger verschwand, mußte es sich nach innen richten« (5, 643)f.). Die Forderung nach einer neuen Mythologie ist im Grunde eine Forderung nach einer neuen politischen Gemeinschaft, in der die Kunst wieder im Zentrum des öffentlichen Lebens steht.[104]

Vor allem in der antiken Kunst enthüllt sich das »innere Wesen des Absoluten, worin alles als eins und eins als alles liegt«, d.h. »das ursprüngliche Chaos selbst« (5, 465). Dieses Chaos wird jedoch – und dies ist das Erstaunliche – in einer endlichen Gestalt dargestellt. In der strengen Begrenzung des Chaos läßt die antike Kunst »bei allen Leidenschaften eine ruhige und gesetzte Seele« zur Erscheinung kommen (5, 557). Schellings Beispiele sind die Skulpturen des Laokoon und der Niobe. In diesen z.B. zeigt sich die Grenze der endlichen Existenz – der Tod – als eine tiefe Ruhe, die das Chaos von Schmerz und Elend bändigt und zur Schönheit erhebt (5, 557f. u. 625). Diese dynamische und lebendige Einheit von Chaos und Ruhe ist das Eigentümliche der antiken Kunst, die in der Neuzeit, im »Zeitalter der Kleinlichkeit der Gesinnungen und Verkrüppelung des Sinns (5, 464), ein unentbehrliches Mittel zur Bewahrung des Geistes wird. Nach Schelling ist die Entwicklung zu den modernen Kunstformen keineswegs eine Überholung der Antike. Er glaubt viel eher, daß die symbolische Kunst der Antike – vor allem die Plastik – die höchste Kunstform sei (z.B. 5, 621). Die Kunstphilosophie Schellings ist jedoch im Hinblick auf die Zukunft gefaßt, eine Zukunft, in der der moderne Künstler aus seiner Subjektivität gelangen wird, und zwar

[104] Siehe dazu M. Frank, Der kommende Gott, a.a.O.

unter anderem durch die Beschäftigung mit den Werken der Antike, die nicht auf Nachahmung sondern auf Berührung des inneren Geistes dieser Werke zielt, von welchem Geist her die Kunst sich verjüngen und neu beleben kann. Die Stärke eines Geistes, der das Antlitz der in ihrem Zentrum furchtbaren und zerstörenden Natur erträgt, ist das immerwährende Geschenk der Alten an die Neuen, es ist das, was noch heute die Kraft liefern kann, die es ermöglicht, uns an die eigentliche Quelle der Kunst, die sich hervorbringende und immer wieder vernichtende Natur, zu wenden.

2. In der Kunstrede von 1807, »Ueber das Verhältnis der bildenden Künste zu der Natur« beschränkt sich Schelling auf die bildende Kunst, da diese – wie die Natur – »sichtbar gegeben« wird (7, 292) und darum nicht so rasch wie die anderen Künste als eine einseitige Hervorbringung der Seele aufgefaßt wird. Es geht ihm also noch um die Suche nach »Objektivität«. Jede Kunstform – auch das »allgemeine Kunstwerk« der Sprache – hat freilich diese reale Seite, die sich jedoch bisweilen so weit zurückzieht, daß die Täuschung entstehen kann, der Sinn des Werkes hat nichts mit dem Klang und der Farbe seiner konkreten Erscheinung zu tun. Allein die bildende Kunst – und darunter vorzügweise die Plastik – zeigt die absolute Unzertrennbarkeit ihres Sinns und ihres sinnlichen Ausdrucks. Sie begegnet dem Menschen mit derselben Spannung zwischen Sinnlichem und Intelligiblem, die in ihm selbst liegt, weshalb sie »den ganzen Menschen« ergreift und das höchste Zeugnis jener »lebendigen Mitte« (7, 292 u. 296) ablegt, die den Menschen mit der Natur verbindet. Schellings Kunstphilosophie ist sowenig wie seine Philosophie im allgemeinen einseitig idealistisch zu deuten. In ihrem »Realismus« – dies als Bezug zur lebendigen Natur gefaßt – zeigt sich ein wahrhaft antikes Moment, das in Schellings Philosophie aufgegangen ist.

Der allgemeine Hintergrund der Kunstrede ist die schlechte Situation, in der die bildenden Künste – im Unterschied zu den redenden – sich zu Anfang des 19. Jahrhunderts befanden. Wie schlecht diese war, sieht man um so deutlicher, wenn man an die *eine* Ausnahme dieser Zeit denkt – den spanischen Maler, Goya, der seinen deutschen Zeitgenossen freilich unbekannt war.[105] Schellings Kunstrede will fast verlangen, daß die Künstler so malen, wie Goya in der Tat gemalt hat. Schelling vermeidet also den Schluß Hegels, daß die bildende Kunst überholt sei und nicht mehr als Darstellungsmittel des Absoluten gelten könne. Statt dessen fordert er eine Erneuerung der Kunst.

Dabei genügt es nicht, die bildenden Künstler an »Vorbild und Urquell« der Natur zu erinnern, denn die Erkrankung ihrer Kunst bezeugt gerade, daß der Zugang zur

[105] Vgl. Th. Hetzer, Francisco Goya und die Krise der Kunst um 1800, in: Vorträge und Aufsätze, 1957, S. 177-198.

Natur versperrt war. Die Natur ist »dem einen nichts mehr als todtes Aggregat einer unbestimmbaren Menge von Gegenständen, oder der Raum, in den er sich die Dinge wie in ein Behältnis gestellt denkt; dem andern nur der Boden, von dem er seine Nahrung und Unterhalt zieht« (7, 293). Wegen der Herrschaft dieser Auffassung, nach der die Natur als toter Gegenstand und technisches Verbrauchungsobjekt gilt, ist die notwendige Propädeutik der neuen Kunst die Naturphilosophie, die die Natur in ihrem Wesen begreift als »die heilige, ewig schaffende Urkraft der Welt, die alle Dinge aus sich selbst erzeugt und werkthätig hervorbringt« (7, 293). Schelling weist die Nachahmungstheorie der Kunst ab, da der Nachahmer der Natur entgegensteht, sie als bloßes Produkt betrachtet, und die wahre, sich-schaffende Natur ganz aus dem Blick verliert.[106] Dieser nachzueifern ist hingegen die höchste Bestimmung der Kunst. »Jenem im Innern der Dinge wirksamen durch Form und Gestalt nur wie durch Sinnbilder redenden Naturgeist soll der Künstler allerdings nacheifern, und nur insofern er diesen nachahmend ergreift, hat er selbst etwas Wahrhaftes erschaffen« (7, 301).

Schelling setzt sich auch gegen die Lehre der deutschen Klassik ab, nach der die Kunst sich an die Werke der Tradition binden soll, da in diesem eine höhere, »ideale« Schönheit sich zeigt, die die Wirklichkeit übertreffe. Er betont seine hohe Einschätzung Winckelmanns, der diese Schönheit an den Werken des Altertums erkannte, aber beklagt die Leere jener Kunst, die durch Nachmachung alter Werke, welche die Entdeckung ihrer »Übersinnlichen« Begriffe erstrebt, den Bezug zum Realen verliert. Es geht eben darum, die »lebendige Mitte« zu finden, von der aus Leib und Seele, Natur und Geist, zur lebendigen Durchdringung gelangen können. Die Kunst, die aus dieser Mitte entsteht, wird die Höhe des Altertums erreichen, ohne dessen Formen einfach zu wiederholen. Wenn es eine Schönheit gibt, die auf irgendeine Weise die Natur übertrifft, wird sie nur erreicht, wenn der Künstler sich auf den »dem chemischen ähnlichen Prozeß« (7, 294) einläßt, wodurch in seinem Schaffen die bildenden Kräfte der Natur ins Spiel treten. Die wahre Schönheit erweist sich als solche nur, wenn sie ihren Ursprung im chaotischen Grund der Natur noch bewahrt und diesen in einen beweglichen Bezug zur Vollkommenheit ihrer Gestalt und Idee bringt.[107]

---

106 Dies soll nicht als eine Ablehnung der Mimesistheorie von Aristoteles aufgefaßt werden, denn nach dieser ist die Form, die in der Kunst nachgeahmt werden soll, das bewegende Prinzip der Natur. Nur daraus läßt sich übrigens erklären, warum Aristoteles den *Tanz* in seiner Mimesistheorie aufnahm.

107 Hier denkt man an Nietzsche. In der »Philosophie der Offenbarung« schrieb Schelling: »Nicht in verschiedenen Augenblicken, sondern in demselben Augenblick zugleich trunken un nüchtern zu seyn, dieß ist das Geheimnis der wahren Poesie. Dadurch unterscheidet sich die apollinische Begeisterung von der bloß dionysischen. Einen unendlichen Inhalt – also einen Inhalt, der eigentlich der Form widerstrebt, jede Form zu vernichten scheint –, einen solchen unendlichen Inhalt in der vollendesten, d.h. in der endlichsten Form darzustellen, das ist die höchste Aufgabe der Kunst« (14, 25).

In der Natur ruht ein Geist, der im Menschen vollständig hervortreten kann. Es ist diese »werkthätige« aber noch bewußtlose Wissenschaft, die das Band zwischen Leib und Seele ausmacht und die sich im Künstler zur Einheit mit dem bewußten Schaffen erheben kann. Der Anteil dieser Naturkräfte verleiht dem Kunstwerk eine Selbständigkeit dem Künstler gegenüber (es ist nicht ganz sein Produkt), wodurch es »einem Naturwerk ähnlich erscheint« (7, 301). Der Künstler soll sich von vorhandenen Formen entfernen, um vom Naturgeist ergriffen zu werden, der, solche Formen ineinander verschmelzend, das ganz Neue und Einmalige aus ihnen schöpft. Statt den Umriß eines Naturgegenstandes zu entwerfen und ihn dann auszufüllen, muß der Künstler dem Weg der Natur selbst folgen und vom *Keim* her so arbeiten, daß er *erst am Ende* die sichtbare Natur trifft.[108] Gerade die *Notwendigkeit*, Kunst zu schaffen, zeugt von der Richtigkeit dieser Arbeitsweise, die doch so viel schwieriger als die skizzierende ist. Um ein Naturding wirklich zu erkennen, reicht es nämlich nicht aus, einfach auf das schon Vorhandene – so vollendet es sein mag – hinzuweisen oder es bloß äußerlich darzustellen. Die Notwendigkeit der Kunst besteht darin, daß das zu erkennende Ding von Grund auf geschaffen werden muß, genau so wie die Natur selbst bei der Darstellung ihrer höchsten Blüten nur augenblicksweise verweilen kann und sich immer wieder in ihre Wurzel zurückziehen muß, um, im Dunkeln aufkeimend, den langen Weg nach oben langsam zurückzulegen. Die Kunst ist keine Idealisierung oder Verschönung einer vorhandenen Natur. Wenn sie glückt, dann ist die Kunst selber Natur – und wie diese geht sie nur durch den Entzug ins Verborgene auf.

Das Wesen eines Dings kommt nur durch die Begrenztheit der Form zur Erscheinung, eine Begrenztheit, die nicht negativ, sondern positiv zu fassen ist, als die »einwohnende Kraft, mit der es sich als ein eignes Ganzes dem Ganzen gegenüber behauptet« (7, 303). Die Natur entfaltet ihr Wesen dadurch, daß sie zuerst den ganz harten Weg der Individuation geht. Die Kunst konzentriert sich zwar auf die höchste Blüte der Natur, aber um sie in ihrer vollen Lebendigkeit zu fassen, muß sie versuchen, den Weg vom Stein zur menschlichen Gestalt insofern zu wiederholen, als sie sich zuerst auf das Eigentümliche – auf die »Härte« – individueller und einmaliger Formen einläßt, um von daher die Einfalt der schönen Gestalt zu suchen. Die Kunst muß so weit unten wie möglich anfangen.

Schelling erläutert dies am Beispiel der griechischen Kunst, die sich zwar im Hellenismus zum »Charakterlosen« erhob, aber nicht ohne erst Janhrhunderte lang im

[108] Wie schwer dies ist, zeigt z.B. die Erörterung des Problems der »Realisation« bei Cezanne in Kurt Badt, Die Kunst Cezannes, München 1956, S. 148-73. Man kann Schellings Kunstrede nicht lesen, ohne an den neuen Anfang der bildenden Kunst in der französischen Malerie des 19. Jahrhunderts zu denken.

tiefen Grunde einer lebhaften Begeisterung, dem vollen »Ernst der Natur« entsprechend, zu verweilen. »Nur mächtige Bewegungen des Gefühls, nur tiefe Erschütterung der Phantasie durch den Eindruck allbelebender, allwaltender Naturkräfte konnten der Kunst die unbezwingliche Kraft einprägen, mit der sie von dem starren verschlossenen Ernst der Bildungen früher Zeiten bis zu den Werken überfließender sinnlicher Anmuth stets der Wahrheit getreu blieb, und die höchste Realität geistig erzeugte, welche Sterblichen zu schauen vergönnt ist« (7, 306). Der Vorgang, den der einzelne Künstler in seinem Kunstschaffen erfährt, spiegelt die größere Bewegung der Geschichte selbst, die ihren Anfang in einer mächtigen, allbelebenden Naturschau hat. Die Kunst bewahrt ihre Lebendigkeit nur solange sie den Bezug zu ihrem Anfang – und d.h. auch zu der Sinnlichkeit ihrer Darstellung – erhält.

Für Winckelmann war das Höchste »die edle Einfalt und stille Größe« des Hellenismus. Dagegen hebt Schelling das Archaische in der griechischen Kunst hervor. Für ihn bedeutet die Antike nicht allein die olympische Götterwelt der Epen, sondern auch die Unterwelt von Hades und den dionysischen Geist der Tragödien. Die höchste Gattung der Kunst im allgemeinen ist die Tragödie (5, 693-708). Die größten Werke der bildenden Künste sind folglich die, die den tragischen Streit vom individuellen und überindividuellen (dionysischen) Geist in sich schließen und erschließen. Diesen lebhaften Streit findet man weniger in den späten Werken des Hellenismus als früher, wie bei dem nach Schelling größten Künstler der Antike, Phidias, dessen Werke noch von dem »stummen Ernst und der erhabenen Größe« monumentaler Werke des alten Ägyptens und Indiens zeugen, aber nun mit der Frische des jugendlichen Griechenlands gemildert: Hier werden *Götter* dargestellt, die in menschlicher Gestalt die breiteste Spannung zwischen Zorn und Liebe, die spielende, in sich ruhende Macht des Allerhöchsten zeigen. Dabei bedeutet ihre sinnliche Erscheinung keine Herabwürdigen eines höheren oder übersinnlichen Wesens. Sie ist viel eher den Beweis der göttlichen Stärke – der ungeheuren Kraft, sich zu vollziehen und zu manifestieren. Der Epiphaniecharakter der Kunst gründet in dem, was sie mit der Natur gemeinsam hat: ihre Sichtbarkeit, ihre Kraft da zu sein, und sich zu zeigen.

Der Streit der Natur zwischen Schwere und Licht wird in der Kunst-Geschichte ausgetragen, wobei das Entscheidende ist, daß ein Prinzip das ihm Entgegengesetze nie negiert, sondern zur lebendigen Spannung hervorruft. »Ohne Begrenzung könnte das Grenzenlose nicht erscheinen; wäre nicht Härte, so könnte das Milde nicht sein, und soll die Einheit fühlbar werden, so kann dieß nur durch Eigenheit, Absonderung und Widerstreit geschehen« (7, 310). Die fühlbar gewordene Einheit ist die »Seele«, »nicht das Prinzip der Individualität, sondern das, wodurch er der Aufopferung seiner selbst, uneigennütziger Liebe, und, was das Höchste ist, der Betrachtung und Erkenntnis des Wesens der Dinge, eben damit der Kunst fähig wird ... Sie ist keine Eigenschaft, kein Vermögen, oder irgend etwas der Art insbesondere; sie ist nicht gut, sondern sie ist das Gute, sie ist nicht schön, sondern sie ist die Schönheit selber« (7, 312). Hier ist das Prinzip der Liebe zu erkennen, die für alle Dinge offen steht, indem sie an keinem einzelnen festgebunden ist. Wir können von ihr noch zugespitzt sagen, sie ist überhaupt nicht seiend, sondern sie ist das Sein selbst. Eben dieses Prinzip muß nun sichtbar dargestellt werden.

Dies gelingt nur, wenn die Liebe ein Prinzip hat, gegen das sie zur Erscheinung gelangen kann, wie in der Tragödie, wo der in seiner Selbstheit befangene Mensch seine ganzen Kräfte für seine Erhaltung aufbietet, aber eben darum zugrunde geht. In seinem letzten Scheiden wird die tiefe Ruhe erschlossen, gerade das, was in den gewaltigen Kampf nicht eingegangen ist. »Jede äußere Gewalt kann auch nur äußere Güter rauben, die Seele nicht erreichen; ein zeitliches Band zerreißen, das ewige einer wahrhaft göttlichen Liebe nicht auflösen. Nicht hart und empfindungslos, oder die Liebe selbst aufgebend, zeigt sich vielmehr diese allein im Schmerz als die das sinnliche Daseyn überdauernde Empfindung, und erhebt sich so über den Trümmern des äußeren Lebens oder Glücks in göttlicher Glorie« (7, 314). In einem großen Werk wie der Niobe zeigt sich das ewig Bleibende in sinnlicher Gestalt, in diesem Fall als die Liebe, die aus dem Antlitz der Mutter strahlt, die sich mit höchster Leidenschaft an ihre hingestreckten und ihre noch fliehenden Kinder wendet. Was die höchste Empörung besänftigen kann, ist allein die Erinnerung an das ursprüngliche Wesen, in dem alle Dinge noch eins sind.

In der Plastik kommt das innere Wesen der Einheit zur unmittelbaren Erscheinung, denn in ihr ist das Körperliche nicht dem Geist unterworfen. Das Individuelle wird streng in seinen Grenzen gefaßt und läßt dadurch das überindividuelle durchstrahlen. Als in der Renaissance die große Epoche der modernen Kunst anfing, geschah dies, indem Michelangelo sich dem »Schrecklichen« zuwandte, um die anfängliche Kraft der Plastik in seine Bilder aufzunehmen. Bei Leonardo und Raphael wurde diese Anfänglichkeit weiter zur Verklärung gebracht, aber sie ist noch klar zu spüren. Bei dem Mannerismus dagegen – bei Correggio oder Guido Reni – beginnt die Entartung dieser Tradition, trotz der hohen Schönheit ihrer Bilder. Um erneuert zu werden, muß die Kunst immer wieder auf das Individuelle gebracht werden. Dies leistet aber »keine Lehre oder Anweisung« und ist letztlich »das reine Geschenk der Natur« (7, 342), womit Schelling sich wieder an Kants »Kritik der Urteilskraft« anschließt.

Das Unzeitgemäße dieser Kunstlehre war Schelling klar. »Die Forderung, daß die Kunst wie alles andere Lebendige von den ersten Anfängen ausgehen und, um lebendig sich zu verjüngen, immer neu auf diese zurückgehen müsse, mag eine harte Lehre dünken in einem Zeitalter, dem so vielfältig gesagt worden, wie es die gebildeste Schönheit schon fertig von vorhandenen Kunstwerken abnehmen und so wie mit Einem Schritt zum letzten Ziel gelangen könne« (7, 324). Wie die Blütezeit der Renaissance zeigte, ist es nur möglich die Höhe der Alten zu erreichen, wenn man sich von ihnen loslöst, um einen eigenen Weg zu gehen. Die Rückkehr in den Ursprung ist alles andere als eine Wiederholung bereits vorhandener Gestalten. Aber deshalb ist es gerade dann möglich, als die Möglichkeiten einer Überlieferung erschöpft zu sein scheinen (7, 326). Die Vergessenheit des Ursprungs ist die Bedingung seiner neuen Entdeckung. Dies wird nicht durch die »Kraft des Einzelnen« geleistet, sondern bedarf »eines allgemeinen Enthusiasmus«, der aus der Quelle der Natur zu schöpfen ist. Weil die allgemeine Begeisterung die Voraussetzung der Kunst ist, hat Schelling sich immer stärker der Mythologie zugewandt – was aber nicht heißen muß, daß er die Beschäftigung mit der Kunst aufgegeben hat.[109] Kunst und Mythologie sind miteinander verbunden und haben die gleichen Wurzeln in der Natur. Beide erschließen letzten Endes dasselbe: die Menschenähnlichkeit der Natur.

Der Aufgang jeder Epoche liegt da, wo die Natur ihre Anfänglichkeit der Kunst und der Mythologie schenkt. Weil diese Anfänglichkeit nicht das Fortwachsen eines feststehenden Prinzips ist, wird verschiedenen Zeitaltern »eine verschiedene Begeisterung«, und d.h. eine verschiede Kunst und eine verschiedene Geschichte, zu Teil, denn, wie Schelling schreibt, *»nie wiederholt sich die Natur«* (Hrvg.v.Vf.). Um zu sehen, wie diese Geschichtsstruktur dem Weltganzen unterliegt und es zu einem unfaßbaren *Leben* bildet, wenden wir uns nun Schellings »Weltaltern« zu, deren innere Tragik darin liegt, daß gerade diese Geschichtlichkeit es unmöglich macht, das Weltganze vorzustellen und zu erfassen. Was man immer wieder den »Weltaltern« vorwirft, das Werk sei Fragment geblieben und müsse eher als Dichtung denn als Philosophie bewertet werden, zeigt seine besondere Wichtigkeit: Wo eine Tradition sich zu Ende denkt, öffnet sich der Raum, aus dem das Anfängliche hervorbrechen kann.

---

109 Dies behaupte ich gegen den Schluß von Jochen Hennigfeld, Mythos und Poesie: Interpretationen zu Schellings »Philosophie der Kunst« und »Philosophie der Mythologie«, Meisenheim am Glan 1973. Er findet bei Schelling letzten Endes eine Vergangenheitsthese der Kunst, ähnlich wie die von Hegel. Nach unserer Interpretation sind aber die Sache der Kunst und die der Mythologie letztlich eins – und sie haben nichts mit der Vernunftsreflexion zu tun, die nach Hegel an der Stelle der Kunst getreten ist.

2. Kapitel

Das Verhältnis von Natur und Geschichte in der Weltalterphilosophie

Schellings jahrelanges Ringen um sein philosophisches Hauptwerk, die »Weltalter«, von dem er mehrere ganz verschiedene Entwürfe, Fassungen und Überarbeitungen schrieb, kam letztlich zum Scheitern. Aus den Überresten des Werkes, dessen einziger vollständiger Entwurf den Stuttgarter Privatvorlesungen (1810) zu entnehmen ist, setzte er seine Vorlesungen über die Philosophie der Mythologie und der Offenbarung zusammen, die ihn bis zu seinem Tode (1854) beschäftigten.[110] Die Frage, warum das Hauptwerk des letzten großen Metaphysikers scheiterte, ist mehr als eine bloß historische Frage; sie trifft das Wesen der Metaphysik selbst. Eine Antwort darauf fordert sowohl eine lange Beschäftigung mit der Geschichte der Metaphysik wie einen mühevollen Vergleich der drei noch erhaltenen Entwürfe (aus den ursprünglichen 12 oder mehr)[111] und der Vorlesungen aus der Spätzeit. Das vorliegende Kapitel versteht sich nur als ein Versuch, diesen Sachverhalt zu klären.

Es ist zunächst zu vermuten, daß das Ziel der Weltalterphilosophie, das Ganze des Seienden durch eine Darstellung der großen Zeiten des göttlichen Lebens, d.h. der Epochen der vorweltlichen, der weltlichen und der nachweltlichen Zeiten, zu fassen, der eigentlichen Einsicht dieser Philosophie in die Zeitlichkeit des Seins widerspricht. Schon das Phänomen der menschlichen Freiheit zeigt die Notwendigkeit, das dem Ganzen unterliegende Urwesen als das schlechthin Bestimmungslose des Ungrunds gelten zu lassen, ein Gedanke, den Schelling in den »Weltaltern« keineswegs aufgibt,

[110] Daß die Spätphase der schellingschen Philosophie mit den »Weltaltern« anfängt, zeigt z.B. ein Vergleich der Potenzenlehre im dritten »Weltalter«-Entwurf (1814-15) mit der aus der Einleitung zur »Philosophie der Mythologie«. In dieser Potenzenlehre findet man den Hauptgedanken der negativen Philosophie. Und in dem 1815 veröffentlichten Anhang zu den »Weltaltern«, »Ueber die Gottheiten von Samothrake«, liegt das erste Beispiel einer positiv-philosophischen Darstellung von Schelling vor. In den »Weltaltern« findet man die eigentliche schöpferische Leistung der ganzen Spätphilosophie. Es handelt sich eben nicht – wie nach der Meinung von W. Schulz – um ein bloßes »Übergangswerk« (Vgl. Schulz a.a.O., S. 114).

[111] Die drei erhaltenen Entwürfe stammen aus den Jahren 1811, 1813 und 1814 od. 1815. Der letzte Entwurf steht im Band 8 der von Schellings Sohn veröffentlichten sämtlichen Werke. Die ersten zwei wurden 1946 von Manfred Schröter veröffentlicht und stammen aus dem im zweiten Weltkrieg bei einem Bombenangriff zerstörten Münchner Nachlaß.

gelten zu lassen, ein Gedanke, den Schelling in den »Weltaltern« keineswegs aufgibt, sondern zum Ausgangspunkt seines Systems machen will. Wie aber, wenn dieses lautere Urwesen tatsächlich keine innere Bestimmung enthält? Den zum System notwendigen festen Rahmen des Ganzen gibt es nicht. Die den »Weltaltern« zugrundeliegende Bewegung der ursprünglichen Einheit durch die Differenz zur wiederhergestellten Einheit muß dann, wenn überhaupt, am Auf- und Untergehen jedes Augenblicks aufzeigbar sein. Die Sache der Metaphysik vereinigt sich hier mit der Sache der Physik – und der Geschichte. Als Vorbereitung dieser ontologischen Fragestellung geht eine Erörterung der kurzen Einleitung zu den »Weltaltern« voran, denn in dieser wird die Geschichtsstruktur bereits anhand einer Beschreibung der Geschichtlichkeit der Wissenschaft selbst dargelegt.

(A) Das »Verstummen« der Wissenschaft

1. Bereits in den ersten Worten der Einleitung wird die Geschichtsstruktur der Wissenschaft offengelegt. »Das Vergangene wird gewußt, das Gegenwärtige wird erkannt, das Zukünftige wird geahndet« (8, 199). Die Art und Weise, wie etwas erkannt wird, hängt von der Zeitbestimmung dessen, was erkannt wird, ab. Dieses Verhältnis bestimmt weiterhin die Form der Wissenschaft: »Das Gewußte wird erzählt, das Erkannte wird dargestellt, das Geahndete wird geweissagt.« Wie wir anhand des Problems der Vergangenheit sehen werden (und über es hinaus ist keine der »Weltalter«-Fassungen gekommen), ist innerhalb von jeder der drei Zeitteilungen eine ähnliche Zeitstruktur aufzuweisen. Selbst »das Gewußte ist hier kein von Anbeginn fertig daliegendes und vorhandenes, sondern ein aus dem Innern durch einen ganz eigenthümlichen Proceß immer erst entstehendes« (8, 201). Zum *Erzählen* des Gewußten gelangen ganze Zeitalter nicht.

Deshalb ist gerade hier, wo die Wissenschaft vermutlich fest verankert wäre, eine eigentümliche Offenheit. »Was wir Wissenschaft nennen, ist nur erst Streben nach dem Wiederbewußtwerden, also mehr noch ein Trachten nach ihr, als sie selbst; aus welchem Grund ihr unstreitig von jenem hohen Manne des Alterthums der Name der Philosophie beigelegt worden ist.« Das Problem ist nicht, wie die Wissenschaft ihre Geschichtlichkeit überwinden kann, um zum Absoluten zu gelangen, sondern gerade das Umgekehrte, wie »die Wissenschaft, da sie der Sache und der Wortbedeutung nach Historie ist, es auch der äußeren Form nach seyn könnte« (8, 205). Schelling versteht die Wissenschaft von ihrem griechischen Ursprung her als die *historia* (WA II, 3) und stellt die Frage, wie der Philosoph »dem göttlichen Platon gleich, der die ganze Reihe seiner Werke hindurch dialektisch ist, aber im Gipfel und letzten Verklärungspunkt aller historisch wird, zur Einfalt der Geschichte zurückzukehren vermöchte« (8, 205). Diese Frage ist so dringlich, weil die Philosophie nach Schelling den Bezug zum Geschichtlichen längst verloren hatte und eben darum »eine bloße Folge und Entwickelung eigener Begriffe und Gedanken« (8, 199) wurde.

Nach Hegel ist die Philosophie erst durch Dialektik Wissenschaft, als die Besitznahme der Weisheit, geworden. Dagegen behauptet Schelling, daß die Dialektik »keineswegs wirkliche Wissenschaft« sei (8, 202), da sie – trotz ihrer Beweglichkeit – nicht *geschichtlich* denke. Sie folgt zwar der Entwicklung eines Begriffs, ist aber hilflos vor jenem Abgrund der Zeit, in dem eine gegebene Form stirbt und einer ganz neuen und aus ihr nicht abzuleitenden Form weicht. Die lebendige Tat der menschlichen oder der göttlichen Freiheit kann von keiner Dialektik gefaßt oder erklärt werden. Die wahre Wissenschaft ist nicht die Entwicklung eines Begriffs; sie ist die Entwicklung »eines lebendigen, wirklichen Wesens«, »die in ihr sich darstellt« (8, 199). Der philosophischen Wissenschaft ist das Immer-Unterwegssein wesentlich; es spiegelt das Leben des höchsten Wesens wider, das nicht nur der höchste Gegenstand der Wissenschaft, sondern auch ihr wahres, denkendes Subjekt ist. Das Denken der Philosophie ist das *Gespräch* mit diesem lebendigen Wesen, das Schelling das »Urlebendige« nennt, »das älteste der Wesen« (ebd.). Im Zeitalter des Mythischen sprach von sich aus dieses Wesen noch dem Menschen in einfachen Erzählungen zu, während sich im gegenwärtigen Zeitalter »die geahndete goldne Zeit« zurückhält, »wo die Wahrheit wieder zur Fabel und die Fabel zur Wahrheit wird« (8, 200).

Daß sie den Weg der Dialektik gehen muß, zeigt die *Not* der Wissenschaft, die Entfernung des Menschen von dem Ort seiner Hingehörigkeit. Das Vergangene ruht zwar noch in dunkler Erinnerung, aber kann noch nicht seinem Wesen gemäß erzählt werden, d.h. die Wissenschaft selbst ist von diesem »Noch-Nicht« im Innersten geprägt: Die wahre Wissenschaft gibt es noch nicht, kann es noch nicht geben. Auch das Zukünftige wird vom Fall her gedacht, und zwar als die gewünschte Heimkehr zum verlorenen Wesen. Die Erinnerung an Vergangenes erweckt die Hoffnung auf eine Heimkehr. Aus dieser Hoffnung heraus kann das noch Zukommende geahnt werden. Ob diese Bewegung einen einfachen Kreislauf beschreiben soll oder nicht, ist eine Frage, die nur aus der Forschung über das vergangene Wesen beantwortet werden kann. Dabei ist entscheidend, besonders für die Frage nach dem Verhältnis von Sein und Zeit, ob es schon in diesem Urwesen eine sich verbergende Kraft gibt, die es in Bewegung hält.

2. Wie nach der *Anamnesis*-Lehre von Platon bezieht sich auch nach Schelling das reflektive Denken des Menschen auf das innere Wesen, das, wenn es entdeckt wird,

selbst zum Denken kommen kann. Was ist aber nun dieses Wesen, dieses »Urlebendige«, das zugleich Subjekt und Objekt der höchsten Wissenschaft sein soll? Von ihm schreibt Schelling, es gebe »nichts vor oder außer ihm« (8, 199). Es ist das vollständig Freie, das Absolute. Das einzige, was »nichts vor oder außer ihm« hat, ist das Sein selbst, da alles, das ist, dem Sein notwendig zugehört. Insofern der Mensch das allumfassende Sein zu denken vermag, muß ihm ein Prinzip zugestanden werden, »das außer und über der Welt ist« (8, 200), der Abgrund seiner eigenen Freiheit. Durch dieses Prinzip hat der Mensch »eine Mitwissenschaft der Schöpfung«; er war dabei als die Welt geschaffen wurde, auch wenn er dieses vergessen hat. In der menschlichen *Seele* – und nicht etwa im menschlichen Verstand und Geist – »liegt die höchste Klarheit aller Dinge, und nicht so wohl wissend ist sie als selber die Wissenschaft« (8, 200). Sie ist das, von dem Schelling an einer anderen Stelle sagt, daß sie »im Menschen die wahre Menschheit, in Gott die Gottheit« ist (WA I, 28). Weil der Mensch von diesem inneren Wesen entfremdet ist, wird das Ganze seiner Wissenschaft notwendig den Grundcharakter einer Anamnese oder »Wiedererinnerung« haben (WA I, 29), zu der er nur gelangen kann, wenn er sich von seiner Bindung an das Äußere befreit.

Daraus ergeben sich zwei Fragen: Warum hat der Mensch den Bezug zu seinem eigenen Wesen verloren? Und wie ist es möglich, daß er in seinem gegenwärtigen, verfallenen Zustand überhaupt zur Wissenschaft gelangen und sich insofern befreien kann? Der Fall ist nach Schelling ein unergründliches Ereignis, aber hat trotzdem einen bestimmten Sinn, der mit der Natur der Wissenschaft eng zusammenhängt. Das ursprüngliche Wesen ist, wie oben gezeigt, mit der Wissenschaft identisch, aber »in ihm liegt alles ohne Unterscheidung, zumal, als Eins« (8, 201). Es ist eine nicht wissende Wissenschaft, die einer Scheidung bedarf, um wissend zu werden. Der Fall ist zwar an sich kein notwendiges Geschehen, aber in Bezug auf die Wissenschaft ist er wohl notwendig, denn er ist die Bedingung der Offenbarung und des Zu-Sich-Kommens des Absoluten. Indem jedoch diese Offenbarung vollzogen wird, verbirgt sich das ursprüngliche Wesen selbst. Ein geheimnisvoller Sachverhalt, der dem »Unterwegssein« der Wissenschaft zu Grunde liegt! Im ursprünglichen Wesen, also im Sein selbst, ruht »die Erinnerung aller Dinge, ihrer ursprünglichen Verhältnisse, ihres Werdens, ihrer Bedeutung. Aber dieses Ur-Bild der Dinge schläft in der Seele als ein verdunkeltes und vergessenes, wenn gleich nicht völlig ausgelöschtes Bild. Vielleicht würde es nie wieder erwachen, wenn nicht in jenem Dunkeln selbst die Ahndung und die Sehnsucht der Erkenntnis läge.« Diese »Sehnsucht« soll als das ganz natürliche Streben des gefallenen Menschen nach dem Ort seiner Zugehörigkeit verstanden werden, gerade wie der hoch-geworfene Stein von dem Punkt seiner größten Entfernung her sich naturgemäß der Erde zuwendet. »Aber unaufhörlich von diesem angerufen um seine Veredelung, bemerkt das Höhere, daß das Niedere ihm nicht beigegeben ist, um von demselben gefesselt zu bleiben, sondern damit es selbst ein anderes habe, in welchem es sich beschauen, darstellen und sich verständlich machen könne ... in dem andern ... kann es, was in ihm Eins ist, unterscheidbar machen, aussprechen, auseinanderlegen« (8, 200f.).

Schelling will nun »jener künftigen objektiven Darstellung der Wissenschaft einige Vorbereitung« geben, mit der Hoffnung, daß derjenige noch irgendwann kommen wird, »der das größte Heldengedicht singt, im Geist umfassend, wie von Sehern der Vorzeit gerühmt wird, was war, was ist und was seyn wird« (8, 206). In diesem Sinne – und mit der Dialektik als Hilfe – unternahm er die letzte Aufgabe der Metaphysik, »das Ganze vom Ersten bis zum Letzten der Dinge zu durchdenken« (8, 208). Der Blick auf dieses Ganze wird durch den Abgrund der Freiheit des menschlichen Wesens eröffnet, einer Freiheit, die letztlich im abgründigen Wesen des Seins selbst gegründet ist. Der Gedanke eines abgründigen Urwesens ist keine anthropomorphe Übertragung des Menschlichen auf das Sein, denn die Freiheit des Menschen wird erst durch die Erschließung der Abgründigkeit des Urwesens denkbar.[112] Der Mensch ist ein Abbild des Absoluten, nicht umgekehrt. Weil er aber ein wahres Bild ist, stimmt es, »daß, wer die Geschichte des eignen Lebens von Grund aus schreiben könnte, damit auch die Geschichte des Weltalls in einen kurzen Inbegriff gefaßt hätte« (8, 207). Dies zu leisten, ist das Schwierigste überhaupt, und bedarf nach Schelling »Seelenstärke«, denn »der größte Teil der Menschen wendet sich von den Verborgenheiten seines eignen Innern ebenso ab wie von den Tiefen des großen Lebens und scheut den Blick in die Abgründe jener Vergangenheit, die in ihm nur zu sehr noch als Gegenwart sich verhält« (8, 208). Wir stehen vor einem Kreis, in den man vielleicht nur durch göttliche Eingebung oder durch eine »Gunst der Natur« eintreten kann.

Die Aufgabe der Wissenschaft ist nicht das Aufzählen und Systematisieren der vorhandenen Gegenstände der Welt. »Wie vermöchten wir auch nur das Gegenwärtige zu erkennen ohne Wissenschaft des Vergangenen?« (WA I, 22). Schelling schreibt zwar, daß das Gegenwärtige »erkannt werden muß, aber in einer anderen Bedeutung als der der geläufigen Erkenntnistheorie. Das Gegenwärtige muß von seiner Entstehung her erkannt werden. Diese Einbeziehung der Vergangenheit trägt aber zum Verständnis der Welt überhaupt nichts bei, wenn sie nur in der Bildung einer ins Endlose

---

112 Schelling verteidigt sich gegen den Vorwurf des Anthropomorphismus in seinem Briefwechsel mit Eschenmayer (1810-12): »Wenn wie Sie sagen, meine Vernunft in dem, was Sie von Gott bejaht, sich über Gott gestellt hätte, so würde ja die Ihrige in dem, was Sie von Gott verneint, es ebenso, ja noch weit entschiedener thun ...« (8, 167f.). Dazu siehe Heideggers Schelling-Abhandlung, a.a.O., S. 194-98.

zurückgreifenden Kausalkette resultiert, wobei jedes beliebige Glied genauso einer Erklärung bedarf wie jedes andere. Eine geschichtliche Erkenntnis ist allein eine wahre Erkenntnis, wenn sie auf ein wahrhaft Anfängliches kommt, das keine Begründung vor sich hat. Die Erkenntnis der Gegenwart geht nur aus dem Erstaunen vor der Abgründigkeit des Seins hervor und fordert als ihre Bedingung die Erfahrung der radikalen Nicht-Gegenständlichkeit des Uranfänglichen.[113] Eine geschichtliche Erkenntnis entlarvt die Illusion, die Welt sei ein faßbarer Gegenstand, und zeigt die Herkunft herkömmlicher Erkenntnisarten aus der Angst vor der lauteren Unbegreiflichkeit des Seins. Die erstrebte Erkenntnis dessen, was *ist*, fängt nicht mit der Überwindung dieser Angst, sondern mit deren Anerkennung an.

3. Das Ziel ist eine *geschichtliche* Wissenschaft, die die Zeitmomente voneinander scheidet. Diesem Ziel widerspricht in der Tat die dialektische Ausführung der Weltalterkonzeption, wonach die Zeitepochen in der einen großen Zeit des göttlichen Lebens aufeinander bezogen werden. Dabei muß aber beachtet werden, daß Schelling sich dieses Mangels von vornherein bewußt war und eben deshalb betonte, daß sein Versuch nur als Vorbereitung einer anderen, *erzählenden* Wissenschaft gelten soll, deren Zeit noch nicht gekommen sei. Im »Erlanger Vortrag« von 1821 zieht Schelling die letzte Konsequenz der radikalen Geschichtlichkeit der höchsten Wissenschaft, daß das wahre Wissen nur aus einer *Ekstase* des Philosophierenden hervorgehen kann, wo dieser den Willen zum Wissen aufgibt (9, 228). Dies erreicht der Philosoph aber nicht dadurch, daß er willentlich zum Nicht-Wollen kommt, sondern dadurch, daß sein größtes Streben nach Wissen in seiner höchsten Steigerung scheitert, den Raum eröffnend, worin das Urwesen sich augenblicksweise zeigen kann. Demzufolge ist es aber prinzipiell unmöglich, das höchste Wissen zum Bestandteil des menschlichen Wissens zu machen. Gerade dort, wo es erreicht wird, steht der Mensch schon wieder in der Unwissenheit und muß wieder von vorne anfangen.

Der Anfang des Denkens, das, worauf das Denken stets zurückkehren muß, entspricht dem Anfang des Seienden überhaupt. Die Offenheit des Seins treibt dessen tragenden Grund in eine Verschlossenheit, aus der die Sehnsucht nach der verlorenen Offenheit entsteht. Der erhabene, nichts wollende Wille der Liebe erweckt immer

[113] Eine »Erkenntnis« des »Unfaßbaren« scheint uns nach der heute herrschenden Erkenntnistheorie so rätselhaft, daß wir eine Untersuchung brauchen, die wir auch bei Schelling finden: »Auch ist ein Unterschied zu machen zwischen Begreifen u. Erkennen«, schreibt er in einem frühen Weltalterfragment. »Denn unbegreiflich ist was nicht gegriffen in einem Begriff umschrieben, eingeschlossen werden kann; aber eben was die lauterste Wirklichkeit (actus purissimus) ist auch in sich das am vollkommensten meisten Erkennbare, weil es gleichsam der lauterste Stoff des Erkennens ist« (WA III, 4, S. 220).

wieder seinen Gegensatz, den Willen zur Existenz, der unaufhörlich weiter wächst, bis er seine innere Bestimmtheit und Eigenheit zerbricht und das höhere Wesen augenblicksweise erschließt, und zwar als den sonst verborgenen Riß dieser Bewegung selbst. Das Allerhöchste spricht sich in der Schöpfung aus, aber nur indem es selbst zurücktritt, »Ein Unaussprechliches wird« (WA II, 114). Schelling denkt also selbst das höchste Wesen nicht schlechthin als das absolute Seiende, sondern als das, was ständig unterwegs, in ständiger Bewegung ins Sein ist: »Gott ist nicht ein Ohnendliches wie man zu denken pflegt, sondern ein ewig ... zu Stande gekommenes u. noch immer zu Stande kommendes, u. das nie aufhören wird zu Stande zu kommen ... Also daß es nur grob geredet ist, wenn gesagt wird, Gott sey ohne Anfang u. Ende, da man dafür sagen sollte, er sey ohne Anfang seines Anfangs u. ohne Ende seines Endes, d.h. daß er ewig anfange u. ewig ende« (WA III, 2, S.199). An dieser ersten Formulierung des Gedanken des ewigen Anfangs bemerkt man, wie sehr es in der Tat um eine innergöttliche Zeitlichkeit geht.

Die Lebendigkeit des Seins und der ihm entsprechenden Wissenschaft zeigt sich in der Bewegung. In Bezug auf die lebendige Wissenschaft schreibt Schelling sogar, »daß ein jeder Satz schon dadurch, daß er als Satz ausgesprochen wird, falsch ist« (WA I, 86), weshalb das Denken immer weiter gehen muß. Das Resultat dieser Arbeit könnte man sich nie äußerlich aneignen, denn das System selbst bleibt »in einer beständigen nie aufhörenden Erzeugung« (WA I, 187). Die Überschwenglichkeit (und Unaussprechlichkeit) des Ganzen wird erst demjenigen erschlossen, der den langen Weg der Wissenschaft zu gehen versucht hat. Ihm allein kann das höchste sokratische Wissen, das Wissen der Unwissenheit, zugänglich werden. Dabei zeigt sich der positive Sinn des Schlußworts der ersten Fassung der »Weltalter«, wo Schelling bekennt, »wie weit näher, als die Meisten wohl begreifen können, ich jenem Verstummen der Wissenschaft bin, welches dann nothwendig eintreten muß, wenn wir erkennen, wie alles so unendlich persönlich zugeht, daß es unmöglich ist, irgend etwas eigentlich zu wissen« (WA I, 188). Dieser Satz muß aber richtig, als das positive Ergebnis der höchsten Wissenschaft, verstanden werden, wie in seiner Fortführung – die heute besonders aktuell ist – klar hervorgeht: »Des Nichtwissens in diesem Sinn durfte Sokrates sich rühmen; wenn aber schlaffe Weichlichkeit, eine aller Anstrengung unfähige Geistes- und Herzensträgheit, deren ganze Thätigkeit darauf eingeschränkt ist, sich mittelst einer eigenliebigen Sophistik gegen alles ernstlich gemeynte Wissen zu vertheidigen, eben dieses zu sagen herausnimmt, und dieß sogar bey der Welt für Bescheidenheit und Sokratische Weisheit geltend machen kann: so ist diese Erscheinung nur als eines der vielen Symptome der schrecklichen Verkehrtheit dieser Zeiten zu betrachten« (WA I, 189f.).

Das Verstummen der Wissenschaft ist kein Aufgeben ihres höchsten Gegenstands; es ist vielmehr das Zeichen wahrer Erkenntnis. Denn das Höchste ist, wie Schelling in der »Philosophie der Offenbarung« schreibt, das »absolut-Erstaunenswerthe«. Dieses allein vermag es, »die langwierige Unruhe des menschlichen Geistes zur Ruhe« zu bringen. »Nur wenn wir das erkennen müssen als *geschehen*, quo majus nil fieri potest, worüber schlechterdings nichts Größeres geschehen kann, nur das bringt uns zum Stillstand. Es muß ein finis quaerendi et inveniendi seyn, ein Ziel, bei dem der nie ruhende Geist ruht; denn sonst wäre alles Wissen eitel, d.h. zwecklos. Es muß also etwas kommen in der Entwicklung der Dinge, wo das menschliche Wissen, das einen unendlichen Trieb zur Fortschreitung und Bewegung in sich hat, bekennen muß, nicht weiter fortschreiten zu können, wo es also verstummt« (14, 27). Um der Sache selbst – und des Kampfs gegen die Verkehrtheit jeder »eigenliebigen Sophistik« – willen, wenden wir uns an den eigentlichen Gegenstand der höchsten Wissenschaft.

(B) Dionysos als die Eröffnung der »ewigen« Natur

1. Schellings »Weltalter«, besonders der erste Druck von 1811, wurden sind mit einem so großen Pathos geschrieben, daß man sie wohl als ein Werk betrachten kann, das unmittelbar aus der Erfahrung verfaßt wurde und das folglich nur mittels der eigenen Erfahrung verstanden werden kann. »Wer den Prozeß alles Lebens, wie er in gegenwärtigem Buch beschrieben, nicht praktisch erfahren, wird ihn nie begreifen« (WA I, 188). Da es um etwas anderes als die Entfaltung bloßer begrifflichen Bestimmungen geht, ist es angebracht zu fragen, wie wir den Zugang zur Grunderfahrung der »Weltalter« gewinnen können.

Der Schritt in die volle Tiefe der Weltalterphilosophie entspringt nur einer echten Erfahrung, einer Erfahrung, die uns widerfährt, die über uns kommt und uns innerlich verwandelt. Mit einem Wort gesagt, ist die Erfahrung die der Furcht vor Gott. Nur aus einer überwältigenden Furcht vermögen wir die ungeheure Größe Gottes zu erkennen. Er, die vollkommene Offenheit, die alles umfaßt – Wir, die zum Sterben Verdammten, verloren am Rande seines Fußschemels. Wir sehnen uns danach, aus dieser Enge hinauszugelangen, und dennoch fürchten wir nichts so sehr als die offene Breite, in der der Grund unseres Willens ausgerottet wird. Nur langsam und nach vorsichtiger Reinigung können wir durch die Einsicht in die gewaltsame Macht des alles verzehrenden, alles zerreißenden und aus sich schöpfenden göttlichen Feuers zur Einsicht in das mildernde, gestaltende Gute des innersten Wesens gelangen. Wenn wir uns zu eilig an das Gute wenden, dann erfahren wir nämlich eben das selbst und dessen gestaltende Sanftmut als das Feuer, das unseren Eigenwillen verzehrt: »Es ist ein Gedanke, der sich wohl hören läßt, daß abgeschiedene Geister, die unfähig des Himmels in die Region desselben gerathen, sich von selbst von ihm wieder ausscheiden, weil ihnen jener erfüllte Zustand des ruhenden nichtwollenden Willens zur Pein, zur verzehrenden Sucht wird, daß sie also freiwillig sich wieder hinabstürzen in den Umtrieb der nie ersättigten, ewig wieder hungernden Begierde« (WA III, 4, S. 217).

Die Weltalterphilosophie will die langsame Bewegung aus der Furcht zur Liebe Gottes beschreiben. Ihr Denken ist ein Reinigungsritus, denn nichts reinigt so sehr wie die Begegnung mit dem inneren Feuer, von dem wir uns durch eine intensive Auseinandersetzung *scheiden* müssen, damit es für uns zur *Vergangenheit* wird. Diese Auseinandersetzung muß eine heftige sein; sie muß die Geburtswehen veranlassen, aus denen das göttliche Wort, die Eröffnung der Gegenwart, hervorgeht. Um uns der bildlichen Sprache Schellings zu bedienen, geht es eben darum, daß der Mensch sich zur Geburtsstätte des Sohnes Gottes macht, und zwar durch die höchste Andacht, die Bewegung im philosophischen Denken.

Uns Heutigen ist aber die wissenschaftliche Rede über Gott ganz fremd geworden. Wenn überhaupt von Gott geredet wird, dann nur im Sinne des Glaubens oder noch genauer der Beruhigung eines menschlichen Bedürfnisses. Deshalb muß daran erinnert werden, daß der Name Gott in den »Weltaltern« in erster Linie eine ontologische Funktion hat. Er weist, schlicht gesagt, auf das Prinzip, ohne das es keine Welt gäbe, hin. Es ist das Wesen, das »von und aus sich ist« (WA II, 33), gerade wie das Ganze des Seienden »von und aus sich« sein muß. Es ist vielleicht das Bedenklichste unserer heutigen Zeit, daß auch diese ontologische Dimension uns entzogen ist. Wir versuchen längst jedes mögliche Geschehen zu begründen und zu fassen. Allein das Größte aller Geschehnisse, das der Welt als solcher, gilt uns als so selbstverständlich, daß jeder Versuch, es zu denken, sofort abgewiesen wird. Das Größte aller Wunder, nach Schelling das »absolut-Erstaunenswerthe«, daß es das Seiende gibt, entzieht sich unserem Denken, so daß das Sein nicht mehr in seiner Fragwürdigkeit und Denkbarkeit erfahren wird.

Für Schelling war dies noch anders. Für ihn galt Gott allerdings nicht allein als der dem metaphysischen Denken notwendige Grund des Seienden, sondern auch als ein persönliches Wesen, dessen Ebenbild der Mensch sei und dessen Sohn Mensch geworden ist. »Vernunft und Gefühl befriedigt kein Gott, der ein lauteres Es ist, sie verlangen einen, der *Er* ist« (8, 255). Diese Bestimmung wollte er aber nicht von der Religion einfach übernehmen. »Ehe durch objektive Untersuchung, durch Entwicklung des Urwesens selber, ausgemacht ist, was Gott ist, können wir von Gott so wenig etwas verneinen als bejahen. Was er auch ist, das ist er durch *sich selbst*, nicht durch uns« (8,

168). Daß die gedankliche Entwicklung des Urwesens selber, als der einzigen denkbaren Bedingung des Seienden, zur Lebendigkeit Gottes führen soll, ist selbst eine Folge des metaphysischen Ansatzes, der von der Zusammengehörigkeit des Seins und des Denkens ausgeht. Das Urwesen ist insofern menschenähnlich, als sich das menschliche Denken auf es besinnen kann, wobei das Denken keine Herabwürdigung des Wesens, sondern das Wesen eine Erhebung des Denkens sein soll. Eine absolute Trennung des Denkens vom Sein, wie sie in Kants »Kritik der reinen Vernunft« vollzogen wurde, läßt sich schwer einsehen, wie überhaupt etwas in das Denken und Vernehmen kommen kann, weshalb Kant selbst die so Getrennten wieder in Verbindung gesetzt hat, insofern er das unwißbare »An-Sich« der Dinge als Ursache der Phänomene deutete. Nicht Schelling allein, sondern der ganze deutsche Idealismus geht von der Entdeckung dieses Kantischen Widerspruchs aus. Etwas anderes ist es freilich, aus der Lebendigkeit Gottes auf seine menschenähnliche Persönlichkeit zu schließen. Um diesem Schritt, wodurch der enge Zusammenhang der Geschichte des göttlichen Wesens und der Geschichte des Menschen offenbar wird, nachzugehen, versuchen wir, uns auf die Bewegung des Urwesens einzulassen.

2. Es zeigt, wie radikal Schelling die Fragwürdigkeit des Seins erfahren hat, daß der abgezogene Begriff einer Begründung des endlichen Seienden in einem schlechthin notwendigen Seienden ihm nicht genügen konnte. Die Fragwürdigkeit betrifft auch dieses Seiende und bringt das Denken vor die so gedachte Notwendigkeit und erschließt deren freien Wesen, ein Prinzip, das »über Gott« steht und die notwendige Voraussetzung seiner Beweglichkeit und der seiner Schöpfung ausmacht. Dabei steht Schellings Verfahren im ersten Druck, wo er das Gefragte, das Seiende, ausklammert, um mit dem Überseienden Prinzip gleich anzufangen, eigentlich der Erfahrung der Fragwürdigkeit des Seienden viel näher, als das Verfahren im zweiten und dritten Druck, wo er durch eine Analyse der Bewegung, also von dem Seienden her, auf das Ursprüngliche zurückschließt. In jeder Fassung der »Weltalter« hat Schelling das ursprüngliche Prinzip als das lautere Wesen, das »nichts will« gefaßt, also als das, was in sich ruht und eben nicht ins Seiende übergeht. Der hegelsche Gedanke eines Urprinzips, das immer schon ins Endliche übergegangen, dessen konkrete Gestaltung also absolut notwendig sei, liegt dem Ansatz des schellingschen Systems der Freiheit ganz fern. Das Problem ist nun, wie sich ein solches Prinzip der absoluten Erhabenheit, das sogar der Trennung zwischen dem Sein und dem Nicht-Sein gegenüber völlig gleichgültig ist, in die Bewegung des Seienden verwickelt werden *kann*. Selbst Gott, der metaphysisch gedachte Weltgrund, muß aus seinem Werden und Entstehen heraus verstanden werden. Wenn er aber das freie Wesen ist, dann ereignet sich sein

Werden aus einem Prinzip, das sich jedem Begründungszusammenhang entzieht. Das Höchste in ihm ist das Offene, das an nichts gebunden ist.

Es geht also hinsichtlich der Frage nach dem Ursprung des Ganzen nicht um die Aufstellung eines Prinzips, das das Ganze ausreichend erklärt, damit die Frage »beantwortet« und beseitigt wird, sondern um das Denken eines solchen Prinzips, das der Fragwürdigkeit und Erstaunlichkeit des Seins gerecht wird und sie zur Besinnung bringt. Wenn dies gelingt, dann endet das Denken in gerade dem Erstaunen, von dem es ausgegangen ist. »Wer uns entgegenhält, daß wir die Herkunft der Welt durch lauter Wunder erklären, der sagt eben das Rechte. Glaubt denn irgend wer, daß die Welt ohne ein Wunder, ja ohne eine Reihe von Wundern habe entspringen können? ... wird der Wille, der nichts will, als das Höchste, zugestanden, so gibt es aus ihm keinen Uebergang; das erste ihm Folgende, der Wille der Etwas will, muß sich selbst erzeugen, absolut entspringen« (WA I, 139f.).

Dies alles erscheint vielleicht *zu* rätselhaft. Denn was heißt »absolut entspringen«? In welchem Sinne kann Schelling schreiben, daß es »keinen Uebergang« aus dem ursprünglichsten Wesen gibt? Was ist dieses Wesen? »Den meisten, weil sie jene höchste Freyheit nie empfanden, scheint es das Höchste, ein Seyendes oder Subjekt zu seyn; daher fragen sie: was denn über dem Seyn gedacht werden könne? Und antworten sich selbst: Das Nichts, oder dem Aehnliches« (WA I, 26). Es handelt sich also um ein Prinzip, das allein aus der Erfahrung der Freiheit zu verstehen ist, und das dem kleinen, sagen wir dem postivistischen Geist, also demjenigen, der sich mit der eigenen Freiheit nicht vertraut ist, als gar nichts vorkommt. »Ja wohl ist es ein Nichts«, antwortet Schelling, »aber wie die lautre Freiheit ein Nichts ist; wie der Wille, der nichts will, der keiner Sache begehrt, dem alle Dinge gleich sind, und der darum von keinem bewegt wird. Ein solcher Wille ist Nichts und Alles. Er ist Nichts, in wie fern er weder selbst wirkend zu werden begehrt, noch nach irgend einer Wirklichkeit verlangt. Er ist Alles, weil doch von ihm als der ewigen Freyheit allein alle Kraft kommt, weil er alle Dinge unter sich hat, alles beherrscht und von keinem beherrscht wird« (WA I, 27).

Daran ist die absolute Fülle der aristotelischen *energeia* erkennbar, die das Bewegende aller Kraft ist, ohne selber in einem Wirkungsverhältnis zu stehen. Es ist sich selbst genug und hat nichts, das es noch wollen kann. Indem es ewig bei sich weilt, ist es reine Anwesenheit; in bezug aber auf die Zeit, in der ein jedes Ding etwas anderes begehrt, ist es eben das, was sich zurückhält, was verborgen bleibt. Sein Bild ist die Einfalt eines Kindes, das nur das ist, was es ist. Es ist das Wesen aller Dinge und zeigt sich nur demjenigen, der die Einfachheit des eigenen Wesens zu entfalten vermag, der mit offenen Augen die Fülle der Gegenwärtigen entdecken und sich der Sehnsucht nach dem Nicht-Gegenwärtigen entziehen kann.

Eine Entwicklung von diesem Wesen zum Seienden läßt sich nur aus der Entgegensetzung zu einem anderen Prinzip verstehen, das eben nicht diese Fülle in sich trägt, sondern es ewig begehrt und sucht. Gerade dies ist gefordert, wenn man das höchste Wesen in seinem *Werden* begreifen soll. Man muß einen *Anfang* dieses Wesens finden. Aber es gibt keinen Anfang, »ohne daß das, wovon es der Anfang ist, zuvor gedacht werde als nicht seyend« (WA III, 2, S. 199). Hier läßt sich das Revolutionäre an Schellings Denken erblicken: Gott, der Weltgrund, muß zuerst als *nicht-seyend* gedacht werden. Ohne diesen Schritt gibt es keinen Zugang zur *Lebendigkeit* des Ganzen. Diese zeigt sich nur gegen die Möglichkeit des Nicht-Seins.

Der Anfang der Existenz liegt nun darin, daß ein Wille sich selbst zeugt. Der Stoff dieser Zeugung kann nur außerhalb des uranfänglichen, aber noch nicht *existierenden* Wesens liegen. Wie sich aus diesem Stoff ein Wille erzeugt, macht eine Erläuterung aus dem zweiten Druck verständlich: »Denke dir also, wenn du je solcher genossen, jene seltene Augenblicke einer seligen und vollkommenen Genüge, da das Herz nichts verlangt, da du wünschen könntest, daß sie ewig blieben wie sie sind, und die dir wirklich als Ewigkeit sind; denke dir solche Augenblicke und suche dich zu erinnern wie in eben diesen, dir unbewußt, ohne daß du etwas dazu thun oder dich dessen erwehren kannst, schon wieder ein Wille sich erzeugt, der in kurzem dich wieder an sich zieht und in's wirkende Leben fortreißt; erinnere dich dessen, und du wirst darinn ein ohngefähres Bild dessen haben, was wir hier zu beschreiben unternehmen« (WA II, 54).

Ein Wille kann im Augenblick der Vollkommenheit wachsen, der uns von diesem entfernt. Er entsteht nicht aus der Vollkommenheit heraus; seine Wurzeln gehen eher ins Dunkle, in eben das zurück, was außerhalb der Vollkommenheit steht. Was liegt aber außerhalb der Vollkommenheit des Urwesens? Da kann man auch nur antworten: »Nichts.« Der Wille wird als die Suche dieses Nichts nach Etwas, also nach dem Urwesen, gefaßt. Das Suchen entsteht aus einem Nicht-Haben; es ist die Sucht und Begierde danach, befriedigt zu werden. Dieser Wille ist also vor allem mit *sich selbst* beschäftigt. Es ist in sich zurückgezogen und demnach der Offenheit des gesuchten Wesens entgegengesetzt. Der Wille nach etwas ist also die erste *Verneinung*, die das lautere Nichts des Urwesens unversehens vernichtet und dadurch den Weg zum Sein eröffnet. »Könnte der ewige Wille, jene ursprüngliche Kraft der Verneinung je aufhören zu wirken, so giengen alle zurück in das Nichts, und es wäre wieder Nichts wie zuvor« (WA II, 69).

Wir finden uns in jener eigentümlichen Dimension, in der das absolute Wesen, weil in sich ruhend und eigenschaftslos, als das lautere Nichts gelten muß, das zur Existenz nur durch Entgegensetzung zu einem Anderen gelangen kann. Die lautere Ewigkeit »war, aber was dein Ich war, eh' es sich selbst gefunden und empfunden; sie war, aber als wäre sie nicht« (WA II, 56). Das Andere, was ihm entgegengesetzt ist, steht aber auch vor der Existenz, ist also auch ein Nichts, aber ein Nichts der Leere und der Begierde. Die Bewegung aller existierenden Dinge muß also letztlich als das ewige Suchen des Nichts nach dem Nichts verstanden werden: »Die zarte Gottheit ist das Nichts und Übernichts. Wer nichts in allem sieht, Mensch glaube, dieser siehts« (8, 234).

Das Suchen geht deshalb unaufhörlich weiter, in sich drehend wie ein unabläßiges Rad, weil das Nichts in sich getrennt ist. Als das Nichts ist es eben nicht, sondern es ist allein als das Seiende. Das »Höchste« steht »über dem Seyenden«; es geht also um eine ursprüngliche Trennung, wie man zugleich von dem Nichts einerseits sagt, jenseits des Seienden (und so das Seiende umfassend und umgrenzend) gibt es Nichts, und dennoch anderseits sagt, das kleinste Teilchen grenzt an das Nichts, was also das absolut Kleinste ist. Im normalen Sprachgebrauch sprechen wir also von dem Nichts als von einem in sich Getrennten. Das Nichts als das in sich Getrennte muß das Nichts als das absolut Undifferenzierte ewig vernichten. Eben deshalb sagt man mit Recht, daß das Nichts nicht ist.

Das lautere Urwesen trägt einen Widerspruch in sich, über den es zur Existenz gelangt. Seine absolute Vollkommenheit erweckt außer ihm, aus dem Nichts heraus, den Willen zur Existenz, den es, das Wesen, »empfängt« (WA I, 31). Diese Trennung, diese innere Verdoppelung, ist dennoch die Trennung des *Einen*, das zugleich Überfülle und Leere ist und dies beides zugleich sein kann, weil es selbst sich vor der Scheidung in der absoluten Nicht-Seiendheit oder Über-Seiendheit zurückhält. Das eine Wesen ist selbst bestimmungslos und nur daher eins (»Das Größte ist rund, ist eigenschaftslos« – WA I, 27); es trägt aber Bestimmungen, die aus der Entgegensetzung und dem Zueinanderstreben der Prinzipien von Ja und Nein, von der Ausbreitung und der Zusammenziehung entstehen. Diese Prinzipien gehören wiederum zusammen. Sie sind aufeinander bezogen, weil sie eigentlich zwei Seiten desselben sind, des Ureinen, etwas wie das Ein- und Ausatmen immer die gleiche Bahn durchzieht und den Umriß des ruhenden Zwischen zeigt, das die ganze Bewegung leitet, ohne selbst in der Bewegung aufzugehen.

Das Zusammenspiel der drei Prinzipien, das aus der lauteren Offenheit dessen entspringt, was über den drei steht, macht die erste Epoche des göttlichen Lebens aus. Da ist Gott mit seiner Natur völlig eins. Es ist ein sanftes Spiel der reinsten Wonne, in dem die Lauterkeit des ursprünglichen Prinzips durch das Kreisen mit dem in sich geschlossenen, dunklen Prinzip gemildert wird und die Form einer zarten Leiblichkeit annimmt. Diese ursprüngliche Beweglichkeit ist die Kindheit und Unschuld Gottes, die Schelling die ursprüngliche »Weisheit« nennt (WA I, 55). Im Vordergrund steht also am Anfang das spielende Moment: »Wer sein Aug' einigermaßen für die freye Betrachtung der Dinge geübt hat, weiß, daß sie nicht durch dasjenige allein schon vollendet erscheinen, was zu ihrem Daseyn schlechthin notwendig gehört; es ist noch ein Anderes um sie oder in ihnen, das ihnen erst den vollen Glanz und Schein des Lebens ertheilt; ein Ueberflüssiges spielt gleichsam um sie und umströmt sie als ein zwar unfaßliches doch nicht unbemerkliches Wesen. Sollte dieses durchblickende, durchscheinende Wesen nicht eben jene innere geistige Materie seyn, die noch immer in allen Dingen dieser Welt verborgen liegt und nur auf ihre Befreyung wartet?« (WA I, 59). Diese spielende Wonne schimmert noch im Glanz der Metalle, im Grün der Pflanze, und im Durchscheinenden des Fleisches und der Augen durch und besagt jenen sanften Frühling des Lebens, in dem Körper und Geist dasselbe sind. Es ist der verlorene Zustand, nach dem jedes Seiende sehnt, der als Ziel des Ganzen die Bewegung des Ganzen erregt.

3. In solcher Wonne und innerer Einheit kann aber selbst das göttliche Wesen nicht bleiben. Aus diesem sanften Frühling bricht die unerträgliche Hitze eines qualvollen Feuers aus, aus dem das Urwesen ein schaffendes, geschichtliches Wesen wird. Wo es zur vollkommenen Bejahung seiner unüberwindlichen Natur gelangt, wird das Wesen erst im vollen Sinne des Wortes zu *Gott*. Vor diesem Vollzug stehen wir aber noch nicht, sondern dort, wo das Feuer ausbricht. Die Frage ist nun aber, wie? Wie kommt es dazu, daß das sanfte Spiel plötzlich zu Ende geht?

Schellings Antwort geht von einer Erinnerung an das Allerhöchste aus: »Denn selbst Gott ist nur die Hülle der Gottheit« (WA I, 61). Die allererste Lauterkeit ist es, was durch die Scheidung in die Dreiheit zum fühlbaren Leben gekommen ist. Wenn die Lauterkeit dem Widerspruch und der Trennung begegnet, empfindet sie »die Einheit ihres Wesens. Sie fühlt die Milde ihrer ursprünglichen Natur im Gegensatz sowohl mit der Strenge des zusammenziehenden Willens als im Gegensatz mit sich selbst als Subjekt ..., am meisten aber im Gegensatz mit dem Seyn, in welchem sie die wirkliche Zweyheit und Widerwärtigkeit empfindet, indem sie gegen ihre Natur, vermöge der sie ausfließend und ausbreitend ist, zusammengezogen und eingeschlossen ist« (WA I, 61f.). Das Urwesen erschrickt sich vor der Enge der eigenen Existenz und sehnt sich nach seiner verlorenen Offenheit und Lauterkeit. Dabei wird es aber zum ersten Mal der großen Last und Trostlosigkeit seiner eigentlichen Lage gewahr: Es kann sich nicht von seiner Existenz befreien, so sehr es gerade dieses *will*. »Dies ist das Verhängnis alles Lebens, daß es erst nach der Einschränkung und aus der Weite in die Enge verlangt, um sich faßlich zu werden; hernach, nachdem es in der Enge ist und sie empfunden hat, wieder zurückverlangt in die Weite und gleich wiederkehren möchte in das stille Nichts, darinn es zuvor war, und doch nicht kann, weil es sein eigen selbstgegeben Leben aufheben müßte« (WA I, 63). Das selbstgegebene Leben wird zum Verhängnis. Das lautere Wesen könnte nur wiederhergestellt werden, wenn die aufeinander bezogenen Prinzipien, die in ihrem Zusammenspiel das erste Existierende bilden, von einander geschieden werden. Eben dies ist aber unmöglich, weil sobald die Scheidung anfängt, der sich zusammenziehende Will der Existenz in Angst versetzt wird, in Angst vor dem Verlust des einzigen, was er will, sich selbst, sein eigenes Leben. Er zieht sich mächtig in sich zurück, um sich gegen die Scheidung, die die Liebe nun will, zu wehren. Das sanfte Spiel wird also zum gewaltigen *Kampf*. Das Existierende verliert »die eigene Freyheit und wird, als der erste klopfende Punkt, gleichsam das schlagende Herz der Gottheit, das in nie aufhörender Systole und Diastole Ruhe sucht und nie findet« (WA I, 63). Wie im menschlichen Herzen ist dieses Schlagen unwillkürlich. Der Grund der Schöpfung der Welt ist nun gelegt: Er ist die nicht-gewollte unaufhebbare Existenz, nun durch Streit zu vollem Leben gewachsen.

Dieses stetige Hin und Her, das in seiner Unwillkürlichkeit und Nicht-Überwindbarkeit als das schlechthin *notwendige* Existierende gilt, ist die eigentliche »Natur von Gott«, durch deren Klärung im Wort Gott zu Gott und die Natur zur Welt gebracht werden. Wir sind bei dem großen Streit der Willen, in dem die Scheidung zwar augenblicksweise vollzogen wird, wobei die Freiheit »als ein Blitz« aufgeht, aber nur um den sich zusammenziehenden Willen noch tiefer in Angst zu versetzen, so daß er sich ganz in sich selbst verschließt: »Auf diese Art ist das Leben der ewigen Natur in diesem Moment nur ein beständiger Wechsel von Sterben und Leben« (WA I, 66).[114] Beständiges kann noch nicht hervorgebracht werden. Wir finden uns aber in einer wirklich neuen Epoche des göttlichen Lebens. Das uranfängliche Spiel ist zum Streit geworden. Das am Anfang noch spielende Zurückziehen, das die erste mit dem Geist noch verbunde Materie geschaffen hat, wurde inzwischen zum kräftigen Zorn getrieben und bildet nun eine dem Geistigen widerstrebende Materie: Geist und Materie geraten auseinander und mit ihnen das Innere und Äußere und alle zusammenhängenden Gegensätze. Und weil die Scheidung immer voran getrieben wird, wird das Sich-Zurückziehende leibhaftig auseinandergerissen. Die Materie als das Mittlere zwischen den beiden sich widerstreitenden Willen muß zuletzt »eine Zertheilung bis in's Kleinste« erleiden, »eine Auflösung der erst geschlossenen Einheit des Seyns in das Chaos« (WA I, 68).

[114] Es ist wichtig, daß in diesem Zusammenhang Schelling zum ersten Mal *Heraklit* positiv aufgreift (8, 230). Im Anhang zu den »Weltaltern« – »Ueber die Gottheiten von Samothrake« – wird Heraklit dann mehrfach erwähnt.

Hier ist noch alles, wie im neu entfachten Feuer, im ständigen Wachsen. Nachdem die Raumdimensionen im Streit gebildet werden, gibt es Platz für die erste Bewegung. Sie entsteht aus der Suche nach und dem Zurückschrecken vor sich selbst und wird als als ein unablässiger, rotarischer Umtrieb dargestellt. Das Abbild dieser Bewegung ist das Kreisen der Gestirne; ihre Erinnerung wird in den astralen Religionen und den anfänglichsten Mythologien entfaltet.

Daß das Äußere im Keim vor uns steht, macht es möglich, einen Blick auf das nun innere Wesen zu werfen. Hier begegnen wir mit Erschütterung dem Bild eines Wesens, das in absoluter Einsamkeit steht und an diesem ganzen Geschehen am tiefsten und im Innersten leiden muß: »Denn dem Menschen hilft der Mensch, hilft selbst Gott; dem Urwesen aber in seiner schrecklichen Einsamkeit kann nichts helfen; es muß diesen chaotischen Zustand allein und für sich durchkämpfen« (WA I, 77). Dem äußeren Chaos entsprechend, »brütet das in diesem Widerstreit existirende Wesen wie in schweren, aus der Vergangenheit aufsteigenden Träumen: bald aber mit wachsendem Streit ziehen wilde Phantasien durch sein Inneres, in denen es alle Schrecknisse seines eignen Wesens empfindet« (WA I, 74). Das Urwesen hat nun selber Angst (Ebd.), aber im Unterschied zu der Angst des sich in sich zurückziehenden Willens, ist diese Angst nicht die vor dem Auslöschen des Daseins, sondern die schrecklichste Angst von allen, die vor dem eigenen, aber von einem fremden, nicht faßbaren Willen hervorgerufenen, Sein. Dieses Sein ist durch die Möglichkeit seiner ewigen Wiederkehr schrecklich geworden.[115] Es ist ein Sein, aus dem nie hinausgekommen werden kann.

In Gott selbst brennt das ewige Feuer der Hölle. Dies ist der Gedanke, an dem Schelling letztlich gescheitert ist, denn die Unmöglichkeit der Herausarbeitung jener zukünftigen Epoche, in der alle Gegensätze versöhnt werden, hängt unmittelbar mit dem schrecklichen Ernst dieses allertiefsten Anfangs zusammen: Eine endgültige Erlösung gibt es nicht, wird es nie geben; selbst Gott muß immer wieder in dieses Feuer hineintreten, um von ihm seine weltbildende Kraft zu empfangen. Die Unausweichlichkeit des ewigen Anfangs zeigt sich also am deutlichsten gerade im Scheitern der »Weltalter«; dieses Scheitern entspricht einerseits der Offenheit, andrerseits der Unüberwindbarkeit des Seins.

In den Augenblicken, wo die ursprüngliche Lauterkeit im Blitz aufgeht, versucht der sich zusammenziehende Wille, sie zu fassen und sich zu eigen zu machen, »um dadurch frey schaffender und bewußter Wille zu werden«; dies kann er aber nicht, denn die lautere Freiheit ist »ein unfaßlicher, übermächtiger Geist.« Der zerrissene Wille

115 Zum Thema der ewigen Wiederkehr in Schellings »Weltaltern« siehe Karl Löwith, Nietzsches Philosophie der ewigen Wiederkehr des Gleichen, Hamburg 1978^3, S. 150-54.

erwacht aus seinem bewußtlosen, materiellen Zustand ins Bewußtsein, aber erreicht dabei keine Besonnenheit. Im wilden Taumel lebend, verkörpert er wegen seiner Zerrissenheit den »göttlichen Wahnsinn« (WA I, 75f.). Frei und besonnen will er sein, kann er aber nicht. Er befindet sich in einem »Trunkenheit ähnlichen Zustand«, ist also vom »Wahnsinn« getrieben. »Nicht umsonst wird der Wagen des Dionysos von Löwen, Panthern, Tigern gezogen; denn es war dieser wilde Taumel von Begeisterung, in welchem die Natur über dem innern Anblick des Wesens geräth, den der uralte Naturdienst ahndender Völker in den trunkenen Festen bacchischer Orgien gefeyert. Wogegen jenes wie wahnsinnig in sich laufende Rad der anfänglichen Natur und die mächtigen furchtbaren Kräfte des Umtriebs in anderem schrecklichen Gepränge uralter götterdienstlicher Gebräuche durch besinnungslose, rasende Tänze, durch den erschütternden Zug der Mutter aller Dinge auf dem Wagen mit ehernen Rädern, begleitet von dem Getöse einer rauhen, theils betäubenden theils zerreißenden Musik abgebildet wurde.« Von Musik begleitet, schreibt Schelling, »weil die Tonkunst allein ein Bild jener uranfänglichen Natur und ihrer Bewegung« sein kann, »wie denn auch ihr ganzes Wesen im Umlauf besteht, da sie von einem Grundton ausgehend, durch noch so viele Auschweifungen zuletzt immer in den Anfang zurückkehrt« (WA I, 76f.). Dionysos ist der Gott des ewigen Anfangs, der Gott, der von dem wilden, aus dem tiefen Grunde der Natur gewachsenen Leben getragen ist; der selber von den Bewegungen dieser Natur geblendet und sogar auseinandergerissen wird, um aber dort, wo der Eigenwille auf die Grenze seiner Macht stößt, siegreich zurückzukehren. Mit ihm haben wir den Ausgangspunkt der Bewegung von der Natur Gottes zu dessen geschichtlicher Offenbarung gefunden.

4. Bevor wir zu einer Darstellung dieser Offenbarung fortschreiten, bemerken wir noch folgendes, was das in der Zeit der Vollendung der Metaphysik im deutschen Idealismus so rätselfhaft erscheinende Scheitern des geplanten Hauptwerks Schellings betrifft. Diesen Blick auf das Ungeheure des inneren Wesens, die zum Wahnsinn führende Unausweichlichkeit des ewig zurückkehrenden Anfangs, finden wir in dieser Prägnanz nur in der ersten Fassung der »Weltalter«. Wie Manfred Schröter in seiner Einleitung zu den von ihm herausgegebenen »Weltalter Fragmenten« (WA, XLIf.) richtig hervorhebt, trägt »durch das Fehlen der Partie S. 72-77 in Druck I der Druck II ein viel positiveres, bejahendes Gepräge ... Der schmerzliche dunkle Schatten von Druck I tritt hier zurück, die Lösung des höchsten Widerspruchs wird hier schon, wenn auch nur abstrakt begrifflich, im Gesetz jener Verhältnislehre selbst gegeben und

diese positive Tönung ist damit auf Druck III übergegangen.«[116] Dabei ist auch wichtig, daß die ausführliche *Zeitanalyse* im ersten Druck, auf die wir im folgenden Abschnitt eingehen werden und die, im Grunde gefaßt, die Möglichkeit eines abgeschlossenen Systems ausschließt, in den späteren Drucken durch die *Urbilderlehre* ersetzt wird. Die Beschreibung des unablässigen Hervorgehens der Zeiten aus dem brennenden Urquell wird durch die viel bequemere Vorstellung ersetzt, nach der noch vor der Weltschöpfung die Möglichkeiten der Seinsgestalten dem Geist vorgeschwebt sind, so daß Gott vermutlich nur auf die Schöpfung einging, nachdem das Seiende gesichert war (WA II, 86-106 u. 8, 280-300). Die Entscheidung zur Schöpfung wird dennoch als eine blitzartige, unvordenkliche Tat dargestellt – und nicht als das Resultat eines innergöttlichen Ratschlusses (WA II, 125). Das Entstehen der Urbilder ist kein bewußtes Planen und Entwerfen. Denn sie gehen dynamisch aus dem von Gott unabhängigen Grund hervor, wie die Bilder, die in der menschlichen Traumtätigkeit erzeugt sind (WA II, 93-99). Ihre Verwirklichung in der Schöpfung erfolgt aus einer urplötzlichen Entscheidung, die dennoch »das einzige Rettende« tut (WA II, 125). Der Unterschied zum ersten Druck liegt darin, daß nun eine »absolute Freiheit« geschildert wird, die der Notwendigkeit der Natur entgegensteht, während im ersten Druck selbst die Freiheit Gottes von der Notwendigkeit seiner Natur her, und zwar als ihre augenblickliche Überwindung durch die Erschließung der *übergöttlichen* Lauterkeit, gedacht wird. Darin zeigt sich Schellings Denken in seiner größten Anfänglichkeit.

116 Es ist aber zu bemerken, daß im dritten Druck viele der hier angeführten Stellen wieder aufgenommen werden. Dies bezeichnet die Bewegung des *ganzen* Schellingschen Philosophierens, daß er immer wieder auf das, von dem er ausgetreten ist, zurückkehren will.

(C) Die geschichtlichen Epochen von Vater, Sohn und Geist

1. Systematisch betrachtet ist das Hauptergebnis des ersten Teils der »Weltalter« die relative Priorität des Realismus in einem System, das – weil von der ursprünglichen »Lauterkeit« des »Ungrunds« ausgehend – weder Realismus noch Idealismus, sondern ein System der »Indifferenz« beider ist. Das reale Prinzip behauptet sich stark gegen dieses Urwesen. Dies kann in seiner wesenhaften Lauterkeit nicht als beschränkt gedacht werden, wohl aber in seiner Erscheinung, die immer notwendig eine *geschichtliche* ist.

Das Rätselhafte daran muß erkannt werden. Der Grund der Erschließung und Offenbarung des Urwesens ist ein der Offenbarung widerstrebendes Prinzip: »Ohne dieses dem Denken widerstrebende Princip wäre die Welt vielleicht wirklich schon in Nichts aufgelöst ... Es muß in dem ersten Existirenden ein der Offenbarung widerstrebendes Princip seyn. Denn wenn eine Kraft ist, welche die Offenbarung bewirkt, muß es nicht auch eine Kraft seyn, die ihr entgegenwirkt, und läßt sich eine ganz unthätige Indifferenz gedenken?« (WA, I, 94). Dieses sich verschließende Prinzip, dessen Scheidung und Entfaltung die uns erscheinende Natur ist, ist von dem Urwesen insofern unabhängig, als der Wille zur Verneinung und Verschließung, die Kraft des Anfangs, der Offenheit des Urwesens widerspricht. Es geht nicht, wie z.B. bei Fichte, um das freiwillige Sich-Beschränken des Absoluten, sondern um eine Macht, die dem Absoluten entgegentritt, und es in das Leben hineinzieht. Auch im Hinblick auf das Absolute hat Schelling geschrieben: »Alles Leben aber hat ein *Schicksal*« (7, 403).

Weil die Entfaltung dieses unabhängigen, den Grund aller *Geschichte* ausmachenden Prinzips uns als die Natur erscheint, ist Schellings Idee der »Natur in Gott« auch wörtlich zu verstehen: »Wir verwerfen nicht nur die gewöhnliche Meynung, nach welcher die anziehende und die ausbreitende Urkraft, die Elemente des Feuers und des Wassers, die Kraft des Blitzes und die Sanftmuth des Lichtes, erst mit dieser äußerlich sichtbaren Welt entstanden seyn sollen, wir nehmen auch an, daß diese Kräfte in dem Urwesen, das der Welt voranging, nicht ohne Wirkung gewesen, und die Ausdrücke, deren wir uns in dieser Beziehung gebrauchen, sind darum nicht, wie manche sich vorgestellt, uneigentlich sondern eigentlich verstanden« (WA I, 83). In der Geschichte treten die Götter immer zuerst als Naturmächte hervor. Auch der Gott des alten Testaments erscheint zuerst als ein zorniger Naturgott, denn die Natur liegt nicht außerhalb von Gott, sondern in ihm – auch wenn sie mit ihm überhaupt nicht gleichzusetzen ist. Sie ist der Grund, aus dem heraus er zur Existenz gelangt.

In der positiven Philosophie der Spätzeit geht es vor allem gerade um die geschichtliche Erscheinung Gottes aus dem dunklen Grund einer durch die Schöpfung außer Gott gesetzten und durch den Sündenfall von ihm absolut getrennten Natur. Nicht der Wille sondern der »Unwille« Gottes klärt sich im mythologischen Prozeß auf, bis der in ihm als in einem Keim verborgenen Gott in der Geschichte auftreten kann. Dieser zeigt seine Gottheit dadurch, daß er seinen besonderen Willen sterben läßt und den Weg zur Offenheit Gottes wieder zugänglich macht. Für Schellings Trinitätsspekulation ist die Idee der ursprünglichen *Unabhängigkeit* des Sohns dem Vater gegenüber ausschlaggebend. Es ist diese Unabhängigkeit, die die *epochale* Geschichtskonzeption ermöglicht, an der man den Unterschied Schellings von Fichte und Hegel deutlich sehen kann. Der Sohn ist nicht das »Wort« Gottes im Sinne eines göttlichen Entwurfs, durch den, wie nach Fichte, die Welt gesetzt wird; er ist vielmehr ein von Gott unabhängiges Wesen, das erst geschichtlich zur Gottheit wächst (14, 101-104).

Im folgenden orientieren wir uns an Schellings Dreieinigkeitslehre und an der mit ihr zusammenhängenden Geschichtsphilosophie. Um aber deutlich zu machen, daß, indem sie aus der Erfahrung der Endlichkeit der menschlichen Freiheit entworfen wurde, Schellings Dreieinigkeitslehre nicht eine bloß spekulative Idee darstellt, werden wir den in diesem Kapitel bisher verfolgten Weg insofern wiederholen, als wir zuerst die Zusammengehörigkeit der Freiheit mit der *Zeitlichkeit* der menschlichen Erfahrung erörtern. Weil es die Freiheit ist, die der weiteren, entscheidenden Zusammengehörigkeit des Menschen mit dem Absoluten zu Grunde liegt, können wir durch ihre Klärung zur Beschreibung des voll entfalteten göttlichen Wesens gelangen. Die Freiheit ermöglicht eine Scheidung des Menschen von den Gegenständen seiner Erfahrung und von sich selbst, eine Scheidung, die ihn in eine Beziehung zu dem bringt, was das Seiende ist. Diese Beziehung wird in der menschlichen Sprache entfaltet und zeigt sich als das freie Verhältnis zur Welt, dessen Wandlungen den Grundzug der *Geschichte* kennzeichnen. Die Wesensmerkmale der geschichtlichen Freiheit versuchen wir nun darzulegen, anhand einer Beschreibung ihrer Entfaltung erstens im einzelnen Menschen, zweitens in der menschlichen Gesellschaft und drittens in Gott als Prinzip der Welterschließung überhaupt.

2. Die Priorität des Realen in den »Weltaltern« kann auch anders aufgefaßt werden. Die Erörterung des ersten Teils des Werks wurde im Hinblick auf den griechischen Gott Dionysos geschrieben. Dabei soll nicht allein oder in erster Linie an Dionysos als den leidenden Gott gedacht werden. Dessen Erhebung zum Himmel würde der Übergang von dem ersten zum zweiten, ungeschriebenen Buch der »Weltalter« beschreiben, indem durch die Schöpfung das leidende Moment zur Vergangenheit gebracht wird. Hier ist die Rede von einer »ewigen Vergangenheit«, von

einer Epoche, die nie wieder in die Gegenwart einbrechen wird (8, 254-64). Gott ist also in »beständiger Erhebung.« Als »ewige Gegenwart« wird er nie wieder in das brennende Feuer seines Grundes zurückfallen (8, 260f.).

Und dennoch kennt die Welt auch nach der Schöpfung eine Vergangenheit. Der Bezug zum dunklen Grund ist, wie wir oben gesehen haben, die Vorraussetzung der menschlichen Freiheit als Freiheit zum Guten *und* zum Bösen. Die *Möglichkeit* einer Durchdringung von Vergangenheit und Gegenwart ist das Spezifische der menschlichen Freiheit, auch wenn der Vollzug der wahren Freiheit das Auseinanderhalten von Vergangenheit und Gegenwart ist. Wenn durch die Schöpfung Gott sich zur vollkommenen Anwesenheit und Freiheit erhebt, schließt er dabei die Möglichkeit einer Rückkehr ins Vergängliche nicht aus. Die Offenheit des göttlichen Wesens fordert eben nichts so sehr als das Aufrechterhalten dieser Möglichkeit.

Es mag wohl sein, daß in der Schöpfung die Scheidung der Zeiten vollzogen, so daß das göttliche Wesen zur absoluten Anwesenheit erhoben wurde. Der Beweis aber, daß eine solche Absolutheit nur auf durchdrängender *Bestimmung* und d.h. *Endlichkeit* beruht, liegt gerade darin, daß der Ort der Realisierung dieser Anwesenheit, das Bewußtsein des Menschen, der Möglichkeit des Falls ausgesetzt wird. Der Abfall des Menschen von der absoluten Anwesenheit bedeutet nichts Geringeres als das Zurücksinken der Schöpfung in die Vergangenheit. Mit diesem Ereignis fing eine neue Epoche der kosmischen Geschichte an. Ohne zu eilig auf diese einzugehen, überlegen wir uns, was es mit der menschlichen Freiheit auf sich hat.

Schellings Antwort ist durch Entgegensetzung zu Kant gewonnen, d.h. zuerst, daß die Zeit etwas Reales ist. »Wie oft verlangt oder erfleht menschliche Ungeduld einen beschleunigten Gang der Weltentwickelung, indeß der allein Weise zögert, und die Welt das ganze Maß der Schmerzen tragen läßt, ehe die versöhnende Geburt erfolgt! Lange Zeitalter hindurch fühlen ganze Völker sich unwohl und kraftlos, ihr Schicksal zu ändern, in eine bessere Zeit durchzubrechen. Was hindert sie, wenn die Zeit für den Menschen nur eine innere Form ist, die selbstgesetzte Schranke aufzuheben und so wie mit Einem Zauberschlag in die glücklichere Zeit durchzudringen?« (WA I, 153). Kant oder Fichte könnten natürlich diese reale, unaufhebbare Seite der Zeit (ihre Trägheit, ihre Tendenz, an der Vergangenheit zu haften) durch die Trennung zwischen dem empirischen und dem transzendentalen Ich erklären. Es ging also um eine transzendentale Idealität, die von keinem bloß empirischen Willen erreicht werden kann. Schelling aber, indem er selbst dem Absoluten ein Schicksal zuschreibt (dessen Darstellung die »Erzählung« der »Weltalter« ausmacht), will weiter gehen: Die transzendentale Dimension ist die Zeit selbst. Es gibt also nichts, das außerhalb der Zeit liegen kann, außer jener allerhöchsten »Lauterkeit«, die Schelling als ein »Nichts« bezeichnete.

Kehren wir zum Text zurück. »Was erhält Jahrhunderte hindurch, trotz aller gegenwirkenden Belehrung, gewisse Ansichten, Meynungen oder Maximen selbst nach den verderblichsten Folgen bey Ansehen, da nichts leichter scheinen sollte, als durch Erfahrungen gewitzigt sie zu ändern? Was läßt lange Zeiten hindurch gewisse Eigenschaften, Talente oder Bestrebungen des Geistes todteähnlich schlummern, bis sie, wie durch einen plötzlichen Frühling geweckt, aus diesem Winterschlaf erwachen und nun nicht einzeln, sondern wie Knospen und Blüthen an Bäumen, Hecken und Stauden, von allen Seiten, geschaart und in Masse hervorbrechen? Diese Fragen, welche nur die nächsten sind, indeß dem aufmerksamen Betrachter viel auffallendere der Art überall entgegen kommen, beweisen allein schon, daß *alles seine Zeit hat*, daß die Zeit nicht ein äußeres wildes, unorganisches, sondern ein inneres im Ganzen wie im kleinen immer ganzes und und organisches Princip ist« (Hrvg.v.Vf. – WA I, 153f.)

Die Zeit muß man zu allererst als eine den Dingen nicht äußerlich anhaftende Form sehen. Sie liegt nicht außerhalb der Dinge, weder als objektiver Fluß noch im Sinne Kants, wobei die Zeit, gerade weil sie eine Form der inneren Anschauung ist, außerhalb der Dinge liegt: »Kein Ding hat eine äußre Zeit, sondern jedes nur eine innre, eigne, ihm eingeborne und inwohnende Zeit. Der Fehler des Kantianismus in Bezug auf die Zeit besteht darinn, daß er diese *allgemeine* Subjektivität der Zeit nicht erkennt, daher er ihr die beschränkte gibt, wodurch sie zu einer bloßen Form unserer Vorstellungen wird. Kein Ding entsteht in der Zeit, sondern *in* jedem Ding entsteht die Zeit auf's Neue und unmittelbar aus der Ewigkeit, und ist gleich nicht von jedem zu sagen, es sey im Anfang der Zeit, so ist doch der Anfang der Zeit in jedem, und zwar in jedem gleich ewiger Anfang« (WA I, 143). Jedes Seiende als Seiendes trägt in sich den Zwiespalt von Anwesenheit und Abwesenheit, einen Zwiespalt, der tief hineingreift, den einen Teil von dem anderen trennend, damit alles in der Gestalt des Seienden aufgehen kann.[117]

Die geläufige, lineare Vorstellung der Zeit entsteht, wenn der Mensch in einem Prozeß gefangen wird, von dem er sich nicht scheiden kann oder will. Die lineare Zeit erscheint als eine Reihe von Jetztpunkten, wobei jeder Moment dem anderen gleichkommt. Eine solche Zeit kann man von dem ganz abstrahieren, was sich in ihr abspielt. Eine solche Zeit ist leer. Von ihr könnte man wohl sagen, daß es nichts Neues unter der Sonne gibt. Dies kann man nach W. Wieland die uneigentliche Zeit nennen,

117 Zur Zeitlehre Schellings siehe die Dissertation von Habermas, a.a.O., S. 330-43 und W. Wieland, Schellings Lehre von der Zeit, Heidelberg 1956. Beide Untersuchungen stützen sich auf die Philosophie Heideggers und treffen das Wesentliche an Schellings Zeitlehre in den »Weltaltern«

indem das Wesentliche der wahren Zeit, das Auseinandertreten von Vergangenheit, Gegenwart und Zukunft, in ihr nicht zum Vorschein kommt. Diese uneigentliche Zeit ist der Grundzug des mechanischen Weltbildes: »Wäre die Welt ... eine rück- und vorwärts ins Endlose auslaufende Kette von Ursachen und Wirkungen; so gäbe es im eigentlichen Verstande weder eine Vergangenheit noch eine Zukunft« (WA I, 20).

Diese Uneigentlichkeit beschreibt eine mögliche Weise des menschlichen Daseins: »Wie wenige kennen eigentliche Vergangenheit! Ohne kräftige, durch Scheidung von sich selbst entstandene, Gegenwart gibt es keine. Der Mensch, der sich seiner Vergangenheit nicht entgegenzusetzen fähig ist, hat keine, oder vielmehr er kommt nie aus ihr heraus, lebt beständig in ihr« (WA I, 20). Wahre Zeitlichkeit zeigt sich, wo der Mensch die notwendige, epochestiftende Scheidung der Zeit zuläßt, wo er ihr entspricht und in seiner Entsprechung zur *Entscheidung* kommt. Diese Entscheidung ist jener Handlung absolut entgegengesetzt, die aufgrund der Vergegenständlichung einer vergangenen Entwicklung die Zukunft in diese Entwicklung einzuholen versucht, um sie zu sichern oder sie faßbar zu machen. Die wahre Entscheidung hat nicht die Struktur eines planenden Aufbaus auf dem Vergangenen. Sie steht offen für die Wendungen der Zeit selbst. Wenn ihre Zeit kommt, kommt auch immer ganz plötzlich die Entscheidung. Keine Regeln können sie leiten, denn solche Regeln sind immer von dem Vergangenen hergeleitet. Von der wahren Entscheidung gilt: »Wer es erhalten will, der wird es verlieren, und wer es aufgibt, der wird es finden« (9, 217), d.h. die wahre Entscheidung besteht nicht darin, daß etwas von dem Wunsch des Ich bestimmt wird. Sie ist vielmehr erst dort möglich, wo das Ich, wenn die Zeit dafür kommt, seine besonderen Ziele und Pläne aufgibt, oder mehr, wo das Ich in sich sterben kann, um in einer neuen, einmaligen Gegenwart geboren zu werden.

Die eigentliche Zeitlichkeit spiegelt nichts anderes wider als die Einmaligkeit dieser Gegenwart, eine Einmaligkeit, die sich durch Abgrenzung von der Vergangenheit und der Zukunft zeigt. Es ist diese radikale Jeweiligkeit der Zeit, die es Schelling erlaubt, die Zeit mit der Jeweiligkeit des jeweiligen Seienden zusammenzubringen: So hat jedes Ding »seine Zeit in sich selbst« (WA I, 142), so hat »alles *seine* Zeit« (WA I, 154). Gegenüber der Abstraktion der uneigentlichen Zeit hat die eigentliche Zeit eine überschwengliche Fülle. Um in der wahren Zeitlichkeit zu leben, muß der Mensch diese Fülle aushalten können. Um sie auszuhalten, muß er in ihr aufgehen. Er darf nicht sein Wesen gegen sie beharren lassen, sondern muß sein Wesen als das Aufgehen in der Fülle, d.h. als die wahre Zeitlichkeit selbst, immer neu entdecken. Dies kann er, insofern etwas in ihm immer stirbt. »Kein Leben«, schreibt Schelling, »ist ohne gleichzeitiges Sterben« (8, 260).

Wahre Gegenwart kann also vom Vergangenen nicht abgeleitet werden. Wir erfahren sie nur aus jener Offenheit, die für *alles* bereit ist, was auf uns zukommen mag. Gegenwart ist nie etwas, das wir besitzen können; wenn wir sie fassen, ist sie immer schon vergangen. Gegenwartserfahrung ist zugleich Zukunftserfahrung, denn Zukunft, so könnte man sagen, ist gerade die Offenheit, aus der die Gegenwart als stets einmalige Gegenwart entspringt. So eröffnet sich durch die Scheidung von der Vergangenheit nicht Gegenwart allein, sondern auch die Zukunft: »Wohltätig und förderlich ist dem Mensch das Bewußtsein, etwas wie man sagt hinter sich gebracht, d.h. als Vergangenheit gesetzt zu haben; heiter wird ihm nur dadurch die Zukunft und leicht, nur unter dieser Bedingung, auch etwas vor sich zu bringen« (WA II, 23). Die Scheidung von der Vergangenheit bringt uns zum neuen Anfang, der immer auf die Zukunft gerichtet ist.

Das Vergangene kann *gewußt* und d.h. im gewissen Sinne erledigt werden, während das Zukünftige eine so offene Struktur hat, daß ihre Einbeziehung in das Wissen zur »Verstummung der Wissenschaft« führen muß. Weil das Vergangene auch in Bezug auf die Zukunft immer uminterpretiert werden muß, bedeutet die Offenheit der Zukunft die Möglichkeit einer Neubelebung der Vergangenheit, die darum in die Gegenwart eingreifen kann, um erst durch mühevolle Auseinandersetzung von ihr wieder geschieden zu werden. Die volle Kraft der Zukunft ruht nun in ihrer höchsten Möglichkeit, des Auflösens durch den Tod jeder gegebenen Gestalt.[118] Das Freiwerden von einer Gestalt, die Scheidung von der Vergangenheit, die die jeweilige Gegenwart eröffnet, ist das stets mögliche Geschenk des Todes an das Leben. Der Mensch kann frei sein, indem er sterben kann. Er kann sich in einem freien Wesen bewegen, indem er sich von jeder besonderen Form des Wissens freihält, d.h. indem er zum »nicht-wissenden« Wissen gelangt. Dies besagt letztlich die Einsicht in die Endlichkeit und Jeweiligkeit jeder besonderen Weise des Lebens oder des Wissens. Das befreiende Wissen ist zugleich ein tragisches Wissen.

Und dennoch ist das höchste Wissen nicht nur negativ aufzufassen. Schellings Gedanken über den »sterbenden Gott« sind immer im Hinblick auf den »kommenden Gott« gefaßt. Der kommende Gott ist der Gott der Liebe. Was immer sterben muß, d.h. was zur Vergangenheit werden muß, ist das Für-sich-Sein der Selbstheit. Dieses Sterben ist zugleich eine Eröffnung, eine Lichtung, in der das einmalig Neue zur Erscheinung kommen kann. Die Selbstüberwindung um des anderen willen ist die Liebe. »Alles, was noch in der Ungeschiedenheit lebt und so weit es noch in ihr lebt, lebt in der Vergangenheit« (WA I, 154). Dieser Ungeschiedenheit entspricht ein Wille, der

---

[118] Siehe Wieland, a.a.O., S. 45-50

Wille, z.B. zur Einordnung der Wirklichkeit in die Einheit des Verstandes, der Wille, über alles zu verfügen, der Wille, den Zugang der Zukunft, als der Geburtsstätte des Neuen und des Überraschenden, zu versperren. Dem, der sich auf diesen Willen versteift, »der sich der Scheidung in sich widersetzt, erscheint die Zeit als strenge, ernste Notwendigkeit. Für die aber, die, in immerwährender Selbstüberwindung begriffen, nicht nach dem sehen, was hinter, sondern was vor ihnen ist, wird ihre Macht unfühlbar. Liebe dringt in die Zukunft, denn nur der Liebe wegen wird die Vergangenheit aufgegeben. Sehnsucht hängt an der Vergangenheit fest, ist Schmachten nach dem ersten Einsseyn und Mangel an thätiger Liebe. Lust ist in der Gegenwart; beyde stört die Zeit, nur der Liebe ist sie befreundet« (WA I, 154).

Mit der Einführung der Liebe ist die Zeitstruktur des menschlichen Daseins durchsichtig geworden. Man könnte sogar sagen, daß die Liebe nichts anderes als die Einsicht ist, »daß alle Dinge nur Früchte ihrer Zeiten, und nur als solche begriffen werden können« (WA I, 158). Daß alle Dinge ihre Zeit haben, heißt, daß alle Dinge ihren Tod in sich tragen. Dieser Tod ist das, wodurch sie sich anderen Dingen einfügen. Dieses Sterbenkönnen, der Zug der Verbergung, der sich durch alle Dinge durchzieht, ist die Bedingung der Offenbarung der Fülle des Seins.

3. Die durch die Schöpfung vollzogene Offenheit des göttlichen Wesens, die göttlcihe Liebe können wir nun sagen, verlangt nichts so sehr, als die Aufrechterhaltung der *Möglichkeit* des Rückgangs in die durch die Schöpfung überwundene Vergangenheit. Die Möglichkeit des Falls, des Sich-Verschließens und der Sichbehauptung des In-Sich-Verschlossenen gegen die Offenheit des göttlichen Willens, ist eine Möglichkeit, deren Zulassung eben das Wesen der göttlichen Liebe ausmacht. Darin besteht der Keim der ganzen Geschichtsphilosophie Schellings, deren Umriß wir nun von der Perspektive der Weltalter- und der Spätphilosophie her kurz zusammenfassen wollen, um aber auf diese Weise deutlich zu machen, daß der eigentliche Sinn der Geschichtsphilosophie Schellings in keinem faßbaren Umriß erschöpft werden kann; er ist allein in der Aufrechterhaltung jener Möglichkeit zu finden, aus der das Neue stets geschehen kann.

Der Anfang der Geschichte ist in einem Sinn die Schöpfung. Diese ist nach den »Weltaltern« nicht creatio ex nihilo, sondern das Aufgehen einer Form aus dem ursprünglichen Chaos heraus, die die Wiederherstellung der ursprünglichen Lauterkeit bedeutet, die aber nun, wegen des Durchgangs durch die Differenz, zur bestimmten Form des Kosmos gekommen ist. Weil diese Wahrheitserschließung, die Offenbarung des ursprünglichen Wesens, nicht ohne Streit – hierin liegt Schellings eigentliche Entdeckung – entstehen kann, ist der Übergang zur gegenwärtigen Welt zugleich die Setzung einer vergangenen Welt, wie wir sie im zweiten Hauptabschnitt dieses Kapitels beschrieben haben. Dort ging es um den Streit zwischen dem offenen Wesen und dem sich zurückziehenden Willen zur Existenz, einen Streit, der vom leidenden Gott (Dionysos) ausgetragen werden muß.

Schellings Zeitanalyse macht die Sache durchsichtiger. Dionysos leidet an der Notwendigkeit, durch die er von einem fremden Willen in die Existenz gezogen wurde. Der Streit mit diesem Willen ergibt das Bild eines ewig sich in sich drehenden Rads. Daß er an dieser ewigen Wiederkehr leidet, heißt, daß er die Zeit außer ihm hat – und zwar eine unendliche Zeit, der er nie entfliehen kann. Die Wiederkehr wird eben als solche nie *absolut* zu überwinden sein. Eine relative Überwindung ist jedoch möglich und macht den Sinn der Schöpfung aus. Der Ausweg, so können wir nun deutlich sehen, liegt gerade in der Zeitlichkeit selbst. Die Schöpfung entspricht jener Scheidung, wodurch im Menschen etwas als *vergangen* gesetzt wird und etwas anderes sich als *gegenwärtig* ereignet. Mit der Gegenwart wird die ins Endlose laufende und unerträgliche Kette der Zeit zur Vergangenheit, d.h. zur relativen Vergangenheit. Es ist das Zeitigen der Zeit selbst, das dies ermöglicht und bewirkt. Dionysos *stirbt* und wird wiedergeboren – aber als das, was er noch nie war. Er ist nicht mehr der, der für den jeweiligen, sich nie wiederholenden Augenblick frei geworden ist. Er läßt die Vergangenheit zur Vergangenheit werden und begegnet der Zukunft in ihrer radikalen Offenheit. Er wird befreit, indem sein notwendiges Sein in die Vergangenheit verschwindet.

Die Schöpfung ist die Augenblickserfahrung Gottes. Man soll sich die Schöpfung nicht vorstellen als etwas, das sich vor diesem Leben in einer weit zurückgelegenen Zeit ereignet hat. Es ist wahr, daß die Zeit erst mit der Schöpfung anfängt, aber es ist nicht der Fall, daß diese einen entfernten ersten Moment der Zeit darstellt, denn jedes Mal, wenn sie die Zeit setzt, setzt die Schöpfung zugleich eine vergangene Zeit. Jeder Akt der Schöpfung setzt dennoch eine vergangene Zeit hinter sich. Der wahre Augenblick hat keine Zeit außer sich, sondern trägt die ganze Zeit in sich (WA I, 143). Daraus ergibt sich die Lösung der metaphysischen Frage nach dem Anfang der Zeit. Der Anfang der Zeit liegt im jeweiligen Augenblick; im Augenblick präsentiert sich Gegenwart durch deren Scheidung von einer Vergangenheit, die gerade als Vergangenheit ins Endlose zurückgeht. Der Anfang der Zeit ist ein *ewiger Anfang*, der in jedem Augenblick liegt, »weil die Zeit in jedem Augenblick ganze Zeit, d.h. Vergangenheit, Gegenwart und Zukunft ist, die nicht von der Vergangenheit, nicht von der Gränze, sondern vom Mittelpunkt anfängt und in jedem Augenblick der Ewigkeit gleich ist. Denn weil jeder Augenblick die *ganze* Zeit ist, so könnte nur gefragt werden

– nicht: wie viel Zeit ist schon verflossen? sondern – : wie viele Zeiten sind schon gewesen?« (I, 145).

Die Vergangenheit wird durch die Schöpfung augenblicksweise überwunden; sie verliert aber nicht ihre ganze Kraft, wie sich dies deutlich im Sündenfall erweist. Mit dem Fall wird die Zeit wieder äußerlich; die Leidensgeschichte des Dionysos muß im menschlichen Bewußtsein wiederholt werden. Um diese Wiederholung zu beschreiben, müßte man – wie Schelling in der Spätphilosophie versucht hat – die ganze Geschichte der Mythologie durchwandern. Die wesentlichen Momente dieser Geschichte wurden aber bereits im Anhang zu den »Weltaltern«, »Über die Gottheiten von Samothrake« (1815), dargelegt. Diese Schrift ist der einzige Teil der »Weltalter«, den Schelling selbst veröffentlicht hat. In ihr wird die Dionysoslehre, Schellings erster Beitrag zur positiven Philosophie im Sinne der Spätzeit, zusammengefaßt. Obgleich sie die Struktur der Potenzenlehre aufzeigt, wurde sie trotzdem nur aus mühevoller philologischer Arbeit gewonnen. Es ist ferner klar, daß nach Schelling sie nur durch eine solche Arbeit hätte entdeckt werden können, insofern die Dionysoslehre eine wirkliche geschichtliche Folge wiedergeben will, während die Potenzenlehre reine Möglichkeiten umfaßt. Der Abfall des Menschen war von vornherein möglich. Dessen Verwirklichung und der daraus entstandene mythologische Prozeß entstammen aber einer unergründlichen Tat.

Diese Tat ist in der Dionysoslehre der Raub der Persephone. Gerade wegen der Unergründbarkeit jener Tat muß ihre Darstellung die Form einer *Erzählung* annehmen. Nachdem die Schöpfung im menschlichen Bewußtsein ihre höchste Klärung erreicht, wird sie der Freiheit dieses Bewußtseins zufolge der Möglichkeit eines Rückfalls in ihren dunklen Grund ausgesetzt. Der Mensch *kann* der Gipfel der Schöpfung sein. Er muß es aber nicht sein. Sein tatsächlicher Rückfall wird durch das Bild des Raubes der Persephone durch Hades, der nach Schelling (im Anschluß an Heraklit) die ursprüngliche Gestalt des Dionysos bedeutet (8, 356), konkret dargestellt. Die Versöhnung der Persephone mit ihrer Mutter Demeter kommt nur durch die Wiederholung des Schöpfungsprozesses im menschlichen Bewußtsein zustande. Die Wiederholung ist notwendig, denn der Mensch kann die chaotische Zeit sowenig aushalten, wie das ursprüngliche leidende Urwesen es konnte. Dionysos muß aus der Unterwelt in die olympische Götterwelt hinaufsteigen. Im ersten Moment des gefallenen Weltalters ist der Mensch einem tierischen, ungebundenen Leben (durch seine eigene Tat) ausgeliefert und kennt Gott nur unter der Form der sich ewig in sich drehenden Himmelssphäre. Den vom Sein befreiten Gott kennt er nicht mehr. Die Herrschaft des realen Prinzips zeigt sich darin, daß, eben als der Aufstieg des Geistes beginnt, dieser eine Zersplitterung erfährt. Der Ort des Geistes ist das Bewußtsein des Menschen. Seine Zersplitterung zeigt sich in der Entstehung verschiedener Kulturen und Sprachen. Eine Vereinheitlichung der Menschheit muß während die Zeit des mythologischen Prozesses ausbleiben. Eine innerkulturelle Einheit wird allerdings bereits in der heidnischen Zeit erreicht. Dies zeigt die Entstehung der olympischen Götterwelt, die in den Mysterien, mit dem Aufstieg des wiedergeborenen, des zweiten Dionysos, zusammengefaßt wird. Persephone und Demeter sind nun zeitweilig versöhnt, warten aber noch auf eine bleibende Versöhnung, die erst mit der Ankunft des Dionysos in seiner dritten Gestalt erreicht werden wird. Diesen dritten Dionysos, mit dessen Ankunft Zeus gestürzt werden wird, kannte das Heidentum nur in den Mysterien, wo er »als *Kind* an der Brust der Demeter gezeigt und vorgestellt wurde« (13, 517). Die Ankunft des dritten Dionysos macht den Übergang vom Heidentum zum Christentum aus.[119]

Diese lange Geschichte faßt Schelling im ersten Druck der »Weltalter« in einigen Sätzen zusammen: »In allen Uransichten der Menschheit, allen Religionen ohne Unterschied, liegt die stille Ahndung jener Folgen von Persönlichkeiten, die nothwendig ist, um den Zustand der entfalteten und zugleich beruhigten Schöpfung zu erklären. Denn so läßt nicht allein die Indische Religion ihren höchsten Gott den zweyten, Brama, erzeugen, durch welchen die in jenem verborgne Welt erst hervorgezogen wird. Auch in der griechischen Fabel folgt der Herrschaft des Uranos, der uranfänglichen himmlischen Wesenheit, die Herrschaft des Kronos, in dessen Natur zwey Vorstellungen verbunden werden, die der ewig gebährenden, ewig verschlingenden Zeit, des unabläßig in sich selbst laufenden Rads der Geburt, und die der goldenen Zeit, welcher zuletzt immer jene Eintracht der Dinge zum Vorbild diente, in welcher sie vor dem Anfang der jetzigen Zeiten zusammenlebten. Denn es bleibt dem Menschen in dem lebhaftesten Gefühl der Entzweyung mit sich und der ganzen Welt noch die Ahndung, einmal im Ganzen und selber mit das Ganze gewesen zu seyn und der Wunsch ist so natürlich, lieber gleich in dieses zurückzugehen, als durch einen langen Kampf wieder dahin zu gelangen. Den Kronos aber verdrängte sein Sohn Zeus, der Herrscher der Gegenwart, dem nur in der Zukunft ein gleiches Schicksal geweissagt ist. Vor Zeus Herrschaft gab es nur wilde, regellose Geburten, nichts Bleibendes und Bestehendes; mit Zeus aber beginnt das Reich der Form, beginnen die bleibenden ruhenden Gestalten. In der andern Beziehung aber, da die Zeiten Saturns als die Zeiten hoher Glückseligkeit betrachtet wurden, mußte dem Realismus der griechischen Reli-

[119] Siehe Manfred Frank, Der kommende Gott, a.a.O. für eine volle Beschreibung der Dionysoslehre Schellings

gion zufolge diese Verdrängung als Gewaltthat vorgestellt und beklagt werden« (WA I, 124f.).

Das in den Mysterien geweissagte Schicksal vom Untergang des Zeus wurde nach Schelling mit der Verbreitung des Christentums erfüllt. Das wahre Verhältnis zwischen dem Sohn und dem Vater wird erst in der christlichen Lehre offenbar. Der Sohn verdrängt den Vater nicht durch eine Gewalttat, sondern erhebt ihn zur Gottheit durch seine Hingabe an ihn. Durch Leben und Tod Christi wurde die (noch nicht vollzogene) Möglichkeit einer letzten Versöhnung zwischen Gott und Mensch gegeben. Die Einheit der Menschheit mit Gott würde das noch ausstehende friedliche Zusammenleben der verschiedenen menschlichen Kulturen heißen, was allerdings nicht die Aufhebung der Spannung zwischen den Kulturen bedeuten würde, da ein dreifaltiges Spannungsverhältnis die Lebendigkeit Gottes selber ausmacht. Schellings Spätphilosophie ist der Ausarbeitung jener philosophischen (allgemein verständlichen) Religion gewidmet, die dieses spannungsvolle und doch friedliche Zusammenleben ermöglichen würde. Man findet auch den Entwurf dieser Philosophie bereits in den »Weltaltern«.

Die Gestalt Christi beweist die Möglichkeit einer vollkommenen Versöhnung von Gott und Mensch besonders darin, daß Christus selbst als Mensch geboren wurde. Was in der Mythologie noch Fabel war, wird mit Christus zur Wahrheit: Er erscheint in der Geschichte, und zwar in einer bestimmten Zeit und an einem bestimmten Ort (14, 173 u. 229). Als Gott ist Christus der Menschensohn. Schon seine Geburt zeigt seine innere Bestimmung. In seinen bisherigen Gestalten als Dionysos war er immer ein Gott, der sich gegen andere Götter behaupten mußte. Nun aber verzichtet er auf seine »außergöttliche Gottheit« und wird gerade dadurch das, was der Mensch ursprünglich war, Ort der göttlichen Offenbarung. Dieser Bestimmung bleibt er bis zu ihrer letzten Konsequenz treu, indem er sein außergöttliches, natürliches Sein sterben läßt und Platz für die Ankunft des Geistes schafft.

Ursprünglich ist Christus die Gestalt, in der die Schöpfung vollendet wird. Als solche ist er fast untrennbar vom Urmenschen, d.h. bis dieser in das Chaos hineinstürzt. Christus als das »Gott-Setzende« im Menschen wurde vom Menschen getrennt und erst durch den mythologischen Prozeß (das vorchristliche Leben Christi selber) mit ihm wieder versöhnt. Die Sündentat des Menschen hat ihn auseinandergerissen und in ein tiefes, langes Leiden gestürzt. Statt aber den Menschen (seinen »Feind« – 14, 81) zu hassen, wie zu erwarten wäre, liebt er ihn. Obgleich Christus selbst völlig unschuldig ist, nimmt er die menschliche Schuld auf sich und eröffnet durch seinen Tod die Möglichkeit einer Rückkehr des Menschen zur Unschuld. Dies bezeugt eine Liebe, »die bei weitem größer ist als jene Liebe, die den Schöpfer zur Schöpfung bewogen, ein

Wunder, von dem wir nur sagen können: in Wahrheit, es *ist so* – das wir aber nach keinen menschlichen Begriffen hätten erwarten oder voraussehen können ...« (14, 197). Durch sein Leben, seine Entscheidung, auf den eigenen Willen zu verzichten und nur dem Willen des verborgenen Vaters zu folgen, und vor allem durch seinen Tod zeigt Christus die höchste Möglichkeit des Menschseins, die darin besteht, Hirte statt Herr des Seins zu sein. Nur durch die Überwindung des Herrschaftswillens wird die Möglichkeit einer Versöhnung des Menschen mit dem Mitmenschen, mit der Natur und mit Gott gegeben. Ob diese Möglichkeit nun verwirklicht wird, ist der Entscheidung des Menschen überlassen.

Die Entfaltung auf diese Zeit der geschichtlichen Entscheidung hin beschreibt Schelling in seiner Spätphilosophie anhand der Aufeinanderfolge von drei Kirchen, wobei allein in der noch zu kommenden Kirche von Johannes der Vollzug des wahren Christentums erreicht wird. Die katholische Kirche (die Kirche von Petrus) verkörpert zwar Universalität, aber eine falsche Universalität, die durch Machtverhältnisse und dogmatische Versteifung und nicht durch christliche Liebe gewonnen wird. Sie ist die notwendige Grundlage der zukünftigen Kirche. Die protestantische Kirche (die Kirche von Paulus) überwindet das Prinzip einer äußerlichen, ausschließlichen Autorität, befreit das Individuum für eine unmittelbare christliche Erfahrung, aber sie löst sich eben darum in verschiedene Kirchen auf, ohne die Einheit wahrer christlicher Gemeinschaft zu finden. Der von der Kirche gesicherten politischen Einheit des Mittelalters folgt die Zeit des religiösen und politischen Streits nach. In diesem Zeitalter des Streits stehen wir noch; die Möglichkeit besteht jedoch, in eine dritte christliche Epoche hinüberzugehen, die Schelling anhand der Kirche von Johannes darstellt. Diese wäre eigentlich der Vollzug der ganzen Geschichte, eine höhere Einheit, die nicht durch dogmatische Ausschließlichkeit und Herrschaft zu erreichen wäre, sondern durch Liebe, die wechselseitige Anerkennung der eigenen Endlichkeit, die Bejahung also der Individualität des anderen. In diesem Vollzug der Geschichte erblickt man leicht das Wiederherstellen ihres Anfangs, indem das dort entfaltete Prinzip das Lassen der Differenz ist.

Wenn man von Schellings Lehre der Zeit ausgeht, dann wird es klar, daß man seine Beschreibung der Zukunft falsch versteht, wenn die Zukunft als ein schon geschlossenes Ziel gedeutet wird, dem die Geschichte in einer festen Richtung zustrebt. Von hier aus läßt sich das Scheitern der »Weltalter« leicht verstehen. Ihr letztes Buch hätte die Zukunft (was nur »geahnt« werden kann) zum Gegenstand gehabt, aber eben dies ist unmöglich. Die Ekstase der Zeit selbst widerspricht dem Abschluß des Systems.

Man könnte darum die Spätphilosophie als einen Rückfall in ein nicht ekstatisches, vergegenständlichtes Denken bezeichnen, aber dadurch würde m.E. ihre eigentliche Bedeutung verfälscht. Diese besteht darin, durch die Erzeugung eines Bildes der Zukunft jene erwartungsvolle Offenheit in uns vorzubereiten, aus der es allein möglich wäre, dem kommenden Augenblick als dem Anfang der Zeit zu begegnen. Das Christliche daran ist so wenig etwas Ausschließliches wie die Person Christi selber, die nach Schelling das zum Judentum gekommene Prinzip des Heidentums darstellt. Die wahrhaft allgemeine Kirche wird nicht auf der Verallgemeinerung einer besonderen Gestalt beruhen, sondern auf der Befreiung von jeder Gestalt, einer Befreiung, die zugleich die Offenheit *für* jede Gestalt bedeutet. Um zum höheren Leben zu gelangen, muß auch die christliche Kirche, d.h. in ihrer Besonderheit und Ausschließlichkeit, zuerst sterben.

Die zukünftige Kirche soll die Menschheit zur Einheit bringen, aber ohne die Verschiedenheit der Kulturen aufzuheben. Sie soll also nicht die Einheit so herstellen, daß sie die Menschen in eine Form hineinzwingt, sondern vielmehr so, daß sie durch Liebe die Menschen ihre jeweilige Wege gehen läßt. Dies ist die Umkehrung dessen, was die Menschheit erst getrennt hat, nach Schelling die Sprachverwirrung, die er in der »Philosophie der Mythologie« anhand der Geschichte des Turms von Babel erläutert (11, 94-118). Als die Menschen ihre zukünftige Zerstreuung geahnt haben, haben sie aus Angst versucht, ihre Einheit durch den Bau von Städten und Monumenten zu erhalten. Aber gerade deswegen haben sie ihre Einheit verloren. Es begann nach Schelling die Absonderung (11, 117), deren innere Geschichte die Geschichte des Polytheismus und der Entstehung verschiedener Sprachen ist. Die mögliche Umkehrung von Babel und Wiederherstellung der Einheit wird im neuen Testament durch das »Wunder des Pfingstfestes« angedeutet, »die Gabe der Sprache, die ... die Wirkung hatte, daß Menschen von verschieden redenden, durch Sprachen zertrennten Völkerschaften jeder dieselbe Rede in seiner Sprache zu hören glaubte« (13, 524).

Es geht also um eine Einheit, die Verschiedenheit bewahrt und sogar fördert. Eine Sprachgemeinschaft soll irgendwie entstehen, die verschiedene Sprachkreise zusammenbindet, ohne daß man die jeweilig eigene Sprache aufgeben muß. Eine solche organische Einheit bildet das Zentrum der ganzen Philosophie Schellings. Den höchsten Ausdruck dieser Einheit findet man in seiner Dreieinigkeitslehre, die wir nun in ihren Grundzügen wiedergeben wollen. Allein eine allgemein erkannte Offenbarung solcher Einheit könnte die Menschheit so zusammenbringen, daß die Menschen gerade in ihren Differenzen die Bedingung ihres Eingefügtseins in eine höhere, übermenschliche Einheit erkennen könnten (WA I, 168f.). Die ekstatische Offenheit der ganzen Menschheit scheint natürlich unmöglich zu sein. Eine solche Offenheit wäre allein durch das möglich, was über jedem einzelnen steht. Dies zu erschließen ist das höchste Ziel der Philosophie.

4. Schellings Dreieinigkeitslehre steht in der Tradition von Joachim von Fiori, den er auch nennt (14, 69 u. 72). Weil sie die gegenseitige *Unabhängigkeit* der drei göttlichen Gestalten hervorhebt, ist sie vielleicht besser eine Dreifaltigkeitslehre zu nennen. Auf jeden Fall ist sie im Grunde genommen Geschichtsphilosophie, wie von unserer Darstellung der drei Kirchen her einleuchtend sein wird. Schelling findet die Dreiheit überall gespiegelt, z.B. im vorchristlichen Judentum (Moses, Elias, Johannes der Täufer), in der heidnischen Mythologie (Uranos, Kronos, Zeus), oder in der ganzen Geschichte (Judentum, Heidentum und Christentum). In den »Weltaltern« wird dies noch breiter aufgefaßt: den drei Epochen der vorweltlichen, der weltlichen und der nachweltlichen Zeiten entsprechen Vater, Sohn und Geist.

Es ist nicht zu leugnen, daß dies oft zum künstlichen Schema wird, wobei die reiche Mannigfaltigkeit der Geschichte nivelliert wird. Schellings Anliegen ist es jedoch, gerade dieser Mannigfaltigkeit gerecht zu werden. Eben deshalb hebt er die wechselseitige Unabhängigkeit der drei göttlichen Personen hervor. Diese sind etwas anderes als drei Momente eines einheitlichen Prozesses, z.B. wie bei Hegel, für den Gott, über die Entwicklungsstufen von Selbstsein, Anderssein und der in sich zurückkehrenden Einheit beider, zu sich selbst kommt. Bei Schelling ist die Möglichkeit eines geschichtlichen Auseinandertretens der drei Personen immer gegeben, mit dem Resultat, daß er (wie Joachim von Fiori) der Gefahr eines Dreitheismus nur insofern entgegentreten kann, als er ein viertes Prinzip, die übergöttliche Offenheit oder Lauterkeit, voraussetzt.

Schellings Dreieinigkeitslehre orientiert sich – im Unterschied zur herkömmlichen Lehre – am Phänomen der Zeit. Jedes Seiende ist augenblicksweise ein Seiendes: es entsteht, präsentiert sich, und vergeht. Die Zeit ist übergreifend, und gerade so erschließt sie alles. Eben darum läßt sich dieselbe zeitliche Struktur in jeder Erscheinung nachweisen, ob wir das Ganze des Seienden, eine einzelne Epoche der kosmischen oder der menschlichen Geschichte, oder einen einzelnen Augenblick eines einzelnen menschlichen Lebens in Betracht ziehen. Diese immerwährende Struktur soll in der Dreieinigkeitslehre ausgesprochen werden, ohne daß sie die epochalen Unterschiede innerhalb des Seienden nivelliert: In ihr muß also sichtbar werden, warum das eine Wesen sich immer anders zeigt. Die Zeit, als eine fortwährende Scheidung, läßt Verschiedenes jeweilig als das Ganze erscheinen: So hat alles seine Zeit. Wo die richtige Zeit dafür gekommen ist, scheidet sich ein Seiendes vom dunklen Grund seiner Ungeschiedenheit und präsentiert sich in reiner Anwesenheit. Seine

Erschließung ist jeweils eine zeitliche Erschließung. In ihr wird jeweils ein Ganzes erschlossen. Die Zeitlichkeit dieses Wahrheitsgeschehens ist immer diesselbe: Diese immer selbe Struktur wird in der Zeugung des Sohns von dem Vater ausgesprochen, einer Zeugung, die gerade in dem Sinne *ewig* ist, daß sie ewig aus dem inneren Chaos des Anfangs das Neue und Einmalige schafft.

Das Chaos ist nicht selber der Anfang. Es ist viel eher das Anfangslose, das, was seinen Anfang, das erlösende Wort, nicht findet. So ist auch das Chaos nicht der Vater, denn dieser *wird* erst zum Vater, wenn er den Sohn erzeugt: »Der Sohn ist der Versöhner, der Befreyer und Erlöser des Vaters, und wenn die väterliche Kraft vor dem Sohne war, so war sie nicht weniger vor dem Vater; denn der Vater ist nur in dem Sohn und durch den Sohn Vater. Daher der Sohn auch wieder Ursache von dem Seyn des Vaters ist und hier vorzugsweise gilt jene den Alchemisten bekannte Rede: des Sohnes Sohn ist der des Sohnes Vater war« (WA I, 107). So haben wir anhand der Beschreibung der Vergangenheitsepoche des Urwesens von *Dionysos* und nicht von dem Vater im Sinne des Christentums gesprochen. Durch die Schöpfung wird Dionysos erst zum Vater; erst dann, um uns der mythologischen Erzählung zu bedienen, wird Dionysos zur olympischen Götterwelt erhoben: »Denn auch Gott mußte aus einem vorhergehenden Zustand, da er noch nicht Gott war, sich erheben ....« (WA I, 184). Weil die Schöpfung ein immerwährendes Ereignis ist, ist auch der Aufstieg des Gottes selbst ein immerwährendes Ereignis. Dies leuchtet ein, wenn wir uns an den Grund der Schöpfung erinnern: Das lautere Urwesen wurde, ohne es selber zu wollen, in eine ewig zurückkehrende Existenz gezogen. Das existierende Wesen will die verlorene Einheit wieder gewinnen, aber kann dies nicht, gerade weil die Einheit kein Wollen zuläßt. Überdies erweckt jeder seiner Versuche, in die Einheit zurückzukehren, einen um so stärkeren Ausbruck des Willens zur Existenz. Das Urwesen wird im Teufelkreis des Wollens befangen und findet nicht mehr seine ursprüngliche Unschuld. So wird es immer sein.

Die Schöpfung ist die Erlösung von diesem unsinnigen Umtrieb (aber nicht seine Beseitigung!). Daß die Erlösung geschieht, »überzeugt uns die Aeußerlichkeit und das beruhigte Ansehen der Natur, ihr organisches Verhältnis im Gegensatz jener wilden unorganischen Zeit« (WA I, 96). Wie sie geschehen ist, ist aber »das höchste Geheimnis.« Das gefangene Urwesen kann nicht den Willen zur Existenz vernichten, ohne seinem eigenen Wesen der Liebe zu widersprechen. Genau so unmöglich wäre es, daß der Wille zur Existenz sich selbst vernichtet. Die Einheit kann also nur wiederhergestellt werden, wenn sie mit der Differenz versöhnt ist. Das Urwesen muß vom Sein erlöst werden, muß in seine innere Einheit zurückkehren, ohne das Sein dabei zu vernichten. »Dies wäre nun schlechterdings nur möglich, wenn das einende Princip eben dadurch, daß es in sich bliebe, das scheidende Princip setzte, und eben dadurch, daß es das ausschließende Princip setzte, in sich selbst als zusammenziehendes bestünde. Aber nur dann bliebe es als solches in sich selbst, wenn es durch sein Zusammennehmen das scheidende Princip *außer* sich setzte« (WA I, 100). Dieses Verhältnis kennen wir in der oben beschriebenen ekstatischen Struktur der eigentlichen Zeit. Die Ekstase scheint jedoch für das Urwesen unmöglich, denn dieses kann nichts außer ihm haben. »Also müßte jenes außer dem Existirenden gesetzte Princip doch zugleich in Gott, und nur außer dem Existirenden seyn, d.h. Gott müßte sich in ihm nur verdoppeln, es müßte nur eine andere, zwar von der des Existirenden, aber nicht von ihm selbst verschiedene Persönlichkeit Gottes seyn« (WA I, 100). »Ein solches Setzen eines anderen außer sich, wobey das Setzende in seiner Ganzheit bleibt, ist aber Zeugung. Also Zeugung, Selbst-Verdoppelung des im Seyn mögliche Auflösung des höchsten Widerspruchs« (WA I, 101).

Wie im Menschen die Einheit des Verstandes durch die Flut der Wahrnehmungen ständig bedroht wird, und wie die Sprache des Menschen durch Trennung und Teilung auf eine höhere Einheit hin diese Einheit bewahrt, so wird in Gott durch die Zeugung des Sohns die Überfülle des Seins besänftigt. »Allgemein scheint ein jedes Wesen, das sich in seiner eignen Fülle nicht mehr enthalten oder zusammenziehen kann, außer sich zusammenzuziehen, wohin z.B. das hohe Wunder der Bildung des Worts im Munde gehört, welches eine wahre Zeugung des vollen Innern ist, wenn es nicht mehr in sich selbst bleiben kann« (WA I, 102f.). Die Ekstase der Schöpfung bedeutet nicht, daß Gott außer sich gesetzt wird, denn vielmehr wird er erst zu sich selbst gebracht (wird er besonnen), wenn er außer sich die Gestalt der Einheit der Welt selbst entdeckt: »Überall löst nur das gezeugte oder gefundne Wort die innere Zwietracht« (WA I, 103). Der Vater hält also in seiner neu gewonnen Besonnenheit inne und überreicht die nun außer ihm stehende Welt seinem Sohn. Es beginnt eine neue Zeit. Im ewig neu geborenen Sohn wird die ewige Wiederkehr überwunden, d.h. zur Vergangenheit gesetzt.

Der leidende Gott ist nicht von sich aus zur Zeugung gekommen. So hat Schelling das gezeugte Wort mit dem »gefundnen Wort« gleichgesetzt. Der leidende Gott leidet, indem er alles in *seine* Einheit zu fassen versucht. Er eröffnet sich und erzeugt so den Sohn, dies aber nur kraft des höheren Wesens, des Willens, »der nichts will.« Dieser, gerade weil er nichts will, will alles. Er läßt den Willen zur Existenz sein; er läßt sogar die Möglichkeit zu, daß dieser sich von ihm wieder trennt, daß die Schöpfung in die Vergangenheit zurücksinkt, denn daraus geschieht die Differenzierung, die die Offenheit des Urwesens artikuliert. So schreibt Schelling, »Liebe bewegt das Urwesen zur Aufgebung der Verschlossenheit« (WA I, 103). Aus der durch die Liebe bewirkten

Lösung der Spannung wird von dem Vater »ein von ihm Unabhängiges, Selbständiges erzeugt« (WA I, 104). Gerade das Außergöttliche muß gelassen werden, bevor der Gottessohn geboren werden kann. »Erst das außergöttliche Seyn macht, daß der Sohn einen *eignen* Willen hat« (14, 65).[120]

Der Sohn, wie oben anhand der Person Christi gezeigt wurde, erreicht seine volle Gottheit erst, wenn er seinen unabhängigen Willen aufgibt und sich dem Vater wieder unterordnet (ebd.). Wie der leidende Gott erst erlöst wird, wie er im wahren Sinn erst *Gott* wird, wo er die zusammenziehende Einheit seines Willens, der dem Prinzip der Individuation entgegengesetzt ist, der Liebe wegen *aufgibt* und eben so seinen Sohn erzeugt (Vgl. WA I, 184), so wird auch der Sohn erst wirklich Gott, wo er auf seinen Willen verzichtet und sein außergöttliches Sein *sterben* läßt. Aus seiner Rückkehr zum Vater, von dem er ewig wieder erzeugt wird, geht der Geist hervor. Oder genauer: Aus dem Sterben des Vaters für das Leben des Sohns *und* dem Sterben des Sohns für das Leben des Vaters, lebt ewig der Geist, der diese zwei Personen in der offenen, bewegenden Einheit ihrer wechselseitigen Liebe zusammenhält. Diese Bindung der Liebe entsteht aber gerade aus der Scheidung von Vater und Sohn, denn »Liebe ist, wenn bey existentieller Unabhängigkeit Freyes zu Freyem gezogen wird« (WA I, 116).

Das Sein ist nach Schelling das Prinzip der Verschlossenheit; das Seiende ist das Prinzip der Offenheit. Es ist also die Rolle des Sohns, daß er diese zwei Prinzipien, die der leidende Gott zusammenzuhalten versucht hat, von einander *scheidet*. Diese Scheidung geschieht in Epochen (die Schöpfung ist zwar augenblicklich, aber jeder Augenblick enthält »nach innen« unendliche Zeiten – WA I, 145). Der Himmel wird von der Erde geschieden. Das Organische wird vom Anorganischen geschieden. Der Mensch wird vom Tier geschieden. Die Geschichte des Menschen zeigt weitere Epochen, in denen die Geschichte Gottes, die fortgehende Erlösung des Vaters von der Befangenheit im dunkeln Prinzip des Sich-Wollens, wiederholt wird. Diese Wiederholung ist die Geschichte des mythologischen Bewußtseins. Die Mitte der ganzen Geschichte ist Christus, in dem die Scheidung vollendet wird. Die ganze Bewegung der

---

[120] »Nichts hat in der kirchlichen Lehre größere Schwierigkeit gemacht, als für den reellen Unterschied zwischen Vater und Sohn einen Ausdruck zu finden, der den Uebergang in eine bloß nominale Einheit verhinderte, ohne von der anderen Seite die Ansicht dem Polytheismus zu nähern. Der Grund dieser Schwierigkeit liegt darin, daß die herkömmliche Entwicklung nichts weiß von einem außergöttlichen Seyn des Sohns (und des Geistes). Eben diese *substantielle* Differenz vermittelt, daß auch nachher in der Einheit ... die Drei nicht nur von einander unterschieden, sondern als wirklich selbständige Persönlichkeiten gedacht werden können« (14, 67). Die Schwierigkeit der traditionellen Lehre besteht darin, daß sie versucht, die Dreieinigkeit zu verstehen, ohne das wesentliche Verhältnis der Geschichtlichkeit zu erkennen, wobei jede göttliche Persönlichkeit sich aus einem außergöttlichen Sein immer wieder entfalten muß. In diesem gründet die jeweilige Unabhängigkeit der drei Persönlichkeiten.

Geschichte stellt die Erlösung des Seienden vom Sein dar. Diese Erlösung geschieht aus der *Scheidung* heraus, d.h. nicht dadurch daß das Seiende (das Subjektive) das Sein (das Objektive) zu beherrschen versucht. Wo dieser Versuch beginnt, gerät der Mensch in die Ungeschiedenheit, in die »Vergangenheit«, wo er vom dämonischen Prinzip des vorschöpferischen, d.h. des vorgöttlichen Gottes beherrscht wird. Die Möglichkeit eines solchen Rückfalls ergibt die epochale Struktur der Geschichte im Ganzen. Der Mensch kommt aus der Ungeschiedenheit nur heraus, wenn er das Geheimnis des Sohns lernt, die Natur nicht zu bekämpfen, sondern sie durch das Wort zu öffnen. Die wahre Geschichte ist die durch den Sohn im jeweiligen Augenblick aufgeschlossene Natur; die Befreiung Gottes von der Natur. Diese Befreiung geschieht nur aus der Liebe; sie geschieht nur da, wo die Natur gelassen wird. Schellings Denken bewahrt auch hier in seiner höchsten Zuspitzung eine erstaunliche Welthaftigkeit. Der Akt des denkenden Sich-Transzendierens vertilgt nicht, sondern eröffnet. Die Geschichte der Dreieinigkeit ist die Geschichte der Welt.

Die allmähliche Befreiung und Aufschließung des Wesens (die Überwindung durch Scheidung der Einheit von Sein und Seiendem) ist zugleich eine Überwindung der Subjekt-Objekt-Entgegensetzung (WA I, 108), und zwar so, daß das Wesen nicht mehr den ihm entgegengesetzten Willen in die Einheit des Wesens zu drängen versucht, sondern ein zweites, von ihm unabhängiges Wesen innerhalb dieses Willens entdeckt. Schellings Denken zeigt eine Steigerung und Konkretisierung der Grundeinsicht der Naturphilosophie, daß im »objektiven« Bereich der Natur ein Subjekt ruht, das, wenn gelassen, sich frei entfalten kann. Die Scheidung ist also alles andere als eine Vernichtung: »Denn nicht absolute Trennung der Kräfte soll die Scheidung seyn, nicht Zerreißung des anfänglichen Bandes der Einheit; wäre dieß, so würde die ewige Kraft des Vaters nicht überwunden in Liebe, sondern vernichtet. Nur Lösung soll die Scheidung seyn, durch welche jedes Princip unabhängig von dem andern oder in seine eigene Freyheit gestellt wird« (WA I, 110). Wahre Schöpfung ist kein Machen; ihr Prinzip ist das Prinzip der Zeugung, wobei Lebendiges aus dem Lebendigen entsteht. »Wir werden diese Lösung am richtigsten ansehen, wenn wir sie als Articulation des erst stummen Bandes der Existenz betrachten, wodurch dieses in das vernehmliche, sprechende Wort verwandelt wird, in welchem Selbst- und Mitlauter nicht getrennt, sondern nur in das gehörige, aussprechliche Verhältnis zu einander gesetzt sind« (WA I, 110f.).

Die Scheidung des Seienden vom Sein, seine Erhöhung ins Geistige, ist keine Vernichtung des Seins, sondern seine Setzung in die Vergangenheit, die als Grund der Gegenwart immer mit erschlossen wird. »Ohne die Zusammenziehung des Vaters hört die Natur ganz auf, als das Seyn, das von Anfang an nur in der Contraction und durch sie bestand, mit ihm aber auch das Geistige, das ewig nur wird, indem die contrahirende Kraft überwunden, und als Inneres gesetzt wird« (WA I, 113). Die Offenheit des Sohns ist nur durch die Zusammenziehung des Vaters möglich; die Einheit von Vater und Sohn im Geist ruht also allein im Gegensatz. Gerade deshalb kann der dreieinige Gott sich nur *geschichtlich* offenbaren.

Von der höchsten Einheit, die Einheit von Einheit und Gegensatz, schreibt Schelling, daß sie nie vorhanden sein kann, »denn die Gegenwart beruht auf dem Gegensatz, ist nur Uebergang von jener anfänglichen tiefverschloßnen Indifferenz zu der letzten und entfaltetsten Einheit. Nur eine immer werdende, sich stets erzeugende und, mit einem Wort, vom gegenwärtigen Standpunkt *zukünftige*, kann jene Einheit seyn« (WA I, 120). Die Einheit von Vater und Sohn ist nie eine vorhandene, denn sie entspricht jener Offenheit, die wir oben als Wesen der Zukunft bezeichnet haben. Sie ist eine »von der Persönlichkeit des Vaters so wie des Sohns verschiedene, dritte Persönlichkeit« (WA I, 121). Und dennoch ist sie die Einheit, aus der man erst von einem einzigen Gott sprechen kann. Diese Einheit, der absolute Geist, vereinigt, indem sie scheidet; sie ist das Prinzip der Zeit.

Der Augenblick der Schöpfung enthält, wie jeder Augenblick, eine unendliche Zeit in sich (es gibt also kein untrennbares »Zeitatom«); die Scheidung von Sein und Seiendem geschieht allmählich, »nicht gleichsam mit einem Schlag« (WA I, 133). Den Widerstand zur Scheidung, die Erklärung dafür, daß die Scheidung allmählich entfaltet wird, daß es mannigfaltige Grade der Offenheit gibt, findet Schelling im Geist, der »Frey von dem Vater und dem Sohn« ist, und deshalb die Einheit beider sein kann. Er ist »das durch Vater und Sohn nur verwirklichte Wesen der uranfänglichen Lauterkeit« und »die reinste Besonnenheit, die höchste Freyheit, der lauterste Wille, der, ohne sich zu bewegen, alles bewegt und durch alles geht« (WA I, 134). Ohne den Widerstand des Geistes zur Scheidung, gäbe es keine Zeit (ebd.). Der Widerstand zeigt sich in der *Liebe*, denn jedes aufgegangene Seiende kehrt in die Verschlossenheit wieder zurück, eben wie das Verschlossene sich zurückzieht, um den Aufgang des Neuen zu ermöglichen. Der Geist enthält sowohl die Bindung der zwei Prinzipien (im Vater) als auch ihre Scheidung (durch den Sohn) und erschließt sich selbst als der zeitliche Wechsel beider: »Nur durch eine zweyte von der ersten verschiedne Persönlichkeit, welche die Simultaneität der Prinzipien in ihr entschieden aufhebt ... kann auch die im Ewigen verborgne Zeit ausgesprochen und geoffenbart werden, welches dann geschieht, wenn die Prinzipien, die in ihm als Potenzen des Seyns coexistirend oder Simultan waren, als Perioden hervorgehen« (WA I, 141). Die Geburt des Sohns ist also eine immerwährende, eine nie vollendete Geburt, aus der eine Unendlichkeit verschiedener Augenblicke entsteht. Die Zeugung »ist keine vorübergehende, die einmal geschehen aufhörte, sondern eine ewige und stets geschehende Zeugung« (WA I, 142). So ist es die Natur der Welt, »anfänglich zu seyn« (ebd.).

Diese Anfänglichkeit der Welt entspricht der Offenheit des Geistes, die besagt, daß jede Gegenwart auf die Zukunft gerichtet ist. Die Zukunft nennt Schelling *»die ganze Zeit«* (WA I, 148). Weil die Zukunft absolut offen ist, wird sie in keinem einzelnen Augenblick gefaßt, so daß eine Reihe von Augenblicken entsteht, wobei jeder ein Bild der ganzen Zeit, d.h. der Zukunft, ist. Nur daraus erklärt sich die Zusammengehörigkeit verschiedener Zeiten. Ohne das zeitstiftende Prinzip der Zukunft »wäre die ganze Geschichte nur ein Chaos von Unbegreiflichkeiten« (WA I, 149). Der Gott der Zukunft ist der Geist, »der Eintheiler und Ordner der Zeiten« (WA I, 150). Er ist gleichsam der vollendete Gott, denn Gott *ist* nicht, bis die Geburt des Sohns (durch die der Vater erst Vater wird) vollständig ist, und dies ist sie nicht, solange der Geist der Geburt widersteht. Der Geist als das organisierende Prinzip der Zeit läßt diese immer neu entstehen. Es geht hier also um keine Nivellierung der Zeit, denn die Zukunft bleibt immer offen; der Geist liebt die Verschlossenheit des Vaters ebensowie die Offenheit des Sohns. Nach jeder Geburt kehrt die Zeit in ihren Anfang zurück. Der Geist muß einer absoluten Eröffnung des Verborgenen widerstehen. Manches muß warten, bis seine Zeit gekommen ist, denn alles hat seine Zeit.

Eine vollkommene Scheidung kann dennoch *gedacht* werden, obgleich sie streng genommen nur der Zukunft zuzuordnen ist. Wie das Organische seine Vergangenheit (das Anorganische) in sich trägt, oder wie der denkende Mensch auch zugleich wahrnehmendes Tier ist, so könnte man sich eine noch zukünftige Gestalt (den »höchsten« Augenblick) vorstellen, in der »die Früchte verschiedener Zeiten in Einer Zeit zusammen leben und in concentrischer Stellung, wie Blätter und Werkzeuge einer und der nämlichen Blüthe, um einen Mittelpunkt versammelt sind« (WA I, 159). Dieser vollendete Augenblick hält sich aber immer in der Zukunft zurück; nur daraus wird die Zeit ewig gestiftet. Sie ist eben nichts anderes als der fortgehende Versuch in dieses höchstes Leben des Absoluten hineinzutreten, wo kein Wesen ein anderes beherrscht, wo jedes als Ganzes steht, sich in Freiheit entfaltet und in Freiheit seine Liebe für das Andere bekennt. Erst der Blick auf dieses zukünftige Wesen hin wird uns das Wort geben, das eine neue geschichtliche Epoche stiften kann. Wahre Geschichte entspringt dem Geist, der das ewige Wort ausspricht, in dem die uns tragende Natur sich klärt. Der Ort der Offenbarung des dreieinigen Gottes ist die menschliche Geschichte, wo durch Sterben und Wiedergeburt des Sohns die Natur (der Vater) ins Geistige erhöht wird. Diese Offenbarung beruht dennoch auf einer absoluten Tiefe, deren Unergründbarkeit bedeutet, daß das Geheimnis, das der Mensch selber ist, immer ein Geheimnis bleibt.

DAS RÄTSEL DES AUGENBLICKS

Am Ende können wir nun das Ganze überschauen. In der Einleitung wurde das Problem des Anfangs erörtert und zwar im Hinblick auf die Not unserer eigenen Zeit, die keinen Anfang finden kann. Diese Not entspricht der Ungeschiedenheit jener Vergangenheit, in der das Wesen das ihm fremde Prinzip der Individuation zu überwinden versucht. Die Erlösung von dieser Not kommt erst mit der Entdeckung eines ihm unabhängigen Wesens innerhalb des fremden Prinzips. Auch der Mensch bleibt in der Natur befangen, erreicht also nicht seine höchste Möglichkeit, ein geschichtliches, freies Wesen zu sein, solange er die Natur zu überwinden versucht, solange er in ihr nur sich selbst begegnen kann. Auch er muß ein von ihm unabhängiges, freies Wesen in der Natur erkennen, bevor er seine wahre Freiheit gewinnen kann. Denn die Freiheit des Menschen ist eine *endliche* Freiheit und geht verloren, sobald er sie sich als unendlich vorstellt und den Versuch unternimmt, alles in seine Macht zu bekommen. Eben dies war die Einsicht, die Schelling in seiner Auseinandersetzung mit Fichte und Hegel klar gesehen hat. Wir haben versucht, in einer vorausgehenden Erörterung der Abgründigkeit des Seins zu zeigen, wie diese Endlichkeit der menschlichen Freiheit in der Endlichkeit des Seins selbst wurzelt.

Diese Endlichkeit bedeutet für die Betrachtung der Geschichte, daß diese nur auf dem Grund der Natur beruhen kann, daß die Geschichte immer auf die Natur angewiesen ist, indem sie ihren eigenen Inhalt nur durch die Erschließung ihres tragenden Grundes gewinnt. Schellings Naturphilosophie haben wir deshalb in ihrer geschichtlichen Bedeutung untersucht. Die Naturphilosophie sollte selber, dadurch daß sie die Lebendigkeit des natürlichen Wesens beweist, den Weg zu einer zukünftigen Epoche vorbereiten, in der der Mensch seiner Zusammengehörigkeit mit der Natur gewahr wird und eben aus dieser Zusammengehörigkeit seine wahre Geschichtlichkeit entfaltet. Die menschliche Freiheit kann als Erschließung des Wesens der Natur verstanden werden, insofern die Natur aus sich selbst heraus etwas anfangen kann, ohne einfach in sich zurückzukehren. Die Erfahrung dieses Wesens der Natur kann man in den großen Werken der Kunst spüren, die ihre geschichtsstiftende Kraft gerade daraus ziehen, daß sie nicht nur Produkte des Menschen, sondern immer zugleich Produkte der Natur sind.

Mit der Entdeckung dieses vom Menschen unabhängigen Wesens wurde der Blick auf jene höhere Geschichte erhoben, in der der Mensch aufhört, Schöpfer und Zweck der Geschichte zu sein, und seine Bestimmung darin findet, Ort einer göttlichen Offenbarung zu sein. Das Sein ist für uns, wie nach Schelling für Gott selbst, ein Gefängnis, aus dem wir nur augenblicksweise befreit werden können. Der Mensch muß nach Gott als nach dem Prinzip des Seins fragen. Diese Frage zu stellen, ist der erste Beweis seiner Freiheit, denn in der Fragwürdigkeit des Seins ist dessen Abgründigkeit verborgen. Diese Abgründigkeit sieht man am deutlichsten darin, daß das Sein sich stets verwandelt: Es ist nicht in einem einheitlichen Grund fest verankert. Gerade diese Verwandlung zieht den Blick über das Seiende hinaus auf jene ekstatische Offenheit des zeitstiftenden Prinzips hin. Aus dieser Offenheit heraus fängt das Leben der Freiheit an. Der im Sein befangene Mensch wird frei, indem er sein eigenes Sein, den ganzen Stoff seiner Erfahrung, immerwährend in dieser Offenheit verklärt, d.h. indem er *denkt*. Der Mensch wird nicht dadurch vernichtet; die Scheidung seines freien Wesens von der Befangenheit im Sein bringt den Menschen in den Augenblick hinein, wo er »nichts hinter sich hat als den Ungrund der Ewigkeit« (WA I, 180), aus dem er unmittelbar entsprungen ist und aus dem er unmittelbar handeln muß. Weil die Freiheit erst durch die Aufgebung der Selbstheit erreicht wird, muß eine Philosophie der Freiheit zu einer Beschreibung des Lebens des übermenschlichen Urwesens führen.

Das Höchste in Gott steht gleichsam über Gott. Gott als die ekstatische Offenheit ist die ewige Bewegung auf dieses höchste Prinzip zu. Schelling selbst hat nicht gewagt, das auszusprechen, hat es auch teilweise nicht deutlich genug gesehen, was wir heute in der Zeit nach dem Ende des Idealismus und dem Beginn des Nihilismus klar aussprechen können: Der einzige wahrhaft universelle Gott ist nichts anderes als die Zeit selbst, das Prinzip des Sterbens und der Wiedergeburt, der Zusammenziehung in das Sein und jener Reinigung im Geist, die zur Offenheit und Liebe führt. Dieser Gott kann sich nur im Augenblick erschließen, wie er sich jeweils in verschiedenen Kulturen und in verschiedenen Zeiten schon erschlossen hat. Unser letztes Wort gilt der Struktur des Augenblicks.

Das Rätsel des Augenblicks zeigt sich in der Unerklärbarkeit seines Entstehens und seines Vergehens. Gerade diese Unerklärbarkeit wird im normalen Zeitbewußtsein verdeckt. Der Zugang zum Augenblick ist zumeist dadurch versperrt, daß man dessen Entstehen als Folge eines vergangenen Moments und dessen Vergehen als Übergang zu einem neuen Moment versteht. Damit wird alles in eine Zeit, als Kette verschiedener Momente, einbezogen. Wenn das Sein als volle Anwesenheit verstanden wird, dann bedeutet diese Nivellierung der Zeit ein Paradox: Wir sind zumeist, ohne wirklich zu sein. Die *volle* Anwesenheit erschließt sich nur dort, wo das Vergangene sich in die Abwesenheit zurückzieht, und der Augenblick sich unmittelbar aus dem »Noch-Nicht« der Zukunft ereignet. In den Augenblick hineinzutreten heißt, dort hinzugelangen, wo wir eigentlich schon immer sind. Der Augenblick eröffnet sich als der Anfang der Zeit.

Der Mensch soll nach Schelling die Einheit von Gott und Natur sein. In ihm kann das Wort aufgehen, das das Göttliche in der Natur eröffnet. Der Mensch kann die Vollendung der Schöpfung sein, indem die Schöpfung sich in ihm vollenden kann. Im Menschen kann der Sohn Gottes geboren werden.

Dies muß der Mensch jedoch von sich aus zulassen. Er ist frei, seine Aufgabe zu erfüllen oder nicht zu erfüllen. Das Wesentliche der menschlichen Geschichte liegt in dieser Freiheit. Im Augenblick erfährt er die Wahrheit des Seins. Diese Wahrheit kann sich jedoch *nur* augenblicksweise zeigen, denn zu ihrem Wesen gehört der Gegenbezug zum Verschlossenen, zum Nicht-Wahren. Die Wahrheit selbst setzt den Menschen in die ständig drohende Gefahr, sie zu verlieren. Weil die Wahrheit nur im Augenblick der *Entdeckung* besteht, muß sie immer wieder vergessen werden.

Gerade deshalb läßt Schelling Satan, das Prinzip des Bösen, im Himmel unter den anderen »Söhnen Gottes« erscheinen, wie im Alten Testament, wo Gott selbst ihm gestattet, den Gott treu ergebenen Hiob in Versuchung zu leiten (14, 261). In der Mythologie erscheint dasselbe Prinzip in der Gestalt der »Nemesis«, die das »unverdiente Glück« nicht dulden kann. Diese Kehrseite des Wahrheitsgeschehens führt dazu, daß der Mensch im jeweiligen, sich präsentierenden Augenblick kaum verweilen kann. Er sehnt sich nach Verwirklichung verborgener Möglichkeiten.

Nichts zeigt dies deutlicher als das gegenwärtige Zeitalter der Technik. Der Wille zur absoluten Selbstbestimmung verhindert das einfache Vernehmen des Augenblicks. Der Wille versteht sich als Vollzug der menschlichen Freiheit und ist dennoch ihre höchste Bedrohung, denn ein solcher Wille muß letztlich versuchen, *alles* zu bestimmen, und dies heißt, den Ort der Freiheit als des schlechthin Unbestimmbaren zu verdecken. Der Mensch selbst wird zum Teil einer von ihm entworfenen Gestalt und verliert dadurch seine Freiheit.

Er kann sie jedoch wieder gewinnen, wenn er einsieht, daß selbst jene Tat, durch die er seine Freiheit gefährdet, einem natürlichen Geschehen entspricht. Selbst der Versuch, die Natur zu überwinden, ist der Ausdruck einer von der Natur gegebenen Möglichkeit. Der Mensch ist aus dem Augenblick gefallen, weil sein Fall notwendig war, um die zukünftige Ankunft eines neuen Augenblicks vorzubereiten. Die Einsicht in dieses Verhältnis ist das Geschenk jenes noch ausbleibenden Augenblicks. Die Möglichkeit eines neuen geschichtlichen Anfangs ist gegeben, wenn der Mensch zugleich die Not der Zeit erfährt und sich zur Ankunft des Neuen öffnet. »Wer es erhalten will, der wird es verlieren, und wer es aufgibt, der wird es finden.«

Literaturverzeichnis

I. Quellen

Schelling, Friedrich Wilhelm Joseph, Sämtliche Werke, hrsg. von K.F.A. Schelling, Bd. I – XIV, Stuttgart und Augsburg 1856 – 1861. Nachlaßband: Die Weltalter. Fragmente. In den Urfassungen von 1811 und 1813, hrsg. v. Manfred Schröter, München 1946.

Schelling, Friedrich Wilhelm Joseph, Initia philosophiae universae, Erlanger Vorlesung WS 1820/21, hrsg. u. komm. v. H. Fuhrmans, Bonn 1969.

Schelling, Friedrich Wilhelm Joseph, Philosophie der Offenbarung 1841/42 (Paulus-Nachschrift), hrsg. u. eingel. v. M. Frank, Frankfurt 1977.

Fichte – Schelling. Briefwechsel. Einleitung von Walter Schulz. Frankfurt 1968.

Aristotle, In Twenty-Three Volumes, The Loeb Classical Library, London/Cambridge, Mass. 1968-1975.

Leibniz, G.W., Hauptschriften zur Grundlegung der Philosophie, hrsg. u. eing. v. Ernst Cassirer, in: Philosophische Bibliothek, Bd. 107-108. 3. Auflage Hamburg 1966.

Leibniz, G.W., Vernunftprinzipien der Natur und der Gnade. Monadologie, hrsg. u. eing. v. Herbert Herring, in: Philosophische Bibliothek, Bd. 253, Hamburg 1969.

Kant, Immanuel, Werke in zehn Bänden, hrsg. v. W. Weischedel, Darmstadt 1968.

Fichte, J.G., Werke, hrsg. v. I.H. Fichte, fotomech. Nachdruck, Berlin 1971.

Hegel, G.W.F., Werke in zwanzig Bänden, hrsg. v. E. Moldenhauer u. K.M. Michel, Frankfurt 1969-1971.

Nietzsche, Friedrich, Die Geburt der Tragödie, in: Friedrich Nietzsche, Werke in drei Bänden, hrsg. v. K. Schlechta, München 1966.

Heidegger, Martin, Schellings Abhandlung über das Wesen der menschlichen Freiheit (1809), Tübingen 1971.

Heidegger, Martin, Wegmarken, Frankfurt 1967.

II. Literatur

Bateson, Gregory, Steps to an Ecology of Mind, London/New York 1972.

Bloch Ernst, Das Materialismusproblem, seine Geschichte und Substanz, Frankfurt 1972.

Bonsiepen, Wolfgang, Die Ausbildung einer dynamischen Atomistik bei Leibniz, Kant und Schelling und ihre aktuelle Bedeutung, in: Allgemeine Zeitschrift Für Philosophie, 13 (1988), pp.1-20.

Bracken, J.A., Freiheit und Kausalität bei Schelling, Freiburg/München 1972.

Brown, Robert, Schelling's Treatise on »The Deities of Samothrace«, Missoula, Montana 1977.

Bubner, Rüdiger, Zur Sache der Dialektik, Stuttgart 1980.

–– (Hrsg.): Das älteste Systemprogramm, Studien zur Frühgeschichte des deutschen Idealismus. (Hegel-Studien, Beiheft 9) Bonn 1973.

Carvallo, Domingo, Die ontische Struktur, Pfullingen 1961.

Crick, Francis, Von Molekülen zu Menschen, München 1970.

Einstein, Albert und Leopold Infeld, The Evolution of Physics, New York/Cambridge 1938.

Esposito, Joseph L., Schelling's Idealism and Philosophy of Nature, London 1977.

Fackenheim, E.L., Schellings Begriff der positiven Philosophie, in: Zeitschrift für philosophische Forschung (Meisenheim/Glan) 8 (1954), 321-335.

Fischer, K., Geschichte der neueren Philosophie, Bd. 7: Schellings Leben, Lehre und Werke, Heidelberg 1923.

Frank, Manfred, Der unendliche Mangel an Sein, Schellings Hegelkritik und die Anfänge der Marxschen Dialektik, Frankfurt 1975.

–– Der kommende Gott, Vorlesungen über die Neue Mythologie, Frankfurt 1982.

–– Eine Einführung in Schellings Philosophie, Frankfurt 1985.

–– Einleitung des Herausgebers, in: Schellings Philosophie der Offenbarung.

Frank, Manfred und Gerhard Kurz (Hrsg.): Materialien zu Schellings philosophischen Anfängen, Frankfurt 1975.

Fuhrmans, H., Schellings Philosophie der Weltalter, Schellings Philosophie in den Jahren 1806-1821, Zum Problem des Schellingschen Theismus, Düsseldorf 1954.

Gadamer, Hans-Georg, Hegels Dialektik, Fünf hermeneutische Studien, Tübingen 1971.

Görland, Ingtraud, Die Entwicklung der Frühphilosophie Schellings in der Auseinandersetzung mit Fichte, Frankfurt 1973.

Habermas, Jürgen, Das Absolute und die Geschichte. Von der Zwiespältigkeit in Schellings Denken, Diss. Bonn 1954.

-- Dialektischer Idealismus im Übergang zum Materialismus – Geschichtsphilosophische Folgerungen aus Schellings Idee einer Contraction Gottes, in: Theorie und Praxis, Frankfurt 1978.

Happ, Heinz, Hyle: Studien zum aristotelischen Materiebegriff, Berlin 1971.

Hartmann, Klaus (Hrsg.): Die ontologische Option, Berlin 1976. Darin besonders: K. Brinkmann, »Schellings Hegel-Kritik«.

Hartkopf, Werner, Studien zur Entwicklung der modernen Dialektik, Die Dialektik in Schellings Ansätzen zu einer Naturphilosophie, Meisenheim/Glan 1972.

Hayner, Paul Collins, Reason and Existence: Schelling's Philosophy of History, Leiden 1967.

Heisenberg, Werner, Wandlungen in den Grundlagen der Natur-Wissenschaft, 10. Auflage, Stuttgart 1973.

Hemmerle, Klaus, Gott und das Denken nach Schellings Spätphilosophie, Freiburg/Basel/Wien 1968.

Henningfeld, Jochen, Mythos und Poesie, Interpretationen zu Schellings »Philosophie der Kunst« und »Philosophie der Mythologie«, Meisenheim/Glan 1973.

Henrich, Dieter, Der ontologische Gottesbeweis, Sein Problem und seine Geschichte in der Neuzeit, 2. Aufl. Tübingen 1967.

-- Hegel im Kontext, Frankfurt 1971.

Hetzer, Th., Francisco Goya und die Krise der Kunst um 1800, in: Hetzer, Vorträge und Aufsätze, 1957.

Heuser-Keßler, Marie-Luise, Die Produktivität der Natur, Schellings Naturphilosophie und das neue Paradigma der Selbstorganisation in den Naturwissenschaften, Berlin 1986.

Holz, Harald, Die Struktur der Dialektik in den Frühschriften Fichtes und Schellings, in: Archiv für Geschichte der Philosophie 52 (1970), 71-90.

Jähnig, Dieter, Welt-Geschichte: Kunst-Geschichte – Zum Verhältnis von Vergangenheits erkenntnis und Veränderung, Köln 1975.

-- Schelling, Die Kunst in der Philosophie, Erster Band: Schellings Begründung von Natur und Geschichte; Zweiter Band: Die Wahrheitsfunktion der Kunst, Pfullingen 1966 und 1969.

Jaspers, Karl, Schelling. Größe und Verhängnis, München 1955.

-- Vom Ursprung und Ziel der Geschichte, Frankfurt/Hamburg 1956.

Kasper, Walter, Das Absolute in der Geschichte, Philosophie und Theologie der Geschichte in der Spätphilosophie Schellings, Mainz 1965.

Kaulbach, F., Der Zusammenhang zwischen Naturphilosophie und Geschichtsphilosophie bei Kant, Kantstudien 56 (1965) 430-451.

Kirchhoff, Jochen, Schelling, Reinbek bei Hamburg 1982.

Korsch, Dietrich, Der Grund der Freiheit, Eine Untersuchung zur Problemgeschichte der positiven Philosophie und zur Systemfunktion des Christentums im Spätwerk F.W.J. Schellings, München 1980.

Kroner, R., Von Kant bis Hegel, 2 Bde., Tübingen 1921-1924.

Kudielka, Robert, Urteil und Eros, Erörterungen zu Kants Kritik der Urteilskraft, Diss. Tübingen 1977.

Lauth, R., Die Entstehung von Schellings Identitätsphilosophie in der Auseinandersetzung mit Fichtes Wissenschaftslehre (1795-1801), Freiburg/München 1975.

Lawrence, Joseph P., Schelling as Post-Hegelian and as Aristotelian, International Philosophical Quarterly (26) 1986, S. 315-330.

-- The Hidden Aporia in Aristotle's Self-Thinking Thought, The Journal of Speculative Philosophy (2) 1988, S. 155-174.

Löwith, Karl, Nietzsches Philosophie der ewigen Wiederkehr des Gleichen, 3. Aufl. Hamburg 1978.

-- Weltgeschichte und Heilsgeschehen, 4 Aufl., Stuttgart 1953.

Lukács, Georg, Die Zerstörung der Vernunft, Berlin 1954 (Lukács, Werke, Bd. 9, 1962).

Marx, Werner, Die Bestimmung der Philosophie im deutschen Idealismus, Stuttgart 1964.

-- Schelling: Geschichte, System, Freiheit, Freiburg/München 1977.

Meyer-Abich, Adolf, Naturphilosophie auf neuen Wege, Stuttgart 1948.

Mine, Hideki, Ungrund und Mitwissenschaft, Das Problem der Freiheit in der Spätphilosophie Schellings, Bern/New York 1983.

Ohashi, Ryosuke, Ekstase und Gelassenheit, Zu Schelling und Heidegger, München 1975.

-- Die Dialektik in der Spätphilosophie Schellings – Problem und Wesen der Dialektik, Philosophisches Jahrbuch (1980), 2. Halbband, 315-326.

Otto, Walter, Dionysos, Mythos und Kultus, 3. Aufl. Frankfurt 1960.

-- Die Gestalt und das Sein, Gesammelte Abhandlungen über den Mythos und seine Bedeutung für die Menschheit, t. Aufl. 1975.

-- Theophaneia, Der Geist der altgriechischen Religion, Hamburg 1956.

Picht, Georg, Hier und Jetzt, Bd. 1, Stuttgart 1980.

Plessner, Helmuth, Das Identitätssystem, in: Studia philosophica 14, Basel 1954, 68-84.

-- Ein Newton des Grashalms? - in: Argumentationen, Festschrift für Josef König, Göttingen 1964, 192-207.

Portmann, Adolf, Entläßt die Natur den Menschen? - München 1970.

-- Die Tiergestalt, Studien über die Bedeutung der tierischen Erscheinung, Basel 1960.

Rahner, Karl, Grundkurs des Glaubens, Einführung in den Begriff des Christentums, Freiburg/Basel/Wien 1976.

Ross, Sir David, Aristotle, London 1923.

Sandkühler, Hans Jörg, Freiheit und Wirklichkeit, Zur Dialektik von Politik und Philosophie bei Schelling, 1968.

-- (Hrsg.): Natur und geschichtlicher Prozeß, Studien zur Naturphilosophie Schellings, Frankfurt 1984.

Schlanger, Judith E., Schelling et la Réalité Finie, Paris 1966.

Schramm, Gerhard, Baupläne des Lebens, Probleme und Ergebnisse der Biochemie, München 1971.

Schröter, Manfred, Einleitung des Herausgebers, in: Schellings Werke, Nachlaßband, München 1946.

Schulz, Walter, Die Vollendung des deutschen Idealismus in der Spätphilosophie Schellings, Stuttgart 1955.

-- Einleitung zu: Schelling, System des transzendentalen Idealismus (Philos. Biblio thek Bd. 254), Hamburg 1957.

-- Einleitung zu: Schelling, Über das Wesen der menschlichen Freiheit, Frankfurt 1975.

-- Der Gott der neuzeitlichen Philosophie, Pfullingen 1957.

-- J.G. Fichte, Vernunft und Freiheit, Pfullingen 1962.

-- Philosophie in der veränderten Welt, Pfullingen 1972.

Simon, Josef, Wahrheit als Freiheit, Zur Entwicklung der Wahrheitsfrage in der neueren Philosophie, Berlin/New York 1978.

Solmsen, Fr., Aristotle's System of the Physical World, A Comparison with his Predecessors, Ithica, N.Y. 1960.

Szilasi, Wilhelm, Philosophie und Naturwissenschaft, Bern/München 1961.

-- Schellings Anfänge und die Andeutung seines Anliegens, in: Studia philosophica 14 (1954) 51-67.

Theunissen, Michael, Hegels Lehre vom absoluten Geist als theologisch-politischer Traktat, Berlin 1970.

-- Schellings anthropologischer Ansatz, in: Archiv für Geschichte der Philosophie 47 (1965), 174-189.

-- Die Aufhebung des Idealismus in der Spätphilosophie Schellings, in: Philosophisches Jahrbuch 83, Freiburg/München 1976, 1-29.

Tillich, Paul, Mystik und Schuldbewußtsein in Schellings philosophischer Entwicklung (Gesammelte Werke, Bd. 1), Stuttgart 1959, 11-108.

Tilliette, Xavier, Schelling, Une philosophie en devenir, 2 Bde. Paris 1970.

Tugendhat, Ernst, TI KATA TINOS, Eine Untersuchung zu Struktur und Ursprung Aristotelischer Grundbegriffe, in: Symposion, Bd. II, 2. Aufl. Freiburg/München 1971.

Vater, Michael, Heidegger und Schelling: The Finitude of Being, Idealistic Studies (1975), 20-58.

Volkmann-Schluck, K.H., Mythos und Logos, Interpretationen zu Schellings Philosophie der Mythologie, Berlin 1969.

-- Metaphysik und Geschichte, Berlin 1963.

Weizsäcker, C.F.v., Die Einheit der Natur, München 1971.

White, Alan, Schelling: An Introduction to the System of Freedom, New Haven/London 1983.

Wieland, Wolfgang, Schellings Lehre von der Zeit, Grundlagen und Voraussetzungen der Weltalterphilosophie, Heidelberg 1956.

-- Die Anfänge der Philosophie Schellings und die Frage nach der Natur, in: Braun/Riedel (Hrsg.), Natur und Geschichte, Karl Löwith zum 70. Geburtstag, Stuttgart 1967, 406-440.

-- Die aristotelische Physik, Göttingen 1962.

Wiener, Norbert, Kybernetik, Regelung und Nachrichtenübertragung in Lebewesen und Maschine, Hamburg 1968.

Zeltner, H., Das große Welttheater, Zu Schellings Geschichtsphilosophie, in: A.M. Koktanek (Hrsg.), Schelling-Studien, Festgabe für Manfred Schröter, z. 85 Geb., München 1965. 113-130.

-- Schelling-Forschung seit 1954, Darmstadt 1975.

Traditionserkenntnis und Zeitkritik

Philosophische Korrekturen

Herausgegeben von Dieter Jähnig

Bereits erschienen

Emil Kaufmann

Macht und Arbeit. Jean-Paul Sartre und die europäische Neuzeit. 346 Seiten, Broschur mit Fadenheftung, DM 38,— / ISBN 3-88479-368-3

In Kürze erscheint

Bertram Schmidt

Der ethische Aspekt der Musik. Nietzsches »Geburt der Tragödie« und die Wiener klassische Musik

In Vorbereitung

Dieter Jähnig

Jacob Burckhardts Topologie der Künste. Erster Band: »Raumschönheit« (Das Beispiel der Renaissance in Italien). Zweiter Band: »Die Stellung der Künste in der Weltgeschichte« (Zeitstruktur und Geschichtsbezug der Kunst)

Judith Conrad

Freiheit und Naturbeherrschung. Zur Problematik der Ethik Kants

Anja Mecklenburg

Der geschichtliche Horizont der Erkenntnis. Giambattista Vicos Kritik der neuzeitlichen Theorie-Praxis-Spaltung

Anette Hornbacher

Metabasis. Hölderlins Sprachverständnis

Staatsbegrenzung 130 (Kants)

Kants Föderalismusidee 133

Griechen + Römer 145; 150 Christentum, 156 f., 195 f

Weltmarkt 157, 168

Vernunft als <u>historia</u> 167

Platon 179

Nietzsche 182, 191 f.